Morning Musings

Reflexiones Matutinas

Morning Musings
Creating My Life One Page at a Time

Reflexiones Matutinas
Creando Mi Vida Página a Página

Lilita Olano, Ed.D.

2nd Tier Publishing
Wimberley, Texas

Published by:
2nd Tier Publishing
13501 Ranch Road 12, STE 103
Wimberley, TX 78676 USA

All rights reserved. No part of this book may be reproduced or transmitted in any form or by any means, electronic or mechanical, including photocopying, recording or by any information storage and retrieval system without written permission from the author, except for the inclusion of brief quotations in a review.

Copyright ©2021 Lilita Olano

ISBN 978-1-7350664-1-7

Editors: Delia Arnaud & Ana Maria Padró
Cover photograph: author
Book design: Dan Gauthier

FOR

Santi and Sarah
Diego and Caroline
Tomás and Becca

And

Those who want to create their lives
One Page at a Time

INTRODUCTION

I live my life as a writer. I wake up, warm up a cup of tea and start a sacred morning ritual. I meditate; then I write my dreams and afterwards, I sit down to write my morning pages. What happens now is a magical process. I wash my soul and let it pour on the blank page. I listen to myself. I confront whatever is going on and in the words of the Peruvian writer, Vargas Llosa, I "exorcise my ghosts"; I clean the cobwebs of my mind. I usually give thanks for anything and everything, even if it amounts to being able to breathe and being alive. The pen writes; I receive guidance. Inevitably, an alchemical process takes place. I transform any thoughts and feelings that may look like coal into gold, and get some kind of resolution that allows me to live my day to the fullest.

Finally, I set my intentions for the day. I create the kind of day I want to have, which mostly includes desired ways of being, rather than mere actions, e.g. "Today, may I be generous, loving and at peace." I have a habit of going back to the intentions I set the day before, and I circle them when I realize they have indeed become true. This is why I want to share my intimate morning musings with you so that when you read them you may feel inclined to write your own.

Before you begin to read this book and start your pages, let me share some suggestions that I learned from Julia Cameron in her book "the right to Write." She argues that you don't have to be a writer to write because it is actually your right, pretty much like breathing, and expressing yourself. It's important to do your pages in the morning since it's like washing your face or brushing your teeth. You wouldn't want to live your whole day without getting ready for it. The secret is to let your hand write abundantly without censoring yourself. There's actually no concern about editing or getting them right. Try to keep going even when you think you have nothing else to say. The process is similar to that of peeling an onion. The more you peel, the more there is to peel, and you usually get to the core of what you need to say if you dare follow this last piece of advice. Writers usually say that they take dictation down from Heaven. You'll be surprised to look at what you've written and wonder if it was you who actually wrote it.

It is simple. It just takes the commitment of doing them every day no matter what. Are you willing to try? If you've answered yes, you want to keep your word. It takes twenty-one days to establish a new habit. As for my own, I've had little miracles during the process. Let me share my last one. I spent quite a few years writing, "I live on the top of a mountain and I write." Right now, I'm sitting at the top of a hill, in my house in Wimberley as I give birth to this book. It is my fervent desire and humble hope that you may also create your life one page at a time.

Happy writings and happy life!

JANUARY

"Tell me, what is it
You plan to do
With your one wild and
Precious life?"

~ Mary Oliver ~

Morning Musings: Creating My Life One Page at a Time

January 1, 2018

Welcome, New Year! I receive you as a baby who begins her life in this world today. I have no expectations; I do not know what is coming. I only know that I am surrounded by love and that is enough to give me the vital impulse to grow, play and give joy to others. I have an empty white canvas to create my experience in this new stage. I start to create it with my word...

I am loved. Those around me express it as my parents and grandparents did when I was a newborn.

I begin to understand the language of those who flood me with words. I understand others, I accept them and I am grateful for how they consider me on a daily basis.

Everything amazes me with a feeling of novelty and discovery.

I express myself with clear and compassionate words.

I write with delicacy and dedication. I complete my book *Morning Musings: Creating My Life One Page at a Time.*

I am a faithful and open friend.

I serve others, especially the unprotected, those who have no voice in this society, those who suffer and those who are alone.

I give love and I receive it in abundance. I have a relationship based on love, respect and the communion of body and soul.

Happy first day of life, Lilita!

Lilita Olano, Ed.D.

January 2

I'm thankful for being on the second day of the year. I started writing yesterday and today, I continue. When we start something, an internal door opens. The initial act of opening it is intentional. After that, the process is almost natural, spontaneous. Thus, when we change our way of seeing something, a new perspective is almost inevitable. Today, I try to open a part of me that I would like to change or expand. Which one will it be?

January 3

When I wake up, I look out of my bedroom window and an incessant fluttering amazes me. I get closer and see the grass sown by wrens, birds of considerable size with dark plumage and orange chests. I go to the back room with a panoramic view and I stand in awe. As I approach the window, a hundred birds take off and fly over the field and high in the sky.

My intention of living every day as though I were a child in constant discovery and astonishment is clearly happening. Now it's raining heavily. I wonder where they have gone. I hope they're protected from the storm. I discover a new day as I delight comfortably inside without being affected by the inclement weather. Let us live the daily mystery knowing we can find peace and warmth in our inner refuge.

January 4

There is a time to mourn and a time to live. It's been two years since Cavit's death. He was my partner of almost nine years. This time has allowed me to process his departure. I've faced the pain, then the nostalgia and, at the same time, appreciation for what

I've had in my life: his generosity, unconditional love, protection and delicate consideration. All of this makes me feel gratitude, love and openness.

Now, the time has come to let the light enter my heart and soul, air the house and abandon myself to the life that beats inside me. It is time to dance, sing and love again. This is how I transform myself and go from mourning to dancing.

In what area of your life could you transform? There is a time for everything, a time to be present to the pain and another to allow us the freedom to be happy, and, why not, dance!

January 5

Peace on Earth. Peace within me runs so deep. I find the stillness inside of me, the silence of my speech and the openness of my mind and my heart. I am aware. I rest here. This is my inner refuge. I am with myself and with God. Now I can be with others in the same way.

Start your day with this sacred quiet and then shine away!

January 6

Today we celebrate Epiphany. The Three Wise Men followed the star that illuminated the path to Jesus' birthplace.

Will I follow the path illuminated by the divine light that leads me to the birth of God in me?

The Epiphany they had was to realize that they had found the Messiah. Mine is to awaken the Christ in me, the Divine in me. This gives me the strength to give birth to what is brewing within me and is ready to be expressed. It is the feeling of being free to love, free to create, free to sing that song that, according to Native Americans, was given to us at the time of our conception and must be expressed and shared with this world. I sing it; the world listens.

January 7

I sit down to write. I look up and the mountain smiles at me. The sun shines after so much gray and clouds. The light illuminates the tops of the cedars painting them with different shades of green. The shadows on the hillside highlight the texture of the greenery. There's light on the clear floor of the balcony and the shadow of the stair railing is perfectly sharp.

I feel the sun inside me. It touches my heart with an impulse that opens it and a glimpse of hope arises on this cold, but sunny day. I wonder if my soul is like my landscape. I think it blends in with the outside; I feel that it shines and, at the same time, I clearly see my shadow. Is this how we can be present? It happens when I allow myself to be light and shadow. I accept myself with the generous expansion and the opaque reserve. It is thanks to the contrast that the brightness is highlighted.

January 8

Today I'm writing late. It's already night. There is total calm and complete darkness. I'm at the end of the day. I love this time. It's meant for relaxation, friends, and a delicious dinner, music, sometimes dancing, in short, for entertainment. I do not write or do any kind of work at dinnertime. Honestly, it feels wonderful.

In my life, I'm certainly not in my dawn and not at the end either. Objectively, I am in the dusk, when there is still a long time to relax, enjoy and have fun. No wonder I like this stage so much. I do not know if it is the best, although I would dare say so. Regardless, it is the one that life presents to me. I am thankful for it and I truly enjoy it!

January 9

The singing bowls penetrated my skin, my bones, all the way to my cells. The healing sounds balanced my chakras. This is what they explained the effect was. I reclined in a zero gravity chair, was covered in a white sheep blanket, closed my eyes with a little towel on top, and entered a space where I drifted away to a galaxy of my own.

The instructor was carefully announcing each chakra with its specific color. The sounds vibrated through my body, mind and spirit. A deep sense of peace, calm and warmth enveloped me. My breathing was easy and deeper than usual. I felt warmth all over, something extremely rare for me since I'm cold natured.

The final chime of the last bowl announced the end. We were told to slowly open our eyes and become gradually aware of the room. Our space shuttle had landed. My first trip to Mars was over. Now, back to Earth with gravity and light, back to reality, my sweet everyday one. It might be the same, but with a renewed body and spirit.

January 10

The baby pigeons eat their sunflower seeds copiously. They are so tiny and delicate. The dignity of these little birds is admirable. They behave like little princes admiring the landscape while carefully chewing their seed. In unison, as if they had heard something that I am not aware of, they look at the tree behind in search of refuge.

The morning lesson: eat with intention, chew the food well and after being satisfied, continue with our activity. In addition, we must remember to do it with calm and rest while observing our environment. Two simple little birds have given me such a teaching. Of course, now that I look at the floor, they have left it covered in seed shells that they have spat not so elegantly. Anyway… nobody is perfect!

January 11

"Joy, joy," my dear grandmother used to say when we accidentally spilled the wine. My sister Gracy and I, distressed and embarrassed for having done such a mess, looked at the stain on Bueli Loli's impeccable tablecloth. However, the uncomfortable moment was transformed, in the blink of an eye, into an occasion of celebration when my grandmother dipped her fingers in the wine and with a contagious smile, blessed us on the forehead shouting, "Joy, joy!"

Yesterday, the anguish and anxiety waiting for the results of the studies in the M.D. Anderson were transformed, in an instant, into total joy when the doctor spoke the long awaited saving words, "Everything is very good! There is absolutely nothing!

Today, I get up and start my day with this confidence and faith that prayers are heard, especially when two or more pray together. Thanks to everyone who was praying for me, especially my two angels who accompanied me and the four who were doing it from a distance. Thanks to my boys and their wives and girlfriends!

Today I live with the faith of being linked to that inner force that comes from God. Today I remind myself that I can transform unpleasant situations with the internal attitude of saying " joy, joy!" not only to myself, but also to others.

January 12

The Bhagavat Gita teaches us to renounce the fruit of our actions, not to be attached to a certain result. In this way, it frees us from our expectations, as well as the perfectionism that something specific and excellent requires.

The important thing is the process, doing what we do with the intention of helping others and helping ourselves, with the clarity of inner truth and compassion. When we give ourselves without reservation and with the intention of service, everything is possible. No good deed is lost; it endures, and creates smiles in the soul. The way our actions are received will depend on the human nature of the recipient. It will not necessarily be the exclusive product of our participation, but rather of the openness and availability of the other.

That is why the result is not important to measure the success of our works. It is true that we need this to satisfy our ego. Therefore, we put success or its absence aside and focus on the action that comes from our intention.

January 13

I give You this day. It's all yours. You live in me. You manifest yourself in me. The divine in me creates and loves. I let it work its miracles. I release everything. I gently allow the rest... the light, the birds in the sky passing by in a design formation, the wind, the warmth and peace. I sit back and enjoy. In Joy, I am.

January 14

Big, fat, menacing, bulgy dark clouds dangle over my sky today. They soothe me. There's stillness, a space pregnant with some impending happening, an expectation of rain, an uncertainty, a slight hope of snow. Such is my life right now.

I just finished my morning meditation. I went into my inner stillness, the silence of my speech, and the openness of my mind and heart. Anything can happen today. I don't know what richness of relationships I will meet in my every day activities. There's the yoga, the walk in the woods, the choir. This stillness gives my heart a sense of joy and gratitude. A tiny bird flew from the tree nearby towards the hill on the other side. I fly into my day with the same swiftness and faith.

January 15

My son called me. Their heater is not working. It's freezing cold at their tiny house. "I cast my burdens unto you" is my reading from the Bhagavat Vita. "You solve them, you know what I need," I reflect. You provide for me always. In the moment of my asking, it has already been granted. "May Tommy be warm" is my prayer. I have faith. Amen!

PS. I just called him. He said immediately after picking up the phone, "I slept well. It was perfect. We are fine!"

January 16

I walk down the hill to the creek on a narrow path. I reach the water that flows abundantly after so much rain. I hear the mighty fall of a small waterfall. I come closer, I sit in the sun on a rock and watch it in awe. I fill myself with this perfect world.

After a few minutes, I get up to continue my way back to the other side of the creek. It is one of my favorite sections. The water to my right, and ahead of me, there's a narrow path lined by vegetation and treetops that form a perfect frame. In an instant, two wild turkeys appear in the distance, majestic. My heart stops, my mouth opens in total wonder. I witness a magical scene. They do not realize that a walker infiltrates this mystical place. One of them spreads its wings with natural grace, and I sneak up from the creek. After a few steps, I realize that I must breathe, even though I want to be careful not to make any noise that might drive them away. I don't take more than three steps when they go one by one across the stream. Now they know someone is nearby.

Thank you for this brief miracle on my morning walk. I am open to another tomorrow.

January 17

We entertain angels unaware. I love the expectancy that a new day brings, the unknown of its unfolding. Do we venture into it or do we remain within our safety net, and do the same familiar things? Do we remain within the circle of friends or do we connect to people we don't know?

I intend to expand my heart and my mind, to reach out to new acquaintances, or deepen the old ones to allow for new possibilities. With such an attitude, I never know what mystery and joy the day will bring. So often I meet good people who act as my angels and guides, but I'm not aware.

Today I tune in. Bring on the music! Let it be samba!

January 18

Discomfort in my stomach... I think, and I contract. How do I live without that impending fear of "not doing it right"? When I pay attention to the results, there is a familiar pang of anxiety, "maybe it's not going to be quite right."

Today, I decide to be relaxed, get out of my way and let Spirit do it. I am grounded, but at the same time, I'm connected with Light and Love.

January 19

Traveling light is the ideal way of going places. Ready to explore, I want to be free of anything that makes my walk harder. I don't need any heavy backpacks.

I let go of my burdens. I feel free to live life as an adventurer, exploring new places, new people, and new situations. During my journey, I may not have the best weather conditions, but I'll be easy on myself. When faced with adversity, I'll go within and discover how to handle each moment. Usually, when I give up wanting to control the results, everything sorts itself out. Faith is required. I'm ready.

January 20

In order to create peace, it is necessary to have inner peace. Meditation, connection with God and the clear purpose of serving others bring me my peace.

Now, from here, to actually bringing it into the world, there is a stretch. I choose to create and express conditions of equity so that we all have peace. I choose to be the voice of those who do not have it in this society: children, the elderly and immigrants, who do not always have the same privileges that we enjoy. In my heart, I feel that it is in the service of the other that we forge real peace.

January 21

Less is more. It's so easy to see that in my life right now. I don't need as much as I may have needed before. My life is simple. I let go of anything that's extra and doesn't serve a purpose anymore.

Less is more when my mind is clear and empty. The way to get there is through meditation. It's a constant exercise, an attitude of simplifying feelings and problems.

Less is more when my compass is my connection with God and my inner self. Then I can extend it to others.

Today, I live simply. I experience a day with less clutter and more love.

January 22

This morning the air feels clear and brisk. The birds are already eating from a nearby feeder. My deer have greeted me with that stern stare that quietly, but firmly states, "Feed us! When are you going to? We are ready!" This morning, I don't have any food to give to them. It's in the trunk of my car and it's too heavy for me to bring down on my own. They'll have to wait. I feel rather bad and remember I have some lettuce in the fridge that I should throw away because it's rather tired. I go out down the steps and set it there for them.

They come by, look at it, smell it and totally ignore it. They know what they want and this is not it. "Oh, well…" This pains me; I feel powerless. They come back past my Spring Field mix again. This time, one of them stops, tries it, keeps eating it and only lifts his head momentarily to look at me as he chews it up. "Good for you! Good for at least trying something new! You see… you ended up liking it and you were the only who got fed."

Today, I'm open to trying new things, maybe those that don't normally appeal to me, or those that seem to be out of my realm of interests. Who knows… maybe I like them, and they become food for my soul.

January 23

Faith is required in daily upsets. Yesterday, I was worried because the friend who was going to come with me to see a tango show told me she couldn't come at the last minute. I tried to contact a few others, but with no luck. I thought to myself "God, you take care of this. I'll leave it in your hands." The next morning, my friend called me and said," I have the perfect person to go with you to the show today. I just gave her my ticket. "If I had trusted that everything was going to work out, I could have saved myself the anxiety and frenzy that I went through.

Faith is the certainty of things not seen. Today I live without cares like the birds and the lilies of the field. I am not obsessed with the outcome of my actions. I leave my anxieties. I trust.

January 24

Yesterday I watched the show "Tango Fuego". It's still alive in my mind. The dancers flow; they join together in subtle embraces; they go apart, leap into the air, move as powerfully as a flame.

Curved lines, delicacy of gestures, hands supported with feminine seduction, upright, confident, majestic figures, converge in a magic of sweetness and strength.

Today I live a day with fire, with total dedication to what touches me, sweetness, intimacy, open expression of my inner feelings and the passion that lives within. Today I keep the fire alive.

January 25

Healing is what I need today. I woke up with a cold and a sore throat. My body feels tired and weak. Am I coming down with something? I have a writing gathering at home today. What to do?

Healer, heal yourself! I have what I need within me to heal. As I'm sitting comfortably watching the birds outside, this tiny golden finch comes closer and closer. He jumps to the windowsill and peaks through the window. He flies up to the glass door and kindly taps, as if wanting to attract my attention and, may be even come in, a very unusual behavior for a bird.

What is it in my life that's trying to catch my attention so insistently? I remember my grandmother who, when we were sick would tap us very gently saying, 'Sana, sana, colita de rana. Si no sana hoy, sanará mañana." "Heal, heal, little frog tail. If you don't get better today, you'll get better tomorrow." Today, I tap myself with the same love and I calm myself down. I think "hope, ease and faith for today". Healing is tapping at my door.

January 26

I wake up to an achy body and congestion. I sit, go within and stay in the stillness, the silence and the openness of my heart for a while.

I connect with my God. I am feeling the way I am feeling. I am at peace. The Christ in me heals me. "Are you ready to let yourself heal?" an inner voice asks. "Yes, I am," I respond. "Then go, stand up, you are cured."

Faith put into practice. I allow myself to very gently finish my writing, take a hot shower and be well. I will go to the doctor's office. A little help from my friends always helps.

January 27

Thanks to life! Luckily, my cold turned out to be just that. It's not the flu! I'm still tired, but it's logical. I continue, step by step. Today I feel a little better than yesterday, and tomorrow, almost perfect. Actually, in my mind I already believe that I am very well.

The thought comes first, then, comes the rest. "The word became flesh" God created with the word, which reflects thought. God thought, spoke the word, and created. It seems incredible, but as we all have a divine spark inside of us, we can also create our lives with our thoughts. They are the brushstrokes that, on a blank canvas, are transformed into an image that transmits life.

What do I create today? ... Health, an open heart and peace.

January 28

In my dream, last night, I try hard to catch a train. I get everything I need before the trip, a glass of water, and cash. I try so hard to get totally ready, and now it may be to no avail. A friend calls from the other side of the tunnel to make me hurry: "Lilita! Lilita!" I'm running as hard as I can, but I realize I'm running in the same place. I feel total angst about missing the train.

In analyzing my dreams, I look at the different parts of myself that I project onto this inner movie. So, what is it that I'm afraid I might miss in this part of my journey?

Whatever I'm doing to try so hard to achieve it is not helping. So... what if I don't put so much effort in getting ready for this next stage, and catch my train at my own leisure? There'll be others coming behind this one.

Today, I intend to live without so many considerations and take things in their own stride. I create enjoyment of little things and ease.

January 29

Today is gnocchi day for Argentines. It's a day when we perform a small act that gives us hope. We place a one-dollar bill under the gnocchi plate. Legend, tradition, cultural richness of our Italian ancestors... "Nonsense!" I think. "Who could have thought of such a thing?" The rational explanation is that by saving a dollar at the end of the month, we are assured to have some money at the beginning of the new one.

What is it that I want to keep at this moment of my life to ensure a hopeful tomorrow?

I want to keep my peace, by being responsible for my mind and my soul. I meditate and let go of what no longer serves me.

I want to keep my joy, and be satisfied with what I am and with life as it is at this moment. I have a lot to be thankful for: my dream place, my children, and my friends. Regardless of how the now shows up, I want to accept it. I want to keep feeling that joy that is born out of simple things and that shows up as Grace in the midst of suffering.

I want to keep Love, the one written in capital letters, the one that reaches out to God, to every person and to myself, that unconditional Love that gives the benefit of the doubt, that trusts others and Life while it radiates enough light to keep others warm.

I want to keep friendship, because it is, through it, that I get to know myself, express my inner self and give myself to others.

So, with all of this wealth, I know that the next moment will be, in some way, like the one I live today, nothing more and nothing less.

Today, I'll put the dollar under the plate just in case.

JANUARY 30

Writing my morning pages, I look outside and give thanks for this moment, for this peace that I have been able to achieve. The sky is so perfectly blue; the air is cold; the sun already warm, and the hills full of cedars of different shades of green. The only distraction is the little chickadee flying to a nearby tree. Everything is so calm, so clear, and so silent. This is nature fulfilling its cycle perfectly.

How can I be that person I was meant to me? I can enter this calm, keep my mind clear and remain silent. I can simply be faithful to myself.

Today, I sing and fly free like the little birds that showed me their way towards peace, clarity, freedom and expression.

JANUARY 31

Today, there was some commotion before my morning pages. Someone needed help in my group of volunteers. Making a supreme effort, I decide to call her immediately and postpone my sacred routine of writing the very first thing in the morning. To my utter amazement, the person who needed help could not speak at that moment. I offer to call her in a little while, when I receive a message telling me that someone else would take care of her. By giving myself completely to this situation, everything was solved in the best way. It didn't even require my involvement. By accepting what life throws at me, whether I like it or not, whether it is convenient or not, the burden disappears. What you resist persists. What is accepted totally is resolved, in some way or another with a little help from my friends. Different possibilities open up to solve a problem. When we are busy ignoring it, we do not see them.

February

"Your visions will become
Clear only when
You can look
Into your own heart:
Who looks outside, dreams;
Who looks inside, awakes."

~ C.G. Jung ~

February 1

Thanks for the Grace today. Thanks for being alive. Thanks! Thanks! Thanks! Three times thanks... The number three is associated with alchemy, the transmutation of matter. Just as coal, when heated at high temperatures becomes a diamond, so our life is transformed by suffering, illnesses and adverse circumstances, until the outer shell is peeled and our interior begins to show. The heart glows; a glimpse of our soul can be sensed. This is how we shine with warmth, passion, ideals, strength and love.

Today I drop my layer of considerations, fears and doubts. I allow my inner being to shine, the one that is connected to God.

February 2

Today, it's been two years after my surgery. What a surprise, what a shock! I was admitted to the Emergency thinking it was a simple stomachache and I would leave immediately. However, there was an obstruction. "We must operate," they told me clearly. "No" I whispered to myself. It's the second "no!" in two months. The first one was for Cavit's death on January first. The rest is history. I recovered from surgery with the firm decision of moving to Wimberley. Why so firm? A deep inner desire gave me the necessary strength. Living in nature, surrounded by green hills was what I had visualized for years. Because I believe in the power of writing, I had written "I live on the top of a mountain" countless times. I even included drawings. These are actually hills, but for me they qualify perfectly as mountains and if you do not believe me, you must come and judge for yourselves.

Faced with the possibility of fulfilling this dream, there was nothing that could get in the way. Cavil's death seemed to give me one more argument to leave Houston. Another place was waiting for me. The only pity was my beloved friends I would leave behind. I haven't felt this total conviction and determination very often.

The second day of the second month… The number two symbolizes transition in Jungian psychology. It was God sent. I was meant to change my life and begin a new chapter. Sometimes it is necessary to leave everything that was and start over.

Thanks for the clarity and conviction. A bit of Basque blood in me helped. Thus, I live this day with the same inner disposition and openness.

February 3

Another day of surprises and adventures. We never know what will happen with our day before living it. Today the boys come; that is already reason for total joy. However, the unknown is latent, the unexpected, and the miraculous in some way. When I fed the deer early today, I did not throw Morning Musings Creating My Life the food far enough so that it would all fall on the grass, but a little bit fell on the steps that go down to the garden.

I sat down to meditate as I watched them have their breakfast, and when there was nothing left on the grass, one of them, the most daring and confident one, climbed a step and cleaned it for me. He raised his little head, as if to make sure no one was there, and my heart stopped as he came up one more step and then another. His body straightened and he was closer than ever. He couldn't see me inside the house, on the other side of the window. This has never happened before. If the morning started like this, what will happen the rest of the day?

February 4

Yesterday during meditation, I envisioned being free from fear. Today, I realize that something has changed. Perhaps, I did not lose the fear completely, but at least I did a little. At this point, I can focus on the fact I have not quite achieved my intention yet or on the fact that it was a partial victory indeed. How would you deal with a child trying to do something for the first time, such as writing their first letters? I remember my mom saying, "No, not like that! Do it again!" as I was trying to write the letter "a" for homework. I don't recall having any positive reinforcement, but rather some negative feelings. Perhaps, this strictness of hers, has made my tasks perfect, but at the cost of a lot of tension.

Now, I have no one to give me feedback. I have only myself. What kind of message will I send? Will I be calm and patient or strict? The choice is easy. I treat myself with total gentleness. "Charity, properly understood, begins at home," used to say my grandmother. Well-understood compassion must begin with us. She also would remind us that "Everything comes in due time" with the certainty and wisdom of someone who has lived a long time. Well, then, I'll treat myself with compassion knowing that I will achieve it in due time.

February 5

Today I did not write in the morning. I am so used to following my morning pages routine that I find it strange to do it at another time of day. Are we truly creatures of habit? The ritual is important; it gives us a certain discipline that guarantees the completion of these activities. What happens when the routine is altered? Can I think and move on without feeling disoriented? In my case, I can continue, but I feel sorry that I have lost the possibility of doing something that serves as a compass for the day. Can I do it at a different time? Yes, but it takes more effort.

There is a lesson here: I give myself time to do what is really important and I'm flexible to change the routine according to priorities. "To be or not to be?" To be "and" not to be is the most appropriate response.

February 6

Today I let myself be guided. I surrender to divine will. I create from an internal place that responds to Grace, that part of me that trusts the mystery of life. Today I get out of the way. I let inspiration arise from the inner silence and not from the mind that organizes and plans.

It rains. It is the ideal day not to rush to do a thousand things. It is the day to allow the soul to flow like the falling drops that are almost imperceptible. I give myself a break. Today, I allow myself to "be" more rather than "to do." "To do" in Spanish is *hacer*. It's almost a reminder *A ser*! "Let's be!" It is, in fact, a wake-up call for us to realize that the purpose in all action is to find our essence, our passion, ourselves. Then, it will be beneficial for others.

February 7

Yesterday, I watched a documentary on Maya Angelou. It left me in awe and inspired. Today, I feel like saying...
Freedom!
Freedom from boundaries,
Freedom from old ingrained beliefs that don't serve me anymore.
Lightness.

I can fly with swiftness,
I travel light.
Love.
I'm immersed in it.

February 8

Thanks for the sun and the warmth. I do not want any more cold. When we were little, we played a game where we tried to guess where something was hidden or what the other person was thinking about. Each of our responses was followed by the comment "cold, cold" if we were not close to the truth, and "warm or hot" when we were close to the truth or right.

Is this why I do not like the cold? A little cold is fine, but when it's repeated, "cold, cold" it has a *déjà vu* of being confused, of not knowing the answer. Today the sun tells me "hot!" What will I be discovering soon? Today I live with this attitude, with the expectation and even the certainty of… "I'll get it!"

February 9

Today it's cloudy, gray and wet. This intense peace is pregnant with the imminence of something… rain perhaps. The rhythm of the day shows up in slow motion. It allows me to float, look and get lost in the succulent cedar tops. My hand stops with a hint of doubt at the next word. I let my hand write all by itself. It can't help but mirror this still nature, and I do not blame her.

Today it's just like this, a day to simply be in this sacred moment. Nothing more and nothing less.

February 10

I have just started my Master Naturalist class. My mind expands. I have so much to think about: birds, plants, butterflies, wildlife, trees, and stars. A gate has been opened to explore a new world. The French class makes me feel just as expansive as I learn the *Passé Composse* and the *Imparfait*. In the waltz, polka, and jitterbug class I learn new steps. In the choir, I have to count the rhythm as I try to follow an unintuitive melody without even knowing how to read music. Karate involves movements never made and assertive and defensive attitudes almost contrary to my nature. I plan my Jung course in the summer and the Jungfrau trip later, something I have dreamed of for a long time and now I decide to do it. Immigrants who need abundant help require the creation of a new group.

I say to myself, "Why not now?" I encourage myself to be in new situations. The end result is not as important as the opening process, embarking on unusual experiences, breaking patterns and seeing different possibilities. I surely get a new perspective on life. What a gift at this point in mine!

February 11

Letting go is the name of the game; letting go of another possibility that could have been, but that is not; letting go instead of wanting to retain it. Life brings us so many different occasions, so many unique moments. Some bear fruit, others not quite so much. However, even in those that we judge inconsequential, there is something profound if we only allow ourselves to see it. Allowing ourselves to see the inner light in the other requires an open disposition, a going beyond appearances, without judging in haste.

This is how we see the other's pure essence and we realize that it is just like ours.

We all want the best for ourselves and for those we love. We all suffer and try to overcome it. All… not only the one who acts like us, but also the one who acts the exact opposite way; not only the one who attracts us with his open and affectionate personality, but also the one who is closed and does not express tenderness. I learn from the one who communicates fluently with my soul, and also from the one who does not. It is not, in fact, easy to go through this process. It requires time, intention and pause. But, after all, it is a being of my own same human kind. It is worth trying!

February 12

We can feel deep and unconditional love for others. We can heal others and heal ourselves, help the unprotected and the one who is outside the status quo. We know how to tell the truth even if it is not politically correct. We take care of others and ourselves. We love others as ourselves. This fills us with joy, deep peace and gratitude for this mystery immersed in everyday life.

February 13

Thanks to life. Thanks to love and abundance. My cup overflows.

Today I was a bit anxious about unexpected extra expenses. In the middle of the morning, I get a call from someone who wants to send me a check from heaven. My restlessness is transformed into total amazement and wonder at this synchronicity.

Lilita Olano, Ed.D.

February 14

Happy Valentine's Day, the day of love! Why not celebrate it every day? Why reserve it only for today? Saint Valentine was a saint and he was surely thinking about the "Agape," the kind of love reserved for God, which allows us to love all of humanity. In addition, those of us who are parents have a deep love for our children, the Phileo of the Greeks, which is also fraternal love for others. However, society, especially on this day, emphasizes Eros, romantic love. For the Greeks, this love also referred to the passion for art, for that creative part in us that loves to generate beauty through painting, writing, music, dance or any other form that emerges as an expression of the imagination and the soul.

Today, I thank God for this unconditional Love, my children for being the light of my life, my friends for feeding my soul, and all the beauty that surrounds me. Somehow, I generate it when I write, sing or dance. Let's celebrate these different kinds of love today!

February 15

I wake up with a discomfort in my left eye. It seems to me that it is the wrinkled retina condition that I experience from time to time. The solution is Systaine drops and closing my eyes for ten minutes. Since it does not actually work for me this time, I decide to repeat the drops and close my eyes while I meditate. I cannot open them as usual, so instead of taking a glimpse of the green landscape, I focus completely on myself. Lights and images follow each other. A shadow silhouette with a light background appears. I wonder what it is, maybe angels, or my imagination?

Today, I feel that I can go deeper into myself. When I finish the meditation, I open my eyes, and I realize that I am better, not completely, but I do see more clearly. I reflect… when I do not look outside to find an answer, I find it within myself.

February 16

I've just fed the deer. There are six of them and they are in a perfect row in front of me, their heads down as they greedily swallow the corn. The wall-to-wall window lets me see them like on a Cinerama screen. It is my morning play, with a setting of green hills and lush trees. They momentarily stop their breakfast, raise their heads, look at me to make sure there is no threat, and continue. I wonder if they can really see me through the glass, and whether they focus enough to perceive my figure in the back of the room. There's one that's looking directly at me while chewing continuously. I think this one, at least has noticed. Any movement disturbs them. They are shy and fearful.

That's how we are sometimes, or at least I am, somewhat fearful at times and even shy. Of course, at this point in the game, I have already put it aside in my life, but there is always something, a situation or a person that makes me return to these anxieties.

I hope to be like him and follow my dreams despite my fears and encourage myself to enjoy my daily "corn," that gift placed in front of me. I hope, I too, realize that, although I cannot see it clearly, there is something beyond this human window, something that nourishes me and gives me the grace to live each day.

February 17

Amazing dream, amazing grace…

I choose love; love chooses me. I choose the smallest pastry; I choose restraint. I run outside and let go of something that has been long overdue.

The mystery of dreams… So, I choose to love at one level; I choose restraint at another; and letting go of old stuff at yet another.

Maybe I could at some point, let go of outdated states or beliefs, choose a medium-size pastry that satisfies me completely, and embrace love.

I'm thankful for this beautiful dream journey. I carry this one into my waking life. I'm open for the connection between the two. Let's see what tomorrow's dream brings.

February 18

Thanks for a complete day.

Today I am a little tired and in some pain. I trust in my power to connect with divine Love and Light and allow the body to heal. I leave fear as an impediment to recovery. I affirm that I have the ability to heal myself with thought, with faith and with the deep union with the divine.

Such is the way I think, and such, the way I live.

February 19

Thank you for the surprise of this day before me.

Yesterday, the film that was shown in the Wimberley library, ended in a dialogue with the audience. I expressed my truth, prompted by a comment from someone else that felt the same need. The feeling was the same, but I did not agree with his way of thinking. The passion inspired by the issue of equity in this society filled my mind, my body and my soul. Finding sister voices expressing similar concern gave me even more strength. It was a meaningful evening shared with unknown people, but who were united by a common interest in the well-being of this society.

It is our turn to act, to create, generate and shape the community in which we live. How to leave it to others with a feeling of "don't get involved, don't commit, and don't expose yourself"? It is only with the inner freedom to speak our truth that we can, not only help ourselves, but also put our grain of sand to help those who have no voice or power to express it.

FEBRUARY 20

My God, show me your face, show me your Love, show me your compassion! If only I could see you...

I close my eyes. I go inside myself, to my deep being. In the stillness of my body, in the silence of my speech, in the openness of my mind and my heart, I glimpse an ethereal shape, a circular light that radiates rays in a symmetrical design with an eye in the center. Inside the eye, I see a dark gray silhouette that appears and disappears intermittently. I feel peace, well-being and clarity.

Is this your face? I live this day in my inner light.

FEBRUARY 21

Today, a new workshop begins, a new path for those who participate in it, a possibility of living as writers and discovering themselves in the process. For me, it's also true. I participate in my own while discovering each new relationship. It allows me somehow, to live through the other, to participate in her experience, which, in turn, enriches mine.

We all grow in this magical world of writing. We touch our internal psyches and find the gold that we did not even know existed within us. We participate in this alchemy that transforms raw material into precious metal. Thus, when we shine individually, we not only give light to one another but we also radiate this warmth to the world around us. I'm ready for this new adventure. They start it today in the afternoon.

February 22

There's high humidity in the air. The mist covers the hills in the distance and floats through the foliage. No wonder they are so green! They receive a constant drizzle that beautifies them daily. I let myself be touched by the almost imperceptible wet air. It caresses my soul. My heart is overflowing. I stay still. I receive abundant Grace.

The trees on the hills make no effort to attract the mist. They are only rooted firmly; they are essentially themselves; they let their tops undulate and allow the moisture to penetrate them.

I remind myself that I just need to be silent and allow clarity in. I perceive the goodness of life. I am a receptacle of blessings.

February 23

The sight of some animals walking by the window startles me. There were three of them. This is the first time wild turkeys come to visit me. I'm going to look for the phone to take a picture of them, but when I get close to the window, they run and disappear. Still incredulous, I wait hoping they will come again. I go to the front door and notice one, two, three... crossing at a fast pace. I follow them and to my utter stupor, now there are four, five, six, seven, eight, and nine. I can't count that fast. I follow them to the back window ten, eleven, twelve... twenty, twenty-one walking in perfect procession. My heart stops. I am in a trance. In an instant, they perceive my presence and as if by magic, they soar together. My eyes fixed on them above, are already full of tears. I feel deep emotion and immense gratitude for having witnessed a miracle.

Twenty-one wild turkeys at home!

My joy is already euphoria. I urgently call my children. I want to share this moment with them. Neither answers. Could it be that I have to live this alone like so many other occasions when I have been in the presence of something magical? So it is. There are some deep moments that happen in our own company and fill us with glory, strength and hope. They are the ones that make it clear to us that our life is a mystery indeed. Sarah answers the phone. I tell her everything as excited as a Kindergarten girl could tell her mom that she was able to read for the first time. She listens to me and shares my happiness.

Twenty-one wild turkeys... Are they a symbol of something? I find out that the turkey, for Native Americans, represents generosity and abundance. This is what I felt in my own flesh. Sally answers the phone. I can't stop talking until I finish my story. I thank her for being there, as always.

FEBRUARY 24

I remind myself to be aware of my dreams and to relate them to my wake life. In my dream there's someone asleep. It's actually a part of me that's asleep. Am I aware? Love shows up in my life when I walk aware of things.

I enjoy whatever life presents to me. No effort or planning is required. It just shows up at the exact time, out of the blue, totally unexpected as pure joy.

February 25

When we least expect it, when we don't try desperately to get some result, it happens. The day begins with the call from one of my children announcing his visit. Immediately afterwards, two friends come home to plant a fig tree. Seeing them work so hard makes me admire what they are doing and I thank them profusely. With a pick and shovel they manage to make a considerable hole, an almost impossible task in this area. With unheard of force, they dig up tremendous rocks and use them to create the edge of the bed. They pour new soil, then fertilizer, and end with abundant watering. As if this were not enough, they give me suggestions on how to cut the oak branches that prevent me from having a view of the hills.

Later on, we walk the Blue Hole trail and then we explore the area next to the water. We end up at Jane's house, which leaves the boys with their mouths open. Nestled in the middle of the forest, it has a great variety of trees, vegetables and plants. As soon as we arrive, we clearly hear the crowing of roosters. We go close to them and find the largest and most precious chickens I have ever seen in the unusual company of two peacocks. One is white and the other one is brightly colored, ranging from green to metallic blue. Following a path, we arrive at the ceramic studio where there's an aviary that Jane built herself with a variety of birds that has nothing to envy the fauna of Costa Rica.

We continue our way crossing the bridge that takes us back to Riverside and we stop perplexed at the sight of a group of ducks and geese resting on the shore and swimming in the river. We go back home and decide to go eat with a couple of friends who happen to be there in a beautiful place in front of the river. The laughter and the breeze make us end the day with a full heart.

Everything happened step by step, spontaneously, without planning, just like that. My morning pages from yesterday say "I enjoy what life presents to me without so much effort or plans." I have just circled these words, which I am accustomed to doing every time I realize that my expressed written intention is fulfilled.

I create my daily life with my pen. What a privilege!

༺༻

February 26

I love music, especially jazz. The experience with the Hill Country Jazz Band yesterday afternoon was memorable. I am sitting in the front row table in the centre of the room, the best place to enjoy it. I close my eyes, I let the music fill me, enter my heart, my bones and my soul. My feet are tapping on the floor, following the rhythm; my head tilts from side to side, up and down marking each beat. I alternate between total stillness with eyes closed in order to allow the sounds flood my body and moving to the contagious rhythm.

As much as I love to dance and express music through the body, I realize that I am more self conscious, when I do this. I experience some tension in my whole body. On the other hand, when I close my eyes, and simply allow the music in, it is pure bliss.

How shall I live my day? Shall I act, move, be aware of others and myself to the point of being somewhat tense or shall I rather allow life to happen, be present in each moment and thus experience bliss? Holding the tension of these two opposite positions, I know a third one will appear. What about allowing each moment as it presents itself not only when I'm meditating, praying or writing, but also when interacting with others during my daily active life? "To be in the world, but not of the world" was Jesus'wise advice to the apostles.

February 27

Today I woke up not feeling very well. A little pain here, another there. Perhaps it is a cold. It's raining. It is the perfect excuse to stay home. I remember when I was a girl and we could stay home if we didn't feel well. It was a special day. I stayed with mommy who took care of me.

When I grew up, amidst the chaos of work, classes, study, when I felt ill, it was both an inconvenience and a sense of freedom. I was able to have some good time on my own and even though I was sick, I still enjoyed it.

Now as an adult, I can stay home without feeling guilty. I take care of myself; I rest my body. I give my soul some time. Today, I start a dream group at home. Actually, I'm in the right mood. I want to sleep and why not? Maybe I'll dream. I decide to give myself unconditional motherly love, which always helps, but especially when we are a little sick. Today I play hooky!

February 28

In my dream, I see a colorful big bird. I call it an eagle because she is pretty large. She's gorgeous, almost like a huge red, black and white parrot with a yellow beak. All of a sudden, I realize she wants to come in through a hole in the wall. I get scared and I usher her away.

Analyzing the dream, I wonder if there's something that wants to show up in my psyche, that I don't allow because it seems scary. Maybe it's illness, or death, or an unpleasant situation that startles me and may hurt me. I decide to look at this image, and see if she has a message for me. I reflect a bit. Maybe she is here to remind me that there is another way of looking at fears. Her coming through the hole in the wall could be the ability to bring forth a new way of being, without the fear of illness and death. Maybe this new me is as awesome and colorful as my beautiful wild bird.

I'm willing and open to live a long life, full of peace, enthusiasm and creativity until that time when I'm ready to be swiftly carried away to my new life in her wings. By now, I'm in tears, moved, in awe. I feel a presence; it's two rather. They are wrapping their arms around me... my grandmother and Cavit.

MARCH

"I ADORE THE SENSE OF ALIVENESS AND VITALITY
THAT COMES WITH SPRING.
AS IF I COULD FEEL IT ACTUALLY TURN ON
WITH THE VERNAL EQUINOX,
EVERYTHING FEELS ENDLESSLY FULL OF HOPE."

~ MARY OLIVER ~

MARCH 1

I am meditating on my chair totally in peace. I had gone through "the stillness of the body, the silence of speech, and the openness of my heart" when I hear a car coming down the driveway. It's Erwin's truck. I don't understand why he would be here so early. I don't want to get out of my state of "inner glory." I can't believe my ears; there's a distinct "meow". He had offered me a cat last week, and I had asked him to send me a picture, before deciding whether I wanted him or not. So what is he doing here? He's brought it! I still don't get up from my chair. I figure that if I don't come to the door, he will give up and leave. It's too early for any decision. The meowing is persistent. I could never put up with this kitty! The sound subsides… relief! He must be gone. I then, get up from the chair pretty quite content after meditating. Now, it's time to write. Since I haven't heard the sound of the truck leaving I decide to peak discreetly to verify that he had indeed left.

Well, I look out and the truck is not there. But, oh my God sitting right outside the door, a little black and white face peeks from a cage. He has left the kitty and left. How dare he leave the cat without my consent? Next to the cage, there's a litter box and a food container. I open the door carefully, get down on my knees to see what it looks like and to my surprise, this is not a kitten, but a slightly bigger cat. Without any choice, I bring the cage to the big room where the garage used to be. I go back to get the rest of the stuff. Then, I look at my new guest and start talking to her softly to make her feel at home. She could be scared.

She's never been here. I open the cage door and out she comes swiftly, my beautiful furry, black and white cow cat. I sit on my chair; she comes to me and wants to be petted. She rolls over on her back inviting me to stroke her. I do, while I keep talking to her softly. I guess my meditative mood has helped. By now, I find myself sitting on the floor gently massaging her beautiful body. She allows me to do it with ease and evident pleasure. She is so different from the feral cat I had in Houston who wouldn't let me come near her.

I call Erwin and I tell him "You are crazy! What have you done?" He asks, "'do you like her?" "Oh, it's a she!" I reply and add, "I actually loved her! This is the kind of cat I've been imagining I could have. I've been thinking about it for the past two weeks. She is perfect."

Now it's time to write. I get out my journal and sit down. I wonder where she is and I realize she's right under where I'm sitting. I talk to her and she comes out, looks at me and jumps onto the sofa right next to me. As I put the pen down, she decides to scratch herself against my pen, then with my journal. "No, no!" I scold her. You need to sit because I need to write. After a couple of emphatic statements, she sits and stays quietly curled up by my side. Now, my little Bepo, a name given by her previous owners, has fallen asleep. I will call her Cow Cat, a little bit of the pampas in Wimberley, Texas. What an unexpected gift before my morning pages!

March 2

I'm writing my morning pages, she's eating her breakfast. I feed the deer, so they are eating theirs too. Pretty soon, they'll write with me... why, not? They are getting their corn on the other side of my huge window facing the yard. She's eating inside. They are watching her. They are surprised by this new presence. They don't feel at ease like they usually do. Now, she sees them and runs toward them. They get startled and every one of them runs away. I thought she was going to be afraid of them, if only because of her petit size as compared to the deer's. She's propped herself on the windowsill.

Cat Cow is acting like a guard dog now. She runs to me. I'm writing. She wants to be on top of me and touch my pen and my journal. I let her do it." See? There's nothing interesting for you here." I signal her to sit right next to me. She does and gets busy digging her claws in the familiar blankets that she has brought from her house. I explain to her that the deer are good and they need to have breakfast just like her, and consequently, she needs to leave them alone. She comes closer, puts her paw on my chest, turns to the pen and rests her forehead against it.

"Sweetheart," I add, "I have to write. I'm going to give you a pen too, but then you have to do your morning pages. How does that sound?" I stroke her white neck while she keeps close to me. "You, know, I'm actually writing about you." Now, she's relaxed. I can tell because of her breathing. She's purring.

One brave deer has returned for his corn. I talk to Cow Cat, "Let the deer be. Good girl!" A little positive reinforcement works even with cats specially when they have to learn to live next to deer. Once a teacher, always a teacher! Today I give myself some positive and loving words. I coexist with others. Above all, I live in peace with myself and let others be.

March 3

Amazing Grace! The violin sounded like no other sound, so clear and deep, so intense and soft, almost heavenly. The player had been performing since he was three and his instrument was a literal jewel. It was given to him by his stepmother and then, after a while, he had to give it back. Since he couldn't find a violin that sounded so perfect, he made his own. This time, he made an electric one. The melody went through me; the blues cords made time stand still.

In a circle, musicians sat with their own instruments. There were guitars, a harmonica, drums, a mandolin and the incredible violin. They took turns playing tunes and the others would join in spontaneously. It was a true jam and it was pure joy.

Life could become like a jam if we joined in and harmonized with others as we were called to do quite spontaneously. Such is an artist's every day endeavor. I am the artisan of my life.

March 4

Happy Birthday Gracy, my dear little sister! Where are you? How are you? We've lived so far for so many years now, actually since 1982. However, an invisible thread through time and distance links us. Things happen to us at the same time, and despite being so different, we react the same way to a shared hereditary gene.

The other day I called you to tell you that I had sent you a photo with the number "5 A" that I had taken on the island. It was a number on a building. I thought you would be the only one, at this point in our lives, who would have any idea what I was referring to. You immediately said to me, "Yes, of course, the Montes de Oca apartment." I told you, "Do you realize that you are the only person I can share this with? All the other members of our family are dead." Immediately afterward, I called Ana Mari, my childhood friend who also remembered. Actually she was almost like a sister to us.

Sisters are bound by blood and, no matter how many relationships and friends we have, this special relationship is never replicated. Thank you, Gracy, for coming into my life. Thank you, my little sister! You were a doll when you were born and even today, you still are.

A kiss,
Lilita

March 5

It was a glorious day surrounded by the boys! It was a party, a celebration of the cat's coming to this place. She has become the new little sister, that my three boys have never had, the one that we had expected, since we always had women's names ready. Macarena turned out to be Santiago and then Diego; Clarita was Tomás. My total lack of experience with male siblings made me think that I was going to have girls, but that was not the case. With Santi, I learned to play with cars; with Diego, soccer and with Tomás, I already knew everything. Before his birth, everyone said to me, "Now you will have the little girl you have been waiting for!" However, now I wanted another boy. I was already an expert; I had the right clothes and toys. In short, I had the *savoir-faire* to enjoy him.

Life is unexpected since I never thought I was going to have three sons. I still keep in mind the words of my gynecologist, Dr. Hoyos, who announced, "It is another boy!" My heart beat with joy. Just what I wanted! My life with three men was and is a luxury of affection and pride for each of them.

Now I am ready for more surprises. Maybe someday, I will have granddaughters!

March 6

A tiny little bug runs across the light tile. I'm far away. I don't quite know what it is. The surface is so large that for this creature it must appear to be a galaxy. I have just finished the meditation and that is what I feel when I expand in the vastness of space. In an instant, I perceive a distant horizon that reaches the end of the world. Here, I become aware of being just a little dot with the ability to perceive this greatness.

Perhaps, my little bug is meditating and getting lost in the vastness of the gray tile. I don't see it anymore. It has become part of the floor. My little bug and I are in union with the whole.

March 7

My cat is a trip! I thought I would open the door to let her in because she was meowing even though I hadn't started my meditation yet. She comes rushing into the living room. I sit on my chair. She sits next to me. Bliss! My cat is mimicking my meditation. That's what I think and it only lasts for a minute. She moves away. I remain still. She doesn't meow. I turn around just to confirm this total peace is not a product of my imagination when I see her chewing on my kalaches on top of the coffee table. "Sh, Sh, no, out!" I finally push her gently out of the danger zone. She utters a meow of discontent. I go back to my chair.

Oh, God! There's silence again Let me see. She's lying down in the next room. I remember "My Fair Lady," when Rex Harrison would sing, "Why can't a woman be more like a man?" when he couldn't quite understand Audrey Hepburn's behavior. "Why can't my cat be more like a human? Why can't Michus be more like me?" I think that's the standard I may inadvertently apply to others in my life. Maybe that's what I do subconsciously. It's not conscious at all because I accept and treasure others the way they are.

Maybe this cat is teaching me something that meditation has not. After all, she is a Master Buddha...Master Michus.

March 8

Michus is lying down as I write. She's been meditating quietly at my feet. Of course, nothing is perfect, so still with my eyes closed,

I hear a loud thump behind me. She has jumped to the top of the kitchen counter, the one to the right where I keep the alpaca box of teas, a gift from Ines, my dear Argentinean friend, as well as two pretty jugs that belonged to Cavit. She's right behind them sticking her head into the smaller one with flowers, and now she wants to step between the two. I fear that she might break them, specially the bigger green one with a simple but unique design. I go closer and, instead of getting her out, I remove the jugs. It works.

I'm following Santi's advice, "you'll have to childproof your house, mom," wise advise coming from a once two-year old, who always has a simple answer to life's intricacies. I like this attitude of removing obstacles for my peaceful morning rather than resisting them. It's another lesson from Master Michus and Master Santi.

March 9

I give a fantastic writing workshop. I intend to have Peace and Inspiration. Each of them will get what they need.

March 10

I just had some trimming of the trees in the back yard done. The view has certainly changed. Now I can see the surrounding hills for the first time. It's such an expansive perspective. I don't see them perfectly, but rather I see through the thinned foliage, which makes me stare more to be able to see what lies beyond.

My first instinct is to see the hills clearly and perfectly without the tops of the trees, which are still obstructing the view. I probably don't even need those flimsy plants that have grown so high either. I'd rather trim them all and get a more direct view of my mountains- that's what I call them, or my beautiful "hills" according to others.

So, if I thin out my thoughts, and trim the unnecessary ones, leaving those that will make me grow, I will have a clear view of what already exists so close to me, but have not been quite able to perceive. Maybe when I start letting go of them, I'll want to let go of some more and then, really have spaciousness and clarity to see all the beauty that lies inside and outside as well.

My Michus is acting quite active today. She's totally ignoring the brand new cat scratcher I got her and playing with my Turkish carpet instead. She's jumping into the new litter and she's splashing it out. I think she loves the little blue grains that come with it. The floor has a significant amount of litter and catnip that I managed to spread all over when I removed the scratcher from the box, and she jumped into the box rather than onto the scratcher.

I am invaded with not quite pleasant thoughts, to say the least, towards Michus. "Everything is an opportunity for practice," Patrick, my profound Daoist monk, used to say. "Trim, trim, thin out these feelings." Maybe she is discovering and exploring this new environment that I've presented to her. She also wants to see clearly what it looks like. "Om…" I see a bit more clearly now. I let her be. She's lying at my feet now. She has understood as well.

March 11

The wind howls up here on the hill. The tops of the trees shake with fury. Michus is absorbed looking out of the window. I have opened it and only the mosquito net separates her from the environment. She looks intensely at the little birds that perch on the feeder, the baby pigeons, those with the red breasts, the finches with their bright yellow breast and black plumage. She follows their movements closely. Now they dig their beaks in to remove the sunflower seeds; they fly to the nearby tree and tweet in different languages. For Michus, this is the equivalent of her Cat Sesame Street.

Michus has started her kindergarten and is beginning to acquire experiences with her different senses; she listens, she looks, smells, and, for the time being, she doesn't touch the birds. They are safe! It is even a better program than a bilingual one because it is multilingual. It is already known that bilingual people tend to be more "intelligent" since they can see a thing from different perspectives because they can give at least two names for the same object. I think I'm beginning to be proud of her.

What will her lesson be tomorrow? We will see…I am no longer in charge of making lesson plans. I'm already retired. She is following a comprehensive and organic curriculum. She learns what she needs in a certain context. My wise cat will graduate "Michus Cum Laude!"

March 12

Michus, Michus, this is the last straw! Today I dreamed of my cat. I am in a kind of cart. I put my suitcase in the back. Someone says, "Look how light Lilita's luggage is!" She has put very few things, the minimum necessary for her life. My cat drives the cart and we leave in the dark of the night, I don't know exactly what our destination is, but I feel that it is towards my freedom.

Analyzing this dream, my cat seems to be that part of me that guides me to my internal freedom, the one that I obtain once I ease my mind and my soul. It is only by looking deep into my psyche and facing my ghosts that I free myself.

Thanks to my new Guru, Michus Jung!

March 13

The writing group listened to my story about my grandmother "Bueli Loli" and how she surprised me with the food that I liked the most when she hid it under a napkin. I read this last sentence "Isn't that what you asked for, precious?" said Bueli Loli as I was in awe to find my favorite cheese. After I read the last remark, "For my grandparents, my wishes were orders," they all gaped and said, "You were a princess in that house. They adored you!"

It is true. All my troubles were always healed with my grandparents' love and devotion. Today I remind myself that I can still access it even if they are no longer with me.

March 14

Softness...that's what my dream feels like. I have new flower-rimmed glasses. This, I figure, might lead me to see things from a different perspective, one that's playful, joyful, and even youthful. Now, I swim in a swimming pool ever so swiftly with soft tender strokes. I make it to the other side first. I win the competition.

They say the feelings are of utmost importance when analyzing a dream. I realize that softness and tenderness help me move easily. I observe a renewed perspective with new beginnings in my life.

Everything is blooming now in Wimberley. Michus is so soft and loving. There's synchronicity between my inner world and this outer scenery of my Hills and my new guest, Michus.

March 15

The sun is shining. There is deep calm this morning. The wind blows through the trees; birds chirp celebrating this time of day. A tiny one has just crawled into the birdhouse that hangs on the porch. She is making her nest patiently. Michus watches from the window. She curls up in the sun and watches her morning movie. There are a few pigeons pecking at the seeds that fall from the feeder. They are so close to her, but they are not even aware of her presence. She watches them attentively. She might be tempted to grab them.

Keeping this tension of opposites is one of the paradoxes of life. In this circumstance, this ambiguity seems to remain without any resolution. What would be a third option for each one? Perhaps the birds will continue to eat at the high feeder without fear of Michus. Perhaps Michus will leave them alone, contenting herself with simply watching them fly. Live and let live…another lesson from Michus Confucius.

March 16

Here she is, standing erect on her hind legs, the most delicate caramel baby squirrel. This is the first time she comes into the porch. She's eating the birds' sunflower seeds that must have fallen from the feeder. Tiny wrens are perching on the rail. The hills are luscious green under the soft drizzle this cloudy morning. It's my favorite kind of weather, warm and with a subdued light that allows me to appreciate the view much better than when the sun is shining bright. A few sunrays are piercing through the clouds intermittently. Michus watches it all in a trance. She notices how everything changes. The gorgeous red male cardinal has just arrived and has made a stop at the top of the bush, right in front of me. He's singing noticeably.

Such is life in this beautiful place. Such is life. Everything changes on a continuum. We simply have to watch calmly and some other tone appears. The unexpected squirrel shows up; the glory of my cardinal makes my heart stop in amazement and gratitude.

March 17

A thought from a class, "Unconditional acceptance of what was, what is and what will be."

March 18

I ask for guidance. I'm attentive to answers. Then, I act, not before. The Spirit Circle at the Lodge allowed me to express it: "I am in a loving relationship, with courage and tenderness, reciprocal love, charisma, fun and ease."

March 19

Today I feel an immense love within me. Have you ever felt deep joy and love? I think it comes from within. It is not external; it is a grace bestowed with infinite mercy. It is a state of gratitude for everything that surrounds us. I know it comes from something bigger than myself to be so powerful. We are the driving agent of this mystery that fillsus fully and urges us to express it with the world.

Will I be transitioning to something new and beautiful? "Definitely!" a voice inside me seems to announce. A titmouse is making its nest, building a home for these new lives that are yet to be born. Michus has stopped leaning against the window. She listens carefully. She also realizes that something extremely attractive can happen when I let her go outside.

The day is full of promise. I open the doors to the adventures that today offers.

March 20

As Time Goes By was part of our chorus rehearsal yesterday. The melody enveloped me; with tears in my eyes, I couldn't even sing the line "A kiss is still a kiss; a sigh is just a sigh." Tio Negro, my incredible uncle introduced me to this song, among so many others. I could see him clearly, smiling and singing with me. "A kiss is still a kiss…" the memory of that is fading. It's been a long time since Cavit left this reality. The possibility of something else was staring at me as I tried to utter those words. "A sigh is just a sigh" …My grandmother's face showed up with her melancholy look as she gave those deep sighs that only someone with Andalusian blood could give. Of course, when asked, "Bueli, what's the matter?" she would always reply" Nothing!" which left so much unsaid.

As time goes by, I appreciate and love with the same depth or even more, those who are no longer with me, but are so still so present. Tears are good, especially those that are an expression of deep love and gratitude at the past, in the present, and maybe even foreshadowing the future…as time goes by.

March 21

Happy Spring Day in this hemisphere! The plants are budding; the gray of the dry branches has turned an incipient green with the first little leaves. Everything is a glimpse of what will be in a month, a taste of what is to come. I wonder if I will go through a similar process.

Is this why I'm feeling this outbreak of joy and hope, a feeling that there is something on the way? It must be that spring is in the air.

In Argentina, we also celebrate student's day today. Back in those days I was a student preparing for a future life as a wife, mother, and teacher. Now, I have gone through all these stages and sweet warmth fills my soul. I have married, I have had the most wonderful children in the world and I have been a teacher and professor. Now that I'm retired and have the luxury of being simply a writer, I still feel this urge to live, love and teach. I still have that spark that ignites on March 21 here in the northern hemisphere.

It took me many years to feel that spring begins in March, since in Argentina, it's fall that begins in March. It took me time to change my internal rhythm. Everything takes time. Frank Sinatra knew and reminds me… "As Time Goes By."

March 22

Today I marvel at the miracle of being alive. I'm trembling with tenderness and love. I'm alive and well. I follow this thread. I am connected to Life. I'm in love.

March 23

The deer are eating. The cat got under the water pump where I keep her food and the birdseed. I give them sunflower which is their favorite, special seeds for my finches, and sugar water for the hummingbirds. Then I'll give the geraniums water because I have them half abandoned. Michus has already had her food and water. Attention! Newsflash: two of the deer have gotten on two legs facing each other as if to fight. In reality, they do it to protect their food and show the females who is the most powerful.

Michus runs to the nearby window and protects the house. Today she is very busy. She watches the baby bird that is eating in a plate full of seeds close to her and is distracted by a barely noticeable flying bug. With all the patience in the world, she doesn't stop until she gently grabs it with her little paws. At the same time, the little bird that is building the nest has just landed. That fascinates her. She stretches upright as if she could reach him.

In the middle of this bucolic environment, everyone is busy and so am I. I don't have a time when there is no activity; Yoga, Qigong, Tai Qi, daily walking, meditation, morning pages, meetings with friends, volunteer work, and dream group fill my days. Also, I have dancing and music from Thursday to Saturday at my favorite restaurant.

Today I'm going to Austin for a Jungian talk and then to see my children. I am almost as busy as Michus! Enjoy your day!

March 24

I am fascinated with the polarities expressed during the writing workshop. When we are faced with different alternatives, it is not necessary to hurry and choose one point of view. Something different from our way of thinking can bring us something new. Perhaps it is a part of us that has been ignored or denied, and when it is recognized in ourselves, allows us to see our personality with the good and not so good. The part of us that's weaker, our Achilles heel is the door to becoming a more complete person.

March 25

I see reality. I accept what it is instead of wishing things to be different. This is the way life presents itself right now.

March 26

I let go of what no longer serves me, old beliefs that appear automatically and are no longer valid. As I'm pondering this, the door opens and the cat comes out. I decide to let her go instead of chasing her. In a few minutes, she comes back. Victory! It has been a day of letting go. Now I have room for whatever comes.

March 27

Where did this pen come from? I can't find mine, the one that writes so easily on paper. I look everywhere, but I can't find it. I open a drawer where there are all kinds of things and I grab the first one I see. I rest it on the page and it surprises me that it writes almost better than mine. I don't know whose it is. Someone must have forgotten it at home. The surprises of life…When we feel the absence of something or someone, there is always something else waiting for us. The universe is abundant. We just need to be open to the presence of grace. I will keep looking for my pen, but without any urgency or even a need.

March 28

The dream group was profound and enlightening. It connected me not only with myself, but also with images that symbolize Easter, the resurrection and that primordial ancestral wisdom. One image was that of a white buffalo which, according to Native American tradition, has its own mythology. It's the legend of a buffalo woman who came to teach the indigenous people how to connect with God. I find it very interesting that the dream happened at this time of divine connection. Another clear image were two rock tablets like those of Moses with the figures of seven fish engraved on them. In the Catholic tradition that fish symbolizes Christ, since the word fish in Greek is an acrostic that means *Jesus Christ the Son of God the Savior*.

Another image was that of a little girl to whom I offer some shells, something worthless and which, to my total amazement, turn into green olives stuffed with red peppers when she opens her little hand. It seems to allude to a miracle of transformation or resurrection. These images coincide with this moment of the Christian and Jewish Easter. I also found out that in Switzerland and thanks to Jung, the first of April is known as Fish Day, since he observed dreams and repeated images of fish that occurred synchronistically on this day.

I wonder if we are connected to experiences that have occurred a long time ago, those archetypal images that perhaps we access through the subconscious act of dreaming. If so, we could benefit from this wisdom that our human race has built up through the centuries. What a mystery life is and what an enigma our psyches are!

MARCH 29

Happy birthday! dear Gonzalo, father of my children and partner for twenty-two years. How could I not love you! We couldn't stay together. You tried and so did I. You were a great partner and father. I thank you and treasure it.

MARCH 30

Qigong leads me to a blank space of inner freedom. I let go of the things that constitute a weight, a burden. During the evening meditation, I am immersed in total love. I am left with the hope of a life with love and an escape from a relationship that expressed anger and criticism. Now, so many years later, I welcome the sun that peeks through the clouds. A strong wind blows and cleans the sky and my mind. It touches my heart with an inkling that it could beat with love once more.

March 31

Today is Glory Saturday. Every time I want something important to go well, I accompany the wish with the word "glorious." For example, I want to have a "glorious meeting" or a "glorious day." "Glorious" refers to a sensation of being suspended in a space of peace and mystery, light, awe, and sacredness.

Thus, on this Saturday of Glory, we are waiting without knowing what will come. If only we had known that it was the resurrection, we would have been elated. I live my day in that feeling. I let go of the past and do not worry or hope for the future. I live in the deep mystery of today.

APRIL

"Everybody has a creative potential
And from the moment
You can express it,
You can start changing the world."

~ Paulo Coelho ~

Morning Musings: Creating My Life One Page at a Time

April 1

Happy Easter! My sons, their girlfriends and wife came for dinner yesterday. Total joy, fun, chats and a walk outdoors filled our evening. There was a feeling of peace and ease, each one doing their own thing. I was singing with Diego and Caroline while Tomas, Becca, Santi and Sarah were chatting in the living room. All of a sudden, Becca opens the front door to let Ziggy out, and Michus dashes out seizing this opportunity. Panic! The boys and Becca go out trying to urge her in. I know what an impossible task that is. I stay inside and wait. After a minute that felt like an hour, Tommy comes in carrying Michus. Relief, Relief!

At the same time, I notice a flutter of wings. A little bird has flown in and he is resting on my poinsettia. "Oh, my God! Guys, look!" I cry out pointing to the little creature. He starts flying all over the open space and lands on the chandelier where the fan is going. "Quick, quick turn the fan off!" Tommy hurries to pull the chain to turn it off. He keeps flying from the chandelier to the top of the high ceiling aiming right towards the entrance. Our breaths stop. There's hope. He might choose to go out. "Open the door, Santi!" We shout. Diego also opens the back door. The little fellow comes almost to the point of exiting, but he doesn't quite make it. He is afraid. He poses on the very top of the chandelier where it touches the highest tip of the ceiling. Our eyes fixed on the tiny bird, he still can't figure out how to leave.

"Turn the lights off!" Diego says assertively, "Keep the outside lights on, you all come outside. Let's wait." He has googgled how to make a bird exit the inside of your house. Diego whistles from where he's standing to attract him. He answers back in a perfect duet. Santi, on the other door, claps his hands gently as to imitate a flutter of wings.

Tommy is also googgling in my bedroom with doors closed so as to narrow down the possibilities that distract the little one. "Mom, give me a blanket or a t-shirt!" he asks hurriedly. I go get the woolen bordeaux one that Elena has given me as a gift. In the meantime he has started throwing a garden glove towards the chandelier to get him out of the high point. The bird skips from one light to the other. Tommy throws the blanket touching him barely.

We can see he's getting exhausted and flies lower to a red chair next to the kitchen tabletop. Tommy approaches him carefully. He flies towards the windows. Tommy throws the blanket over the little one with an instinct that only a cat could posses. He holds his hands tight together. We think he's caught him, but we are not sure. We are breathless. He rushes outsider and shouts, "Diego, turn the YouTube on!" Opening his hands, he announces triumphantly, "This is how you get a bird out of your house!" as he opens his arms letting the bird fly away. "Bravo, bravo!" Clapping, cheering for our hero who has rescued my pretty bird, we all laugh with excitement.

The Holy Spirit has flown away free! Happy Easter everyone!

April 2

There's love at home today. Gathering with my sons is pure joy. Diego and Santi talk and play the piano together. Diego and Becca are at the end of the porch. They are all looking at the moon romantically embraced. Like the zamba *Sapo Cancionero*, The Singing Frog, I also look at the moon, spellbound by its magnetism and by the love that everyone expresses. "What a joy to have you all together and happy!" I utter. The moon is beyond full; it's the blue moon that has profound magnetic powers.

With an inner wish, I murmur, "may the toad become a prince!" I listen to the zamba, "My singing toad, sing your song, for life is sad if we don't live it with an illusion!"

April 3

Today it's cloudy with gusts of intense wind. It's a concert out there. The foliage trembles. The birds sing harmonies. The cardinals have just arrived, the male a vivid red and the female a dull lacre. The feeder rocks from one side to the other. Such is the symphony and ballet accompanying my morning pages.

Today I surrender to this magic; I dance to the beat of what life brings.

April 4

Yesterday was pure synchronism. I met someone who tells me his story. As I was listening to him, I mention that I have met another person in a similar situation. We look at each other and realize we have met before. Actually, he was that person I had met a year ago in a meditation group. Big surprise!

How can you be talking to someone you already know and not recognize him? He had changed a lot, not just physically, but spiritually. His presence was calm now and not totally conflicted as before. This peace had transformed his countenance. The power that the human being has to regenerate internally and therefore, physically as well amazes me. We start with the inner work and then it becomes evident at the cellular level. What a good meeting! What a great lesson!

April 5

Thank you so much for this new day! I open my eyes and the deep pink horizon welcomes me. In a few moments a strong orange sun emerges. I squint and the rays seem to extend all the way to my heart. I marvel at this optical illusion. I realize that I can modify the length of the beam according to the opening of my eyes. I am absorbed by the magnitude of the detail inside the cone of light. The viscosity of the ether shows concentric circles that transform into a spider web of solar lace.

This orange transports me to Mar del Plata and the shirt my first boyfriend was wearing. One sunny day, he showed up walking and sat at the table in one of the little restaurants on the beach. I think we were drinking clericot with friends and having fun. That color etched that crazy love in my heart forever. It's the color of the chakra of creativity, of the generation of life.

I keep it in my mind and feel that living force inside me. I wonder what it will generate today. For the time being, the mystery of the day suffices!

April 6

Thank you for living with an open heart. Thank you for perceiving beauty and love. Of course, sometimes, feelings are scraped by hardships that arise. I process them, I ponder them, I let them go from my mind for a while and then I look at them with an open heart and mind once again. What I cannot get clear about or accept completely, I surrender to God so that in time, my higher Self can live them from His point of view.

Yes, it is a task, but it is worth it if I want to continue living from love and trust in the other, which starts with the one I achieve within myself.

April 7

It is 9:18, a magic hour according to the Kabala, since the sum of these numbers equals nine, which is a multiple of three. It is a magical day and therefore, a magical life. Today there is conflict resolution, discernment and peace, accompanied with satisfaction and joy. This alchemy of emotions occurs in my third stage of life. Thus, I create this day.

April 8

Happy Birthday dad! And happy half a year to me! Every time I congratulated my dad on his birthday, he would reply, "Happy half birthday to you! I always felt that by giving him this congratulation, I would receive mine in turn. What a nice lesson! Since I was young, I learned that giving is receiving. Thank you dad! It is only at this stage in my life that I realize it. You worked your whole life and you supported us. You were responsible for our financial wellbeing. Mom took care of the house, cooked delicacies and took care of us. I imagine how pressured you must have felt since this responsibility fell solely on your shoulders. Perhaps this explains your need to be alone and calm in your office and your difficult and critical character. Only now I begin to understand you.

Thank you for being my dad, not the perfect one, but the human one who fights for the family! Wherever you are, receive my deep gratitude and love. Thank you for this gift in my half-year! Sometimes valuing parents takes a lifetime.

April 9

I remind myself that patience is a must in difficult situations. I avoid judging the other automatically and I observe my own reaction instead. I haven't been appointed a judge of humankind. Thus, I live in peace and give the other the benefit of the doubt. We never know the whole story that drives someone to act in a certain way. More often than not, we don't even fully understand ours.

April 10

Thank you for the morning pages that help clarify my thinking. Today I create discernment and clarity.

April 11

Michus is under the weather. I pray for her recovery. I have faith. I am protected and guided by Love.

April 12

It's a grey and calm day. However, there is a quite strong wind. Maybe this is the calm before the storm. For my spirit, this peace is truly necessary. The external world is in chaos. Michus does not accept the necklace that prevents her from licking the incision made during surgery to get her neutered. She can't remain calm. She jumps and is active. She does not eat the special food, her feline pate, where I've mixed the medicine that the veterinarian has given me to help her slow down and heal the incision that they had to close for a second time. In parallel, there are relationships of dear friends that are a bit stormy. Even though I love peace, these situations coexist. What to do? Deny them or worry? The bell rings. It's UPS bringing my medicine. It is a relatively large box for only a little bottle. I open it immediately. Curiosity urges me. There is a large green package that says on the cover, "Life consists of 10% of what happens to us and 90% of how we react." Synchronicity? It seems to be the answer to what I just asked myself. I do not want to be 90% denial or concern. I choose 90% acceptance and I understand that what is happening teaches me a lesson. Storms exist and clean the environment. Michus has calmed down. I do not hear her anymore scratching the door insisting on leaving. Friends will find a compassionate solution. After all, peace is important, but love and compassion are more important.

April 13

I love my life, my mountains, my deer, my people, and my children! Today there's a storm coming. As I write, the wind blows insistently as if to make sure I pay attention to it. The treetops sway rhythmically. The whistling of the gusts that come down through the canyon, pass through the open field and slip through the trees that line the house. The sky is thickly loaded.

However, Michus is super relaxed. Stretched out comfortably on the high bathroom table, she indulges in a sweet enough rest at this time of the morning. It seems to me that she has accepted her confinement to a small section of the house. She is recovering superbly from her surgery. She feels good after three difficult days. I've removed her collar so that she's more comfortable.

I wonder what necklace I have taken off myself, what concern I have put aside. I am also at peace and I relax. I accept what this day brings. I am thankful for everything. I love the music we are singing at our concert tonight. I offer it to the audience. I hope they enjoy it as much as I do. Too bad Michus won't be there!

⁓⌘⁓

April 14

The chorus starts powerfully "Break forth, bounteous…!" My eyes firmly poised on the conductor's moves, we are one voice, one intention expressed through our mouths, hearts and soul. My heart "breaks forth" as I utter the words. It's pouring out through my vocal chords out into this space.

Ave, ave…Maria takes me back to my Catholic High School with the mass in Latin. It's comforting to be in this refuge where we become monks in a monastery adoring God through our Gregorian chants. The highest notes float out of me. "Did I actually hit it right?" The power of the group allows me to reach levels not possible individually. After the applause, we sit and breathe.

The announcer directs the public's attention to our old jazz songs. "As Time Goes By' puts a twinkle in my eye, a romantic feeling of long ago when Tio Negro introduced me to this genre. "A kiss is still a kiss, a sigh is just a sigh." Ah…

"What a Difference a Day Makes, twenty four little hours" follows. I am moved and filled with joy. It is so true, still today. The audience claps. They have been transported to their own private moments. We have a chance to breathe. "This is your favorite!" my friend next to me whispers. I can't help but almost dance to "All the leaves are brown, and the sky is grey" The Mamma's and the Pappas's just about do it for me in "California Dreaming."

My dear Paul Mc Cartney's tune, "The Long Winding Road" takes me back to those days of my youth when we would totally idolize The Beatles. How right he was! This is the kind of path I've had so far. "You've Got a Friend's" initial accords tune everybody in. I can see a woman in the first row closing her eyes and singing with us "Tan, tan, tan, tan, tan, ..." "Old Time Rock and Roll" starts heavily on the piano. We all move to this catching rhythm. Another lady on the right stands up and claps with us. We are swaying from one side to the other and singing our hearts out. Loud party noises of exhilaration burst out amid the audience and the chorus members.

"And now, ladies and gentlemen," comes the time when all the past chorus members in the audience join in for our last song "Let There be Peace on Earth". We get up, leave our places and go out with the audience forming a circle around the church. "Let there be peace on Earth and let it begin with me" just brings tears to my eyes. It's almost impossible to sing until the last "Amen' where we all hold hands and raise them up to heaven with an inner prayer that it be so within us and the whole world. Then, we bring down our hands, pausing before looking at friends in the audience once again. It takes me a little while to diffuse my tears and be aware that we've done it once more! There's a standing ovation. The audience was moved just like us. We are all one and this performance confirms it.

April 15

I surrender to the mystery.

April 16

I live with love for others and for myself.

April 17

I planted violet verbenas in the flowerbed, the one with the hills in the background. Today their dew-filled leaves are looking at me. They are already chubbier and succulent. The wonders of nature! We plant flowers, we take care of them, we water them and they give us generous fruit.

This is life. We plant a word, an enriching experience, and a kind gesture. We take care of relationships and they respond to us with more care, love and magnanimity. How wise nature is! And we are not left behind!

April 18

My intention for today is a peaceful day with kindness, miracles and love.

April 19

How easy it is to write with my new pen! I've been using it for a long time. This gel pen glides on paper so smoothly that words tend to flow rather effortlessly. It's only when I run out of ink and have to use another pen that I realize how important it is.

Yesterday I drove all the way to San Marcos to get a new one.

Is this how I function in my daily life? When I run out of energy, do I do what it takes to restore it? What a simple concept! However, it requires attention to my experiences and feelings. When I lose my peace, I look within; I go as far as necessary to be aware of my reaction, I let it go and I look at it with a new attitude. I buy a new pen for my soul, I regain my peace and, now, I can write my life with ease and creativity.

Today I use my renewed energy to heal, to love, in short... to live!

April 20

Eli, my dear friend,

Your son is coming today. We will do a small ceremony to return your ashes to earth. I loved you so much. You were like my older sister during the last years of your life. You gave me advice until the last moment when you answered a question of mine with "Get in the cave!" "What do I do now, my dear Eli?" I think the best thing, if I hear you correctly, is to put this query into God's hands. I let him go his way and I go mine."

Love,
Your friend

April 21

We walk to the creek below the hill with your ashes in his hands. Claudio follows me. We stop for a moment at the windmill on the neighbor's farm and we talk about you, precious friend. Claudio looks me in the eye and says, "Did you know my mom played guitar?" Incredulous, I answer that I did not know. "We have never played together," I explain. We keep going; step-by-step we think of you and love you. I tell Claudio about that powerful image of you with your two children, each one next to you by the hospice bed, your leaving little by little, your feeling of *fait accompli* when the phone rang and you heard your third son's voice. Now you were ready to go. The whole process was a lesson on how to die. I hold his hand and whisper, "That's how I want to go." Claudio stands up and asks me very seriously, "Could I have done more for my mother? I was not there when she fell or when she gave her last breath." I look at him with all the love in the world and say, "Your mom adored you. You did everything in that sense. Stay calm." We reach the creek. Claudio wants to keep looking for water that flows into the river so that your wishes of being put to rest in the water are fulfilled. We continue a further stretch until we reach a spot where the creek widens and the deepest part can be seen. Here, my dear, with tears in his eyes, your son looks at the ashes and exclaims, "Thank you for everything you did for me, I love you very much!" and, with the precision of one who has a clear intention, he drops your ashes into the water and you go down the stream. "Look how the current flows," I say. "How lucky you are that it's windy and there's quite a current! "You're on your way, mommy" Claudio hugs me with a feeling of "Done!" I continue with my eyes fixed on the sky, "Take care of Claudio, help him, and guide him so that he has a happy life. Take care of me too!" I pray to you silently.

A new chapter has just begun for your son and for me. We walk up the path back home with peace, joy and hope. Life goes on.

April 22

Thanks be to life! How nice it would be to feel love again. "I know what you want!" I say to myself. If I look inwards, I understand that I am love. This love comes from the God within and it's meant to love others and myself. We always have within us what we think should be granted by the other.

April 23

I remember what someone once said, 'If you want love, become kind and loving. Love is in me, not only to love myself, but also to love others. Instead of thinking that what I want comes from outside, I realize that I generate it from within my own being.

April 24

I let go. I let God. I hang in the tension of the opposites…to continue trying or to stop. Usually, something else shows up. It is what Jung calls the third function. It's not easy to stay in the uncertainty, but that's what's required of us if we want to learn from the experience. It's not easy, but it's simple. It's another paradox of life.

April 25

What a difference a day makes! A change in perspective is a miracle. I view the same situation through a different lens. I understand, I forgive; I don't need to be right. I give the other space. I respect the way he or she is. This openness brings the openness in the other. Gratitude expressed brings more gratitude. Giving is receiving, one of the paradoxes in life. It just requires a certain generosity and viewing the situation from the other person's perspective, objectively. This is only possible when I don't attack the other, when I don't feel the need to defend myself, and don't take things personally.

Wisdom is achieved through looking inside, sharing things with a good friend, paying attention to my dreams and understanding their messages. What a difference a day makes, as the song goes. And the difference is you!

April 26

Happy anniversary! I can't believe it's been two years since I arrived in Wimberley. I stepped into my new house with my heart bursting. I had fulfilled my dream. I had been writing about and visualizing this place for many years. In my mind and on paper I had thought and written, "I live at the top of a hill and I teach writing." Right now, I'm here at the top of the hill. My writing group came yesterday. This is proof that dreams do come true and that you can imagine and create the kind of life you want. I owe it to my morning pages I started so long ago.

I am so grateful. I feel I am where I'm supposed to be. I'm still in awe everyday when I look at the deer visiting home, the birds flying all over, the occasional fox, the sounds of the wild turkey and, above all, the treasure of the beautiful people that have become part of my life now. They are creative, thoughtful, compassionate people involved with every aspect of the community. I meet them in yoga, Qigong and the local H-E-B. Linda's restaurant has become my second home with its wonderful food and delightful music. They are everywhere. They are at the city council meetings, the volunteer venues I belong to, the local Wimberley Players and the daily walks in the Blue Hole. I am busier now than when I was teaching hard core. I love them. Thanks for being in my life!

April 27

Diego gave me the most delicately painted wooden image of what looks like a modern Saint Francis. He is San Isidro, Patron saint of farmers and gardeners. "It is said," reads the inscription, "that angels came down and ploughed his field with white oxen. His bags of corn were miraculously refilled after he fed a flock of starving birds". There's a prayer on the back that says:

Holy San Isidro,
Bless my land.
Let the rain, rain
And the sun, shine
And all the good things of earth,
Feed my crops
So they may be bountiful
And good.

What a thoughtful gift for my paradise in Wimberley!

April 28

We balance our energy, and thus, the whole Earth gets balanced.

April 29

My dear dad,

Today is the anniversary of your death. I pray that you are at peace, free from your body, flying in the sky like the bird that you always wanted to be and that you were at heart. Independent, fearless, yet you felt infinite responsibility to maintain a home, especially financially. You expressed your fatherly love when we were children and adolescents. When we were older, your attitudes and authority drove me away; your relentless criticism of mom was hard to bear. On the other hand, you were by my side when I needed you, when I wanted to change programs and schools, when you had to talk to that boy that I didn't want in my life.

Before your death you told me, "You know, I thought I was immortal." When I said, "I love you, daddy," you reiterated,

"And so do I." You were in awe with the drawing that Diego had made of the rodeo in Houston. You were exhausted, weak, almost humiliated by the way the doctors spoke of you as if you were just another patient, with such a condescending tone totally out of place. I was furious. They didn't know they were talking to Dr. Etcheverry. A little later, I too became "Dr." Olano. I admired you and loved you, but I never felt quite accepted, but rather criticized for the career I had chosen, or how the boys behaved when they came to visit you. Anyway, that's how you were. Now, I still love you. I see your smile very present. I wish you had been alive when I went to Etxalar, in the Basque country, to try to discover your origins!

My dear dad, thank you for giving me life, perseverance, passion, a sense of responsibility and for showing me that I could follow my dream despite your objection. This was paramount for my becoming the independent woman I am today. Even that helped me because I acted the way I did to show you that I could.

I love you, fly free,
Lilita

April 30

What a difference a day makes, twenty-four little hours. The song is right. Life changes. We go through the good, the bad and the ugly. Right now all is well. There's health, inner joy, and I have a twinkle in my eye. There's hope in the horizon. I live it, I treasure it and I'm thankful for it. I receive it with open arms and heart. I get a glimpse of a beautiful path ahead of me. I bathe in the wild flowers, the birds, the company and the tenderness of it all.

May

"I am not
What happened to me,
I am
What I choose to become."

~ Carl Gustav Jung ~

May 1

Tenderness shows up. Giving and receiving is present once again. I treasure this chance to express myself as a woman once more. The goddess within acts through me. The God within finds His voice through him. It's a communion of love, a conscious act of surrendering to the holy instant without judgment.

May 2

I am thankful for being loved and cherished. I am thankful for loving and cherishing. I am the goddess within. He is the God within.

May 3

There's this part of me that's free to love. There's another part of me that's busy mapping things out, assessing and measuring. I choose the free me. What's the next thing to say yes to in my life? The yes comes out of courage; the doubt is out of judgment. I receive love gracefully; I return it gladly.

May 4

Thank you for the continued guidance that clearly shows the way. I relax; I surrender to the mystery of life. When I ask myself if it is worth continuing in this direction or not, I choose to accept it, but not be lost in it. When I am in the presence of two opposites, I feel the urge to choose one or the other. I know this is not necessary. Actually, if I can stay present and tolerate the tension, I know the third option will appear in due course.

I let the pieces of the puzzle settle on their own. I trust I'm being guided. Holy Spirit, send your wisdom. Amen.

May 5

Thanks be to life that gives me so much. Thanks be to life as it is, not how it could be or how it could have been. I accept it, I contemplate it, I value it, and I allow myself to enjoy it. Today I have peace.

May 6

Another day of total surrender to the mystery of life. I am present. This is the only moment I have. It is the best in the world. I live it fully without judging or planning too much. Today is a day with God, with the other, with my beloved and with myself.

The mystery becomes flesh.

May 7

He showed up again this morning, majestic, lonesome, elegantly walking across the grass. My wild turkey must like it here. He parades, inspects and wanders about. He is intrigued by the surroundings. He turns his head in different directions trying to contact something I don't see, and maybe he does.

I connect too, to something that I cannot see, but know it's there. My soul is open to the mystery of the glorious morning. I can still see him in the distance. Now I know which path he takes to come up the hill. I hope he tells his buddies there's a beautiful place up here where they can be safe.

I look forward to seeing them again, the twenty-one I saw a while ago. They left me with my jaw open when they took flight all of a sudden in a flash of feathers. This place is welcoming and my heart too.

May 8

Sitting in the back room, I have the unobstructed view of the green pasture, the cedars bordering the North side and behind, the solid hills. Right next to me, these small wild yellow flowers are dancing vividly in the breeze. It's a sea of titillating faces moving in unison. My deer shows up right in the center of the yard. He comes very close and looks at me intently. "When are you going to feed me, lady?" he whispers. "Sorry my love, the corn bag is in the trunk and I will bring it down today," I try to reason with him. I've been telling them the same for a week now. The truth is that it's too heavy for me to bring down, so I keep waiting for someone to help me.

They don't hold it against me. They are grazing in the tall grasses afar, just where the wild turkey was passing by yesterday. By the way, when I went for a walk yesterday morning, I tried to follow its path. I wanted to know which one he was using to come up to visit me. While I was exploring, I caught a glimpse of him nearby walking down just a short distance from me. I couldn't get to the trail because dead branches obstructed the way.

My morning delights are so varied. Thanks. I'm going to explore and maybe find some more.

May 9

So, here she is! One of my hares is sitting still in the same spot where the wild turkey was grazing a while ago. She seems to be turning around while she cleans herself on the grass with her back down and her legs up just like Michus does when she is stretching out playing on the gravel.

I'm so fascinated by her sight that I want to see her better. I run to bring the binoculars dreading she might be gone when I return. Relief! She's still here. I focus my lenses and I see this big grayish funny creature with her eyes fixed on something close by, her ears stretching back. She doesn't move. She's in a trance. After a while, she munches on some grass and hops away.

Such creatures must have surrounded Beatrix Potter. For her, it was Peter Rabbit. For me, it's this larger hare that seems to have come out of "Alice in Wonderland." I forget the dialogue that Alice had with the Rabbit, but I will look into it.

I won't pretend to be Beatrix Potter, but I totally share her feelings of being in awe of the little animals in nature. A couple of cardinals have just landed. The deer are eating the corn. All is Well.

May 10

Little things matter. I'm so used to accessing Spirit and going deep that sometimes I can forget the small practical acts that can signal love and care. Cooking for someone or fixing a bench for someone are indeed tangible everyday affairs. It's what is behind these acts that may go unnoticed and judged as trivial. I can miss these things if I don't pay attention and realize the feeling and intention behind them. Anything and everything that someone does for me is a manifestation of care and love. Everything I do for the other, even if it's just a smile or an understanding ear is an act of love. I express my love freely and value the others' expressions of love deeply.

May 11

I accept the uncertainty of the moment, the lack of resolution of the situation and understand that with time, the pieces of the puzzle tend to fall into place. I don't expect perfection. Perceiving one option as being totally right and the other one as totally wrong is not real. There is something in between, a kind of synthesis.

May 12

My intentions for today include mutual love, souls that communicate, hearts that open, minds that flow spontaneously, in short, an energetic fusion that unites us with God and with each other.

May 13

I am surrounded by Love. I am at peace. I am healthy, at ease and experience well-being.

May 14

I'm so thankful for today. Everything is happening the way it's supposed to. I'm not stopped by limitations. I say yes to life. I take my time, face my fear, go through it and then, let it go.

May 15

"He who is satisfied with what he gets in the ordinary course of things, who has risen above the pairs of opposites such as happiness and suffering, has no ill will in him, bears an equal mind towards success and failure, will not be bound." Thank you, Mahatma Gandhi for this beautiful interpretation of The Bhagavad-Gita.

May 16

I come into the room ready to meditate when I see them. They are a handsome couple of foxes walking together. I am used to having just one of them visit, but I have never seen two at the same time. The female sits down next to the shed in the backyard. Soon afterwards, I catch a glimpse of something moving under her. There they are one, two, three fluffy baby foxes!

My jaw still open in awe, I grab my binoculars and watch in absolute delight how she licks them one by one and how they play with her while she caresses them. Father fox comes by, checks on them hurriedly, kisses her slightly and sits nearby as he guards the space.

Another miracle in Wimberley, Texas! Oh, look! A dove goes flying right above them. Thank you, Holy Spirit! We are ready for their baptism and a late baby-fox shower.

May 17

"He who has renounced attachment to the fruit of action…" reads The Bhagavad-Gita. That is equanimity. I live my life following this teaching.

May 18

Happy Anniversary, my love! Thank you for being a part of my life. Thank you for your unconditional love. Thank you for spending the most difficult moments of my life with me. You took care of your wife when she had cancer. When you told me about it early in our relationship, I listened to you, comforted you, and then finally fell in love. Maybe you needed to have another similar experience and see that it could have a different ending. I unintentionally allowed you to do it. Would this be part of the plan? You fell in love. For my part, I also needed someone to trust and with whom I felt at peace. There you were. It was a magical encounter that brought happiness to both of us. You helped me go through the difficult process of coping with the disease and going through treatment. When I was cured, you told me: "Follow your bliss sweetheart. Do what you want to do." You implied and said many times "You don't need me any more". That's when you left this world. I helped you go through death, something you feared deeply.

Standing in front of your grave, while I was looking at that very special picture where you had this incredibly warm look and smile, I seemed to hear you say: "I was an angel in your life. Now, be happy!" I realize I may have been one in yours. Maybe you were giving me the opportunity to help someone else. I accepted the proposal. When I got sick I told you not to be afraid because I was not going to die. I didn't and I was able to help you in your transition.

Task accomplished, my angel! Thank you! I love you and will for the rest of my life. Now I must continue to live healthy with love and make others happy as well. Happy anniversary, dear Cavit! May God have you in His glory.
Amen

May 19

A lonesome deer appears today. He licks his fur as he enjoys this cloudy Friday. With his singular elegance, he stares at me. He seems to want to say something to me, but he turns around and leaves, maybe because he does not know how to say it, nor do I understand it. My next project will be to learn a little about deerglish, a bilingual language for deer.

May 20

My life has changed. I've allowed it to switch. I've allowed intimacy. Ease and living seem to go hand in hand. If I do things step-by-step, slow and steady, everything flows. I am in the moment. I enjoy. I am in bliss.

May 21

"When doubts haunt me, when disappointments stare at me in the face and I see not one ray of light in the horizon, I turn to the Bhagavad Gita and find a verse to comfort me; and I immediately begin to smile in the midst of overwhelming sorrow."

—Mahatma Gandhi

This is why I read this wonderful source of wisdom. It has the same effect on me. Thank you!

May 22

Thank you for this morning in peace! Michus woke me up with her paws on me. He stretched out next to me and pulled one of them close as if to caress me. This Shaman cat knows how to greet me as soon as the day breaks. With this beginning it is very nice to get up ready for another adventure. I open the door for her, and let her go out. I make myself a cup of tea and get ready to meditate. It's a cloudy dawn, my favorite time. My first guests have just arrived. I bring them their food and I enjoy watching my two deer enjoy this golden corn. There is peace up here. There is peace within me. Now I am ready to walk down the hill to the creek where the silence and the panorama inevitably fill me with joy. For a day in peace!

May 23

The day is coming. My trip to Argentina and Turkey is almost there. I am anxious about the tasks still to be completed. I have my plate full. I do them in my time.

May 24

Some famous person said. "Dress me slowly because I'm in a hurry!" wise words to indicate the need to act calm when we do not have much time. This is how I live today in the face of thousands of preparations for my trip.

I complete everything with peace and ease.

May 25

Happy May 25th! Today is the day that we Argentines celebrate our independence from Spain. I'm going back home. I'm so excited. I haven't been back in three years. "To return with a withered forehead," says the tango. I don't feel withered yet, but I do feel older. These last years of my life I've experienced the good, the bad and the ugly. I return with the awareness that "Life is a breath..." while I continue listening to the music that describes my life to a T. The affections, the family, the childhood friends and the streets of

Buenos Aires are my treasure always kept in the depths of my soul. *Volver*, to go back…as the tango goes.

Thank you for this opportunity to give and receive love, to remember that feeling of belonging that is only experienced in our homeland! I will miss Michus, but I will see her again soon.

May 26

Today I complete my book, slowly and without pause. I entrust myself to you. Inspiration, peace and joy are my firm intentions.

May 27

Thank you for the writing that nurtures me and allows me to express the deepest part of me! Yesterday I completed my book, *My Summers in Burgaz*. I gave birth to a new child, the fourth book, and therefore, the seventh child since I have three sons. The number four is a symbol of having completed a stage according to Jung. This book emphasizes this because the process of writing it has helped me to go on with my life as a new chapter after Cavit's death. I have been able to pay tribute to him and to all the people of Burgaz with infinite gratitude for the love received. The number seven also indicates the same. God created the world in seven days and when He saw the result, He was happy.

This is how I feel right now. I am filled with peace, joy and love with the profound lesson that life is a book because when a story seems to end, we can always write a new chapter. It is an internal act of choice and the will to generate more life, more stories, and more words. Thus, I welcome perhaps more than a new chapter, a new book, literally and metaphorically. I say yes to life.

May 28

Thanks for the thanks received. Tommy has a new job; Becca calmly expresses similarities between her mother and me. I will be her symbolic mother with pleasure since hers passed away a few years ago. Santi and Sarah are still in love like the first day. Diego is happy with this new relationship as well.

May 29

For a glorious day! I'm leaving tomorrow.

May 30

Since I don't have my journal handy on the plane, I wrote my pages on the back of my flight schedule and God only knows where I've put it.

May 31

My dear Buenos Aires, I'm so lucky to see you again! And, as the tango continues, "there will be no more pains or forgetfulness." The pains dissipate in our homeland. The mere fact of walking my streets makes me feel at home and oblivion is practically impossible. I walk down Austria St. almost to Liberator Av. as I usually do every time I come back. I stand in front of my house, the one in which we grew up. My eyes count the floors up to the "11th" one.

There is my balcony! I can almost see Dad peeking out. He liked that view with a passion! In one of the planters, he would put his box with fresh fruit to keep the aroma and flavor intact since he never kept it in the refrigerator. On summer nights, we ate here in the open air and he would go for a walk after his dinner.

All comes back clearly to my mind: mom and Gracy, my grandparents, Bueli Loli and Bueli Luis and, of course, Tio Negro. I remember one night on December 31st when we were all ready to toast and we did not know where my grandparents were. Suddenly, we saw their silhouettes in the darkness of the balcony holding hands as they leaned on the railing. It was their wedding anniversary and they were in the midst of their romance. "Come on, let's toast!" we urged them. It was then that my grandmother, of Sevillian heritage, climbed on a chair and ate her grapes and then her cheese. She immediately reminded us, "Grapes with cheese taste like a kiss."

How many touching memories! I take a picture of the entrance door with my reflection on the glass. I send it to my children with a note, "Where am I? Guess!" Diego replies, "This is where mom grew up, and we can see her reflected in the photo." I hope they do not forget their beloved Buenos Aires and that they too come to see it again!"

June

"Yesterday I was clever,
So I wanted to change the world.
Today I am wise,
So I am changing myself."

~ Rumi ~

June 1

It's winter in Buenos Aires while it's the middle of summer in Wimberley. It's cold and rainy here, while in Texas the heat is extreme. In spite of the weather, I find the warmth of affections and memories in this place that I love. There, in the midst of high temperatures, I find the peace that refreshes my soul surrounded by hills.

This is life, a series of opposites that, in some way, gives us the taste of being alive. If everything were the same, even and repetitive, if everything exactly coincided with our preferences, it would be great, but perhaps we would not appreciate it. We would not be compelled to make a mental synthesis between extremes. We would not grow up and it would be monotonous. Anyway, it wouldn't be real. Reality surpasses fantasy only if we allow ourselves to accept it as it is.

June 2

The tango goes: "Volver, con la frente marchita…que 20 años no es nada…" "To return with a withered forehead; 20 years is nothing…"

Yesterday we went beyond the 20 years mentioned in the tango. For us, the Jesús María graduates, it should have sounded more like "50 years is nothing" since it's our 50th anniversary reunion. It feels almost surreal. After so many years, the faces appeared one after another with the same sparkle in their eyes, the deep embrace of authentic love and a joy that comes from the depths of the soul. Yesterday, I realized that we are a special group. Faith has helped us keep this attitude of faith and joy that was present in the gathering. We looked at each other and recognized each other with this common language, "the internal joy that manifests with external gestures," according to Saint Augustine, with those we love and consider friends.

I enter the chapel, I look at the illuminated altar and I become that 15-year-old girl in the third bench on the left with the mantilla on her head and her soul raised to God, perhaps asking for some desire, for a dream, confessing some regret, expressing some love with that innocence typical of youth.

May we never lose this joy and this inner child that continues to drive us to pursue our dreams and contribute our grain of sand to a better world!

June 3

Thank you for the Grace received yesterday, for this moment of friendship, affection and nostalgia.

June 4

I'm grateful for the honest and shining smiles of my loved ones! We communicate through the eyes, both physically and with the heart. That spark that we perceive is the other's soul getting into ours. Then, communion and communication flow easily.

What happens when it's not like that? Sometimes, there are short circuits in the exchange and the mind beats the heart; the word that we didn't quite mean to say goes out like a stampeding bull. The other is surprised, shocked. He tries to recover the thread of the soul and with his own energy, tries to contain the bull and return to the tender dialogue that is the only true one. With luck, both sides recover, having learned that the heart must be present and the mind under its guidance.

June 5

Today, I will walk the streets of Buenos Aires. They are my streets. I was born here. I can walk streets in any other country and the feeling is different. I discover them; I enjoy them, but they are not mine.

June 6

Chats with friends are gems that I will store forever. Each conversation brings something fresh, not shared previously. Women talk with ease. We use deep, subtle, delicate, and uplifting words. We caress each other's soul; we help each other clarify our thoughts and delight our hearts. It's my daily food here in my beloved Buenos Aires. I could almost do without real food. Well, no, not actually! As a matter of fact, I'm getting ready to enjoy a good *parrillada*, our best barbecue!

June 7

What a delightful gathering! Everyone sat around the table enjoying our childhood friendship. I squint and I see them sitting at their desks, in our uniforms, some writing in their notebooks and others reading. Suddenly, someone hands me a piece of paper from the last row. I make sure the teacher is not looking at me and I read a little note written in pencil, "Do you want to hang out with me?" What a thrill! That was a love proposal!

Mrs. Drake, our fifth grade teacher, sitting at her desk warns us, "Children, you'll have to put a coin in the piggy bank each time you say a word in Spanish!" There we went, one after another those of us who broke the rule. Of course, in the meantime, she was eating her giant sandwich that she had probably bought with the proceeds of fines from the previous week. Needless to say, we couldn't eat in class and our mouths were watering.

The boys in the British School were very *piola*, the equivalent to super cool. During our music class, the teacher would sit at the piano in the hall of this old stylish mansion turned into a school and exhort us to sing "Old Black Joe" We started... "I'm coming, I'm coming, and my head is turning low, and all the way I'm sad and lonely... Old Black FASULO," we shouted with all our might, the last word changed on purpose with all the premeditation and mischief typical of the age. Mrs. Drake looked confused, as she did not understand how "Joe" had turned into *Fasulo*, which also rhymed with another that pretty rude word she surely did not know because she didn't speak any Spanish. We were left triumphant and did not have to put the coin in the piggy bank. Sweet revenge!

The *asado*, a magnificent Argentine barbecue has just arrived. I wake up from my reverie. Juan Carlos, sitting to my left, offers me some blood sausage because he already knows that I love them. I pass a piece of meat to Gerardo, who stops momentarily with his entertaining chat. Omar is sitting by his side with his usual calm and tenderness. Cristina is sitting a bit far away, so I can't talk with her, but she has told me a little while ago about her wonderful trip to Japan. Alicia looks at us all and I can see she is beyond herself since she's managed to organize this meeting once again. María Mónica talks one way and the other with her usual elegance. Laura smiles openly, agreeing to Carlos's comments, who with his seriousness imposes a certain respect on the group. Ceci, at the head of the table, makes sure that we are all well taken care of, while she discreetly supervises her children who are in charge of this magnificent grill. Graciela, exuberant with affection, talks with Inés, while Sylvia expands on stories she has kept for 55 years since this is the first time she attends the reunion.

Even the absent ones are present: Mario in Canada, Jorge in Turkey, Rolando in Ireland, and Greg in Alaska. We also name Alberto, Pablo and Néstor and we know that Laura and Beatriz are watching us from above.

Thank you for this beloved school that, not only helped us become perfect bilinguals, but above all, gave us the freedom and creativity necessary to be responsible and productive little people since our shield worn proudly on the uniform, clearly said: "Character Endures For Ever."

June 8

Happy Birthday, dear Federico! It seems incredible that a relationship that started in our youth continues with love and freshness after so many years. We have both lived so far from each other and yet, the sincere bond endures. Thank you for being a part of my life, my dear Clark Kent! You looked so much like him when you were young, that in my mind, you could transform into Superman at any time. May we live many more years and continue our friendship from a distance!

June 9

I've received so many hugs, so many kisses, and so many warm words expressing affection. I leave flooded with love, exhausted from so much laughter, delighted with the best barbecue, my heart bursting and my soul in Heaven. Thank you my dear high school friends!

June 10

The music of Caetano Veloso, sung by a Brazilian singer at the café concert in Buenos Aires, penetrates my bones, touches my soul and flows through my eyes in tears of deep emotion. I always feel this immense joy every time I hear this song. I think of Tio Negro and I instantly go back to Café Vinicius in Rio where the audience sings their adored sambas at the top of their voices. Now, I am transported to the little streets of Buenos Aires and memories of love flow as if someone had opened the internal tap of my heart and all the feeling was let loose.

I look at Inés, my dear friend of years. Words are not needed. The communion of mutual understanding shines through in our wet eyes. What a glorious night! I've told my sons that when I am about to leave this world, they should play me a samba, and "I'll wait until it's over!"

June 11

The last day in Buenos Aires, the last tango in Paris... At the San Telmo fair, the music of Piazzola played on classical guitar by Agustín Luna and accompanied by a wonderful singer moves me deeply. I feel the beat on the cobblestones as I try not to cry out and I tell myself seriously, "I can't leave Buenos Aires." *Sur*, "South" sung like the gods takes me to this neighborhood of San Telmo where we had our first apartment in Belgrano and Balcarce that Gonzalo elegantly remodeled and was the home for our first son, Santiago. Next, comes a couple of dancers who sensually draw their choreography right here in the street. It's hard for me to leave and go home.

Today, I return to my neck of the woods filled with the love of friends, *asado* flavors, tango sounds and a warm heart. Michus and the beautiful life on the other side of the pond await me. I already think of *Volver*..."Return Home" with the tango chords in my mind.

June 12

Today I travel.

June 13

I'm back. What a marvelous trip! Love heals. My cup overflows. I receive love and I give love. It is a chain that does not break.

June 14

Thanks be to life! Thank you for the Grace, the grace to know that God is in me, and that everything I ask with faith has already been granted. Thanks for a healthy life to be able to serve others and be happy until the time when I go to the other side in peace, love and union with God.

June 15

Happy birthday, my friend! I love you. I know that your pain is devastating. Death is part of being human and it is natural that we experience great pain when we see those we love leave. At the same time, it is only a part of you. You are also the crazy joy you feel when some miracle happens in your life, your love for your dogs, for your cats, for your sister and for your life. Everything changes and this pain will also transform.

I send you a kiss, my dear Lucy. Leave everything in the hands of the Universe so that everything is resolved at that level. It is in the moments of greatest suffering that we receive the most Grace if we are only openhearted and attentive. I know that you have the biggest heart.

I love you,
Lilita

June 16

A hummingbird tests the bird feeder and realizes that it is not his. He also touches the birdhouse with his beak, but to no avail. There is no food there. He finally goes to his, but it's empty. It flies towards me, flutters desperately right in front of my eyes quite close to me and after a few moments, it flies in another direction. My heart stops. I can't believe the proximity of this tiny bird that, despite its size, is so persistent. Could it be a Basque hummingbird?

June 17

When I leave the house, I see something running near me. Could it be the cat? I can't see well. When I get into the car, I see it from behind and I realize that it is a hare. How beautiful! To my amazement, there is another one, her partner who jumps in the yard in front of the house. Will there be any other surprises today? Thank you for this unexpected gift.

June 18

I have my checkups tomorrow at M.D. Anderson. My intention is as follows:

Dr. Glisson says, "Everything is normal. You're perfect." In my heart, I create peace and faith. I live until I am 106 when I will go with Diosito, healthy and just old, full of love and ready for the trip."

June 19

Praise be to God! Thanks for the results! Actually, I heard the verbatim words I wrote yesterday, "Everything is normal. You are perfect!" I confirm once again the power of writing to create our reality and of course that of faith.

June 20

Dear Tommy, yesterday I shared with you something so forgotten about my life. How can we have such deep communication! Thank you for listening, understanding and loving. All of this shows you a real, perfectly flawed mom of flesh and blood. In life, we always do the best we can or know how at the time. We learn and move forward with compassion for ourselves. Only then, can we feel the same for others and help them go through this life while we try to do so as well.

I love you my dear. You are such a compassionate soul. You have always had a wisdom that was beyond your age. Tomás, go ahead with your life, my angel! Make sure you love. That's the only thing that's worth it. Love yourself with all your imperfections and all your triumphs. To others, give your best. Love life that is a fascinating mystery until the day you go to another reality where I will be waiting for you.

Love you,
Mom

June 21

Today is the longest day of the year in the northern hemisphere. It is a day of celebration: the summer equinox. It seems to me that all my friends from the animal kingdom have gathered early in my garden to have breakfast. The deer graze peacefully while the two hares play with each other and chew the grass sitting on their hind legs. I feel Snow White surrounded by so much love in these beautiful species that evidently feel at home here. I just need a well to lower the bucket while the pigeons surround me and listen to my song. I just saw this movie on the plane and I still love the sweetness and magic that Walt Disney knew how to express. Snow White communicates with the animals with such affection that they communicate with her in the same way. While it is a fantasy, the same thing works for us, the flesh and blood beings, if we follow their example and treat each other like that. Today I will celebrate this day a la Snow White. Tomorrow I twill tell you if the 7 dwarfs appeared.

June 22

Intention: Give asylum to those who qualify. Families stay together. Children meet with their parents. There is compassion expressed.

June 23

I continue with the same intention in this surreal climate: Immigrant families are set free. Everybody is at peace.

June 24

At the other end of the world, elections reflect the freedom of expression of society.

June 25

When innocent children suffer, I suffer. I suffer for them. I suffer for their parents. I suffer as though they were my own children and I was their mother. We are all one.

June 26

Compassion is to feel the other's passion in my own flesh.

June 27

Love is all there is. Don't judge. Be passionate and compassionate.

June 28

There is peace and freedom on the border. I am open to the continuous miracle. I pray that the children and their parents get reunited. I pray that the ones making decisions experience compassion.

June 29

In June of last year, I had an unforgettable experience. I went to the Jungian studies seminar in Zurich, the birthplace of Carl Jung.

The first day, I put the address in my Google maps and after taking the extremely punctual train that took me to Kusnach, I continued with the directions to get there on foot. As I was wondering if would find the place, I overheard a group chatting animatedly in different languages. I ask them if they know where the Institute is, to which they respond cordially. "Sure, follow us!" As we walk, I ask them, "What part of the world are you from?" "From everywhere," answers one. Another man says, well, I'm from Argentina. I am astonished I've found a compatriot from the other side of the world. I cannot hide my euphoria and I confide to him, "Me, too!" This was the first of a series of synchronisms that happened here. Maybe Jung's energy is still present.

The next day, one of the professors is talking with one of the students in the perfectly manicured school garden. It amazes me to hear a word or two in Turkish. I approach them, introduce myself and explain to them that I spend my summers on the island of Burgaz near Istanbul. The professor looks at me surprised and exclaims, "I have been going to Burgaz since I was little!" Who would have thought that I was going to meet a Turkish woman in Kusnach!

These coincidences that Jung calls synchronicities, did not end here, but were repeated in my experiences throughout the year.

June 30

As part of the course, we went on a field trip to the city of Basel to visit the Museum of Alchemy. The expert who gave the presentation gave us a chat on the process of alchemy, the transformation of coal into gold by going through a process of intense heat. This theme was fundamental for Jung since he analyzed the events using the metaphor of alchemy. As he was explaining to us how the production of liquid gold came about, he paused to tell us a personal story. When his mother had been diagnosed with cancer, he had consulted with his fellow alchemists to decide the best treatment for her. They all got together and came to the conclusion that aside from chemotherapy, it would be important for her to take seven drops of liquid gold extract every day. He ended his story by confiding to us that his mother had been cured and was in perfect health.

I, who have also experienced this disease, was curious and fascinated by this discovery. I stayed to talk to him after the tour was over and asked where I could get this liquid gold. He gave me the address of the pharmacy in Zurich. I managed to buy it. Just what I needed! Was it another coincidence? No, it was another synchronicity.

Thank you, Dr. Jung!

JULY

If winter comes,
Can spring be far behind?"

~ Percy Bysshe Shelley ~
Ode to the West Wind

July 1

I still remember my stay in Gimmelwald, in the Jungfrau Valley after finishing my studies. The way to get to this little town above the Alps is via a giant funicular that takes you from one town to another with the most magnificent views of mountains and valleys ever seen. After hiking all day on impeccably maintained trails typical of Switzerland, and enjoying wild flowers and cows grazing in the hills, I had a very special dinner in front of the three highest peaks in the region, the Jungfrau, the Monk and the Ogre.

During my stay at the little bed and breakfast, I met a Physics professor who had been coming every summer here for many years. Extremely intelligent and charismatic, he had taught at Harvard and told us all the best trails to go during our stay. All the guests knew each other and I felt part of this great family. This is how I met Michelle. Everyone was watching the end of the tennis championship and, since I never follow tennis, I was not so interested and started chatting with her. The two of us found so many things in common that we still continue to communicate today. We've become very good friends.

July 2

This trip to Switzerland was one of important human connections. Not only was the scenery a gem, but also the people were unique. On the train to Jungfrau, known as "The Top of the World," where some of the James Bond movies were filmed, I notice an extremely elegant lady of a certain age. I ask her if she is going to the same place I'm going and she nods cordially. When we arrive, I propose to do the tour together. She is delighted. She tells me all the secrets of the place and explains that she comes every year because she is on the board of the entity.

We realize we share several common interests and she invites me to her home in Zurich. I thank her profusely, and spend a wonderful afternoon at her home where she treats me like a queen. In the afternoon, she takes me to see Jung's house in Bollingen, which happens to be closed to the public, but which I am able to see from the outside. The delicacy and generosity of this stranger resulted in an enduring friendship.

July 3

First day back in paradise.

July 4

I start my vacation open to the adventure, with people that I have not seen for a year surrounded by the air and the special magic of Burgaz.

Maybe, after so many years of coming to the island, I feel like a Burgacience now, where the expression Chock Guzel, which is their way of saying "fantastic," is how I would describe life here. Today I'm going to the city to discover the center of Istanbul. The seagulls are calling me. I take the ferry.

July 5

Thank you for the peace of the island this morning. I'm sitting looking at the sea, a deep calm relaxes my soul. I hear the muffled sound of a ferry leaving, footsteps in the street below, a barely heard voice, and a seagull passing by the balcony. What a blessing to start the day like this! I'm going to the club to meet friends I haven't seen since last summer. I toast for a day of love, encounters and laughter!

July 6

Today there is a breeze on the island. The water moves with a certain pattern; it renews itself. This is how I renew myself every morning. I get up; I drink my tea and meditate. Thus, I clear my mind of accumulated cobwebs. The writing of my morning pages completes the internal cleansing process.

If we only learned from nature and followed her example, perhaps we would be more balanced. The water flows to the left today, a direction that symbolizes the feminine aspect according to some theories. I will follow its advice and enjoy who I really am. I go to the market where there is a variety of fruits, vegetables, clothes and a thousand other things. Maybe I'll buy something that will enhance my femininity. I'll tell you some more tomorrow.

July 7

The trip to Cappadocia is coming up. The expectation is great since I have heard so many praises about this place. The company will be wonderful because Santi and Sarah are coming with me.

July 8

My intention is to have a day with internal and external peace.

July 9

The arrival in Cappadocia is announced in a special way. They give me the key to my room; it's number 106. I amgladly surprised at this synchronicity because I always say that I will live until 106! Could it be a premonition, a confirmation? The volcanic formations of the Fairies' Chimneys are impressive. It seems that I have hopped inside a storybook surrounded by a fantasy scenario that only a child could believe. I have to stop walking at noon since the sun is very strong. I have to find something else to do indoors away from the heat. A Turkish bath accompanied by a massage is what they recommend. Why not? Where you go, do as you see. Before the bath, I take a shower and a dip in an oval pool located on a high platform accessed via a staircase. I go up cautiously and realize that there are three ladies with two teenage daughters and a one-year-old boy already there. As soon as I enter, I notice their eyes fixed on me when they see me swimming across the pool. They all come together in a tight circle and I do not understand why. The youngest one, asks me in a precarious English, "swimming?" With evident astonishment, I agree with an *Evet* and I realize, they do not know how to swim.

Next, I show them how I move my arms to do the chest stroke and they imitate with the difficulty of someone who has never tried it before. They try awkwardly to put their arms together in penguin-like strokes and a lot of noise. The youngest looks at me inquisitively while I swim crawl. I show her how to raise an arm, turn her head sideways, breathe and put it in the water once again while making bubbles. She tries with quite some ease and I show her how I can float on my back. I hear an "ah!" full of total stupor and the three of them come by and ask me in Turkish what my name is, while they tell me theirs. They treat me as if I were a goddess descended from Olympus, the one who moves in the water like a fish. While I continue to swim from one side to the other, they all try to float in vain. The only one who gets it is the little boy. I am the different one and I manage to teach them something they have never seen before. It fascinates me, since after all, I am a teacher at heart. Then, I get a bath with foam on a marble surface, rubbed eagerly by a young woman who keeps giving me compliments regarding my age. I am grateful and I leave with a satisfied ego. Then, the massage with oils leaves my body in an indescribable state of relaxation. I've just entered another dimension. My skin is smooth as a baby's and my mind is clear as if I had just been born. *Teşekkürler*! Being open to new experiences makes us feel like children. Not knowing what to do requires us to be creative and reinvent ourselves.

July 10

The van comes to pick us up at 4:00 in the morning. We arrive at the place where the balloons begin to inflate one by one like huge Christmas ornaments. One of the groups takes off first and these beautiful floating fungi of different colors and designs rise up in the sky, the green one with red stripes, the purple one with green lines, the one filled with squares in shades of green, and the blue, red and green striped one. Now it's our turn. We climb into the basket where a friendly pilot welcomes us. We begin our trip. The balloon rises gently and little by little we feel like birds at 700 meters high looking down at the Earth from a different perspective. There are other balloons approaching us like fat drops floating subtly in this atmospheric sea. Slowly, we go down into a valley and almost touch the top of the trees. We can see the Fairies' Chimneys up close and observe the polished surface of giant conical shapes with openings in the form of windows and doors. We ascend again. We are not alone. There are 150 balloons around us. We are just one more in this cosmos of colorful spheres, a group of aliens descending on Earth and I am one of them. The only thing we utter is "Oh, ah!" What an amazing experience! Surreal!

July 11

Sitting in my balcony in Cappadocia, I luxuriate in this magical place. Something has opened in my mind and in my heart. The vast views of the city from the highest point show a terrain full of undulations of various forms. The Fairies' Chimneys look like enchanted cylindrical castles with a cone hat covering the tops. This is the Love Valley. To the right, is Rose Valley with volcanic formations that look like rose petals and remind me of the wind sculpted mountains in Kauai. My eyes must get used to seeing the faces that are perceived in these rock formations.

Everything is curious, fascinating and different. In the middle of the mysterious scenario, things seem to happen randomly, but actually there's an abundance of synchronicities. When we were going downhill trying to reach the Valley of the Roses, the path became difficult and slippery. We wondered how we were going to get down. Suddenly, a motorcycle appears as if from nowhere. We ask for help to get to the valley, they show us an easier path and disappear ipso facto.

Yesterday, while trying to get to Love Valley, after two false starts, we get a little frustrated. We no longer know what to do. I pray internally for a solution to appear since we felt a little lost. Next, a car shows up the road. We stop him and ask for directions to get out of the place. We ask him to take us to the main road and he offers to take us to Goreme, the town where we are living. The driver, a man with sweet and calm speech, saves us from a long and uncertain route. He does so with obvious generosity as he abandons his project of taking photos of Usuch Castle at the best time to do so, when the sun goes down, and takes us to town instead.

Sometimes Angels appear when we need them. My heart and soul full of gratitude confirm the existence of a universe that facilitates our path. *Teşekkürler!*

July 12

Back in Burgaz, I rest from a trip that I will never forget.

Morning Musings: Creating My Life One Page at a Time

July 13

What a pleasure! Getting into the sea was a wonderful experience. After the initial freezing shock, I slipped into the water almost with pleasure. The consistency of salty water feels better on my skin than the chlorine in the pool. As I was climbing up the ladder to the deck, I felt like saying *çok güzel!*, an expression that the inhabitants of this island use to emphasize how wonderful the sea feels. On the other hand, I usually feel like I'm turning into an ice cube. However, today I enjoy it.

Afterwards, under the umbrella, there is fresh breeze, almost turning a little bit cold. What a good occasion to take a Turkish coffee, something I never do, but everybody else does. I wonder if I'm becoming a burgasiense. It took me a few years, but, as my dear grandmother used to say in her infinite wisdom, "Everything happens in due time."

July 14

Happy Birthday, my dear mom! Your sweetness, femininity and magic remain with me. Thank you for giving me the wings to fly with my imagination and dream. Thank you for creating precious moments in the soul of a girl who adored your angels painted in the little first communion books. Thank you for your games counting trees and cars in the endless trips throughout Argentina and your way of telling stories full of grace and expressiveness. Thank you for swimming with a delicacy that I now see myself emulating, for your love for music that takes flesh in me and is certainly inherited. It took me a long time to discover all this wealth that you gave me so genuinely and without showing off. Today I give you everything I have received.

I wish you a birthday full of love wherever you are!

July 15

Walking in Burgaz again is getting to know her for the first time all over again. However, it already feels so familiar that it is "my island." The flowers, the copious pink and white oleanders are a dream. I stop to smell the deep pink ones and my heart stops. Now I understand why Cavit loved this perfume. A seagull hovering above me at the level of my head, the kittens on the side of the road, the family houses and the shoeshine on his morning walk, everything is familiar. *Merhaba, Günaydın!*

What a joy to be in this paradise again!

July 16

In the morning, I get ready to go to the club and swim early. Tuba, my neighbor, calls me to invite me to Café Burgaz for a morning coffee, as is customary for the locals. I have promised myself not to live in a hurry, and to take the time to listen to others. Therefore, I accept the offer, and enjoy her company while I indulge in a sweet Turkish coffee the way I like it.

On the seashore, a few steps from where we are sitting, there is a reporter with television cameras interviewing a person in a wheelchair. I mention this to Tuba who is sitting in her wheelchair and looking the other way. She explains that sometimes reporters on the island interview disabled people. I get closer and find out the reason for this interview. This person, a well-known writer, has complained about an incident that had occurred the night before when he wanted to walk next to the restaurants, and the crowd, walking in the opposite direction, had almost caused him to fall into the sea. I walk up to the reporter. I introduce myself and introduce him to Tuba, and explain that she is a wonderful translator and teacher, hoping to spark his interest in her. Tuba starts a conversation, and before I know it, I see that he is filming her. Cunning and quick, she tells him that she has another story about it as she saw how two chairs fell into the sea because of the careless crowd.

Back at the café, Tuba becomes the star of the island. Not everyone will be on television today. I'm so glad, I decided to go and spend some time with her. Actually, it was lucky for her and for me too. Giving ourselves fully can pay off.

July 17

Today is a day of transition. There is no sun, only clouds. It is a respite for body and soul, a mental spa day. The island is wise. It provides me with necessary blank spaces for the rest of the daily routine. It is in these moments that new possibilities arise, other connections are established between our neurons and we create from scratch with a clean canvas that inspires us to design something fresh, as fresh as the subtle breeze with which the day greets me. I'm going to walk to the top of the island. It is not a usual walk; today is different. I am open to views, sensations and perhaps unforeseen ideas.

July 18

I'm thankful for the many people I chatted with yesterday. There was communication after communication, unexpected, surprising, not even sought after. Such is the abundant life! It gives us what we need, not necessarily what we want, but for sure, what we need. Thank you for this faith and for the human connection that enriches me every day!

July 19

I see Stela this morning and we have a wonderful talk between friends, deep as only two women can. We share important topics such as marriage, life lessons and situations with children. We both agree that when children go through a difficult time, we can only give them support and love. The rest is part of their life, of their path, of their own individuation process that leads them to become more whole and complete human beings.

Thank you for finding this in a friend. When we feel heard, we feel that we are alive. Thanks for this connection!

July 20

I walk to Kalpazan up the hill like I usually do. When I return, I decide to take this new path, take my time and explore. This is how I get to the first cafe and meet my old friends there. We get to talk about their trip to Spain and their wish to stay there to learn Spanish. It turns out that they have bought an apartment in Madrid and are delighted. The lady at the next table comes up to us and asks me about the ATM machine on the island. When I ask her where she was from, she replies, "From here." "Really?" I say, "Did you know Cavit Alev by chance?" "Of course," she says delightedly, "and his brother Vedat who lives in Israel because that's where we live." She introduces me to her husband who speaks Spanish and tells me that he is from Uruguay. "I can not believe it!" I say totally amazed. "I am from Argentina." We both looked at each other and exclaimed in unison, "We are neighbors!"

From here on, the conversation continues in Spanish to the satisfaction of all. What a small world! That's what my grandmother Bueli Loli used to say. "Always do good since you never know who you are going to meet and we all know each other in some way or another. "You are right Bueli, once again!"

July 21

"Hello!" A young beautiful woman approaches me. "Could I ask you something?" I look at her graceful face and wonder. "Where did you get that hat? It is so wonderful with such a wide rim!" "Oh my dear! I bought it at this resale shop. It cost me $2," I confess. As she leaves, one of my friends tells me she's a psychologist. After a while, I see her talking to one of Cavit's friends and I feel this urge to tell her that I had been to the Jung Institute in Zurich because she might appreciate it. I join them and they explain to me that they were childhood friends and that they were staying on the island at the same time just by chance. I say, "Well, it sounds like synchronicity to me!" This is how we start talking about Jung. She then mentions she does dream work and I feel at home telling her about my own. We agree to have our island dream group.

The next day, she comes under my umbrella and shares the dream she had had the night before. It was the same topic I was dealing with myself: how to keep your own sense of self when you're relating to others without losing it in an effort to accommodate to them. Coincidence? Not at all! It's just another synchronicity. The next morning, she gives me the most beautiful interpretation of my own dream after I give her my insights into it. She says very confidently, "You're ready to take off on a plane and that symbolically means you are starting a new way of being in this world." According to her, I have left old ways behind and this leaves lots of room in the present. This is represented by a vast sea in my dream, which points to many new possibilities in the physical but mostly in my psychological and spiritual world. I've gained a different perspective since I'm observing this from a high place, my Higher Self. It was a beautiful encounter for both of us.

July 22

I want to dance tango, but I don't have shoes or suitable clothes. What's more, I don't even know where they dance tango in Turkey. On the way home, I meet an Italian friend who had told me she danced tango. We start talking and she helps me find a place. There is a tango practice at Tango Garage, on the Asian side of Istanbul. Actually, it is very easy for me to take the small ferry to go there. It is much more convenient than the large crowded ferry going into town. I call them. The schedule couldn't have been any better. It is at 4:00 on Sundays. When I talk to the teacher on the phone, I confess that I don't have shoes and I don't know where to buy them. She answers with an encouraging, "We sell them here."

The next day, I find another shoe store that seems even more convenient called "Tanguera." With such a name I figure it can't be bad. I manage to find the shop in the business district in the heart of Istanbul. The Turkish saleswoman, who happens to be the owner of the business, encourages me to take off my shoes and she wants to see my feet. I remember my visit to the "Boot Whisperer" in Wimberley, when this mysterious character said the same thing to me and appeared instantly with a pair of boots that I wear all the time. The Turkish saleswoman insists on me trying on a shoe that I don't quite like. Next, she shows me some that fit me very well, although the right foot is too tight. "Don't worry," she tells me. "I will be glad to stretch it out for you. It'll be ready in half an hour." Said and done.

While I have a Turkish coffee and we chat about her shoe store, she explains that they only make custom shoes to order and that each pair is unique. My shoe is ready; I try it on and it fits me perfectly! I feel like Cinderella when the king's emissary delicately puts the glass slipper on her and exclaims, "Yes, it is hers!" On Sunday I will dance like her. Will the prince be there?

July 23

I am grateful for so many meaningful encounters, and for the openness and love they all express so genuinely. My beautiful guru gave me a reading some time ago where he told me, "You'll attract people. They will want to be around you, especially women. You'll write a book. As regards your health, I don't see anything wrong. The best is yet to come!"

Maybe this is what I'm living now.

July 24

My dear Diego,

On July 24 you came into the world. I remember how ready you were to be born, but your little head was facing up and you did not turn to get in the right position. After several attempts, they decided to do a cesarean section and you came out flawless, beautiful and without suffering at all. It is today, after 37 years, that I appreciate the fact that you were born that way, because your brain had enough oxygen to develop and you turned out to be pretty smart!

Dad and I wanted to have a second baby and waited for a year until finally, Dieguito arrived. You were surrounded by love and expectation after having waited for you for a while. That is why this letter is not only a happy birthday wish, but also a reminder for you to value this precious life you have and to use it for your own good as well as that of others. Keep making this world a better place.

I love you from the beginning and even before,
Mom

Lilita Olano, Ed.D.

July 25

Sitting in front of the sea, there is total peace. There's nobody around and it's quiet. It's easier to have inner silence when there are no outside distractions. Sometimes I start to write something in my mind as I walk to the club, but today however, I am amazed at the total lack of ideas. I just look at the sea and the nearby seagull. This is really being in the present moment without adding or taking anything away from it, without correcting or improving it. The seagulls shout the "Here and now" of the birds in Huxley's book, *The Island*.

Today, in my morning walk, I decide to change my usual path and go down the coast. When I go past the entrance to Marta's beach, I go down since I have not been here in a very long time. After an arduous and rocky path, I arrive at the beach. To my surprise, they have built a new maze using different colored stones to neatly mark the spiral. They have used two colors of gray to delineate it and lighter beige to surround the path. They have even put plants to mark the edge and brick-colored rocks at the entrance, a true work of art. To one side, there is a kind of wall made of rock and a rudimentary window adorned with plants with a funny sign that announces "Burgaz Office." It is absurd, since this precarious construction is far from being an office. On the other side, there is a cylindrical construction made of stone that ends in a triangular roof to which the blades of a mill have been added. There are many foreign tourists on this beach. It must have been a Dutchman who built it.

The Bay is dreamy and with abundant shade. It is the ideal place to sit for a while and rest. I'm wondering where, when I see some yellow bundles in the distance that turn out to be armchairs. What a luxury, just what I need! I sit comfortably and admire the sea and the soft murmur of waves that reach the shore. It is a perfect moment. What a surprise to find this artistic beauty in a place where you least expect it. This is how today develops, with the teaching of appreciating the moment and changing the routine once in a while.

July 26

I decide to go to yoga in the afternoon. Under the steps of Paradiso, I do not see anyone. I continue a little further and I perceive two people ready to start on their mats. They wave at me. I'm glad I found the place. This class seems to be in a real spa. There's an ocean view, esoteric music, relaxation and peace. I introduce myself to one of the ladies when class is over and I mention that there will be a Pilates class at 12:30 tomorrow at the club.

The next day, I go to class and find her. We chat for a while and she tells me. "I know you. I am Dalia's friend, the person who analyzed dreams with you. You are the expert, aren't you?" "Well, I do not know if I am quite the expert" I clarify, "but I have been doing it for years." She expresses genuine interest and adds, "Let's have a dream group at the club!"

What joy, to be able to share what I like the most with them! Besides, I truly see it as a process that facilitates personal transformation and healing.

July 27

Happy birthday, Sarah! Thanks for making Santi happy. A person who does something good for our children is forever blessed.

July 28

I look for the breeze and find it after opening the windows and putting the table in a different position so I can feel it. I settle down. With the view of an open sea and a nearby boat, I prepare for my morning writing. Pausing and unhurried is how I like it. In recent days, I have shortened them trying to get to the club early or sometimes delayed to write them there, a task that is difficult since the wind blows the journal pages. The people chat and distract me. I long for the silence where the pen flows while the senses rest.

Today, I decide to take my time. The water is moving towards me, thanks to a ferry that has just anchored at the landing stage. Now I recover the aspect of total stillness since the breeze is very light. This is what my soul longs for today: peace and quiet. Here and now, they exist. Here and now, I am present in this moment. It doesn't matter the next. Now everything is fine. If we could only live moment by moment with this awareness, we would be happy and whole all the time.

July 29

Sitting in front of the sea, I feel the first thunder this summer. I hear them more and more often. The seagulls are busy; their babies moan nonstop. According to Shelley, my friend who has come to Burgaz since she was born and knows the island like the back of her hand, it's not going to rain. However, my hunch is different. I get ready to go home and when I arrive, the rain starts. Sometimes it is good to follow our instinct. This clarity is not evident at night. I'm not sure if the movie they show in the open-air cinema will be in English or Turkish. I get carried away by the title in English, *Women on the Balcony* and I go with my friends. Ready to see the projection, I'm scared when I listen to French and the subtitles appear in Turkish.

Sometimes the internal compass does not point north and confuses us. Others, we do not pay attention. It is a reminder to sharpen your instinct and intuition.

July 30

I feel peaceful and happy having learned the profound lesson that life is a book. When it seems like a story is over, we can write a new chapter. It is an internal act of choice and will to generate life, words and stories. Thus I welcome, not only a new chapter, but also a new book literally and metaphorically, since I have already finished "My Summers in Burgaz."

July 31

I write in front of the sea. There is a strong wind and a siren in the distance. There are boats anchored nearby and here, in front of me, there are two teen-agers talking happily in the water. She is laughing her heart out and celebrates every comment. I see myself totally reflected in her since in my youth; I always had a smile on my face. Why do I say in my youth if I also have the same attitude now? The song is right when it says: "It is better to laugh than cry. Thus life must be taken; good things must be taken advantage of; bad things, it's better to forget." I love this song!

AUGUST

"Instructions for living a life.
Pay attention.
Be astonished.
Tell about it."

~ Mary Oliver ~

August 1

The magic of Burgaz happened once again in this meeting with friends in the colony. The camaraderie, the authentic expression of recognition and affection made tonight a special one. Sitting at the table, with the view of the Marmara and the islands, the dim light of the sunset reflecting on the ladies' white dresses, gave an almost unreal feel to the scene. It seemed timeless, situated somewhere between this world and the one beyond, between the day and the approaching night. The deep affection of family and friends filled me with deep joy as only Burgaz knows how to do. *Teşekkürler!*

August 2

It's very hot, even hotter than in Texas. I protect myself from the sun. I create an inner vision of a breezy and cool day. I visualize the best circumstances: cold water, timely clouds, rest in the shade.

August 3

The cold water in the sea and the rest in the shade were life saving. My wishes became true. It's the magic of writing.

August 4

It's a cool day in Burgaz. I enjoy this breeze. In a few days, I will not have it. I appreciate my dear friends here. In a while, I will not see them. When I'm back in Wimberley, the weather will be different and hot. I'll go back and see my friends there, but not Burgaz's friends any longer. Today I enjoy what I have; tomorrow I'll do the same.

If I could live everything realizing that it will not be forever, I would appreciate each event and each person as a unique moment available today but not necessarily tomorrow. I love every moment as it is since I will not live the exact same one again. I love every human being as they are at this moment. A life lived like this, will be a necklace made bead by bead carefully and without haste, so that at the end of this journey, I can hang it around my neck and remember the precious things that I treasured in this passage through the world.

August 5

I dance, dance, dance. I let myself be carried away by the rhythm of an Argentine tango. When I don't think about it, I flow and it's a pleasure; when my mind is focused on doing it the right way it is more of a job than a pleasure. I decide to just dance, enjoy it and do it as I know. The last piece was from the gods. I surrender, I dance with confidence, I flow. The night ends in total contentment. Maybe this is the formula to live my life.

August 6

The walk to Kalpazan was different. As the day is cloudy and it drizzles, I leave with an umbrella and without haste. I arrive at the restaurant, which is already open since it is later than usual. I enter with the intention of having a coffee and enjoying the magnificent view, but today they have no food or beverages until dinner. Therefore, I stay a little while and then decide to go down the stairs that lead to the beach. The wind picks up and I stop my descent as I look at the storm-tossed sea. In front of me, an old wooden boat carries two fishermen who are gathering their nets. Surely they have brought out the delicacies that diners will eat today. Despite the wind and rain, they persist in their task. Back at the restaurant, there's movement in the kitchen. They are preparing the food for tonight. On the way out, I see one of the boys carefully sweeping the path full of twigs and leaves, making sure everything looks impeccable.

If we realized how many people are involved in making our day more pleasant, we would be more grateful. I look at the street sweeper and tell him, "What a good job you are doing!" He smiles in disbelief. He knows that this is what he does and he does it well. That's it. If we all did our best and with the utmost care, everything would be fine.

I continue the walk and hear a voice like someone singing. I can't see who it is. A little later, the voice becomes clearer and stronger. I look to the right and in the distance, I perceive a woman singing her prayers looking up at the sky with pain on her face. Two other women hold her arms as she leans back and forth. Everyone's faces show deep suffering. They share it and pray aloud in unison. This is real compassion, living this moment of grief with their friend. Their feeling invades my soul. I think of a Buddhist practice in the book I am reading. I breathe in the suffering of the world letting it enter my being and breathe out compassion towards it. Here's another lesson from my morning walk. "Thanks, merci!" When I give thanks, I receive grace and mercy.

August 7

On the way to Kalpazan, there is a cat like so many others on this island looking at me. I stop and caress her head. She wants me to keep going. She rubs her body against my legs. I keep walking and she follows me. I start talking to her since there is no one else around me. "We will go together for a while; then we will part and each will go our own way." I hear myself articulate these words and I realize that this is life; that's how human relationships are. We think that we will always be together with our friends, our partners, but in reality, we spend a stretch of the way together and life, many times, separates us and each one continues on their own.

Afterwards, I go by the house where the lady was praying and crying yesterday. I find out that she is the mother of a forty-one-year-old young man who has passed away. I pray for her. I stop and watch with some apprehension, afraid to find her again in the same agitated state. However, today there is a man and they are watching television. Today, she has company and seems to be calmer.

Everything changes. Today's grief transforms into a certain calm and acceptance. What never changes on the island however, is the visit of the seagulls. Right now, there is one looking intently in one direction. Maybe she is wondering where her friend is. Today she does not see him. Maybe he's gone his own way. Everything changes for them too.

August 8

Thank you for being able to absorb this sight with my eyes, my heart and my soul. Thank you for being able to put this image on paper, my written photograph. I catch it in my mind and print it with the word drawn on the sheet. A group of small boats of different colours are facing left with their Turkish flags waving to the right. This means, according to the islanders, that the north wind is blowing. Dark clouds have just descended and the oppressive heat announces the desired rain. I'm looking at the sea. There are three women doing aquatic exercises in a circle of friends while chatting quietly. This is typical of Burgaz. I love this setting. It's from a movie. I wonder why none have been filmed yet. This island deserves it, but I think its inhabitants want the secret to be kept so that this unique view that delights me every morning remains intact.

August 9

I write with one hand holding the pen, while with the other is holding the umbrella that threatens to blow away at any moment. On the one hand, the temperature is perfect, on the other; the wind is so strong that it is difficult to keep the umbrella open to protect myself from the sun. However, I insist to be in the shade. I find a special place where I'll be protected. "Persevere and you will succeed!" After half an hour, common sense got the better of the Basque in me and I left the club for the market. "You don't have to be more papist than the Pope!" At this moment I think about what Don Quixote said to Sancho: "To speak with sayings is a sign of old age." I pretend to ignore this.

August 10

It's very windy today. It's *le vent fous* in Toulouse, the crazy wind in Burgaz. That summer I went to visit Diego in France, the wind was so strong that it was hard for me to walk without being pushed by the strongest gusts I had ever felt before. My friends from Patagonia will understand me.

What does this crazy wind cause in all of us besides getting my hair totally wild? On the one hand, I'm totally at peace; on the other hand, emotions are stirred up, memories of the island, nostalgia from deep inside. Yesterday, while trying to erase some videos from my computer to have more space available, I opened one where the image of Cavit appears sitting in front of me and tells me a few words. We were waiting for the ferry that would take us to the island on my first trip to Turkey. I hear my voice, "Cavit, what do you want to say to the camera? I'm taping you." With great tenderness, somewhat serious and feeling a little intimidated at being exposed like that, he looks at me and says, "Welcome to Turkey. I'm happy you are here. I hope you like it."

At that time I had no idea of the relationship that was about to begin with this uniquely deep and intelligent human being who had brought me here to show me his part of the world and later on would give me his heart. A profound emotion invades me. I try to contain my tears in vain.

At this very moment, the telephone rings. It's a message from my girlfriend in Israel. What could she want in the middle of this almost uncontrollable feeling? As I cannot open the messages on my phone, I open Facebook on my computer. A message from the Daily Om appears before my eyes: "Contact your Angels and loved ones who are already on the other side" Impacted by the synchronicity, I begin to read the announcement and listen to the audio that says, "You are not alone." Still in a trance, I remember that my purpose was to see the message that my friend had sent to me. I click on the audio and I begin to listen. The connection is poor and the only thing that I hear clearly at the end is "You are not alone." My heart beats strongly. Is it all a coincidence? Maybe not.

The wind keeps blowing throughout the night and until this morning while I'm writing my morning pages. What will the *vent fous* bring to me today? This is the wind that drives people crazy. However, we all know that the crazy and the children speak the truth, don't they?

August 11

My dear grandmother, Bueli Loli used to say, "God is in everybody's house and each of us in our own" with a look between wise and resigned when something in someone's behavior disturbed her. Today on my walk, I remembered the expression she had when she took out her perfume-infused handkerchief and held it discreetly to her nose when there was a smell she didn't quite like. When the garbage truck passed by on the island, I felt the same as my grandmother must have felt and I know everyone who lives in Burgaz knows what I'm talking about Actually, I was forced to cover my nose and that's when I had this memory.

I kept walking and meeting one person after another with the usual, "*Gunaiden*, Good morning!" I remembered my grandfather Bueli Luis when he took me to the market as a little girl. He greeted the greengrocer, the butcher and the baker with his kind "good morning" rewarded with a "Good day, Don Luis!" They regarded him with such joy and respect as if he was indeed the Count Bragadini of Venice and everybody loved him.

Of course, a few years later, my Tio Negro greeted every friend he met on the streets of Buenos Aires, at the club, or anywhere he frequented. My mother was the queen in her club. She was friends with everyone and she introduced each to me and made sure I greeted them too. I now find myself with the same attitude while hiking on the island or meeting friends at the club or at the market in Wimberley.

As to my children's generation, Tomás, my youngest son, greets everyone with the same openness and is received in the same way by others at his concerts, where he is the star, but also at the "Wheatsville Food Co-op" in his neighborhood that has become his second home since it meets his nutritional needs from breakfast to dinner.

Diego, my middle son, also finds friends everywhere in the world since he is an eternal traveler and Santi is loved and greeted by his students, who cannot see because they are blind, but who can indeed recognize his voice.

It is pretty humbling to realize how we inherit certain personality traits, which are transmitted from generation to generation. I wonder which ones I will pass on to my sons.

August 12

Seeing Zelda in the hospital was a luxury. In spite of her weakness, when she heard my voice, she woke up and looked at me intently. We chatted for a while and we had a great time. When I said goodbye, I knew I was not going to see her again since her health was very fragile. Her words still echo in my mind, "May you be healthy and strong!" she exclaimed as she blessed me. "Amen," I said. She passed away a day later. What a gift she gave to me! Right before her death, she thought of wishing me something good. What a lesson!

August 13

I had a very simple dream today. I dress a little girl in the same clothes I'm wearing. I hold her hand and take her to the hilltop. Everybody rejoices when they see her. Since all the characters in a dream are actually parts of myself, I may be allowing the child in me to integrate with my Higher Self, (the hilltop) and with my essence. The fact that everybody is happy refers to me feeling whole and complete when I integrate that aspect of hope and joy into my persona. If I think about what's going on in reality, I realize I feel so loved and accepted by all the women on the island. I know they like to hear about my writing and my dreams. It helps when you feel that you are expressing your authentic self. Others can tell that it is possible for them as well.

August 14

My stay on the island is almost over. This summer has been another chapter in my summer adventures here. My life is, actually, one story after the other. When one ends, the other begins. All I have to do is open a new book or create the next chapter.

This one on Burgaz has friendly, colorful, expressive and receptive characters that have allowed me to be part of this summer story that will resume next year. *Inshala!*

This expression is the equivalent of our "Hopefully, God willing!" and is always said in a euphoric and affectionate tone. Although the scenery is the same as the previous years and events such as my morning walks, swims and chats with friends in the club are similar, the relationships with the different characters have changed subtly. Some have grown, others have deepened and some new ones have been forged giving a special flavor to the plot. Love was shared and expressed, and my Turkish has developed a little more to the point of recognizing words in daily conversations, which previously made no sense.

I'll enjoy this story until Friday. I want to give thanks to all my characters because without them this story would not have been possible. *Cok Merci!* Until next time! May this year bring you health, love, joy and above all, peace. I extend this wish to this beloved country of Turkey as well as to the entire world that needs it so much.

August 15

Happy Santa Maria! It was a glorious day at the chapel above the hill where the Ascension of the Virgin Mary was celebrated with simplicity and joy. After mass, we gathered for our friend Malone's birthday. We had a meal made by the nuns and a delicious cake, wine and champagne that he brought. Father Alejandro and Father Robert joined this meeting where we felt like family. Sister Petra, who has a sweet tooth, was fascinated with this feast, which, needless to say, doesn't happen that often at the convent.

August 16

My intention is to have a wonderful day. I say my goodbyes and pack.

August 17

Happy birthday Bueli Luis! Thank you in advance for the gift I know will come to me today like every August 17. If we gave thanks before receiving the gift of a new day, we would receive the necessary graces to live the miracle of twenty-four brand new hours that God gives to us generously and unconditionally. With this Grace alive in us, we would radiate it to our neighbor and to the people close to us. If they did the same, we would create an infinite chain of Grace throughout humanity.

"Love your neighbor as yourself," that is the highest precept. Let's not forget this. Bueli Luis knew how to do it. He looked after himself and kept himself neat and elegant at all times, so much so that my grandmother used to call him "Narcissus, the beautiful." Could that be why my beloved grandfather did nothing but radiate love, compliments and laughter to everyone, especially to his granddaughters? Still, now, so many years after he's been gone, he still gives me nice things on his birthday.

August 18

Happy Birthday Delia, my friend since I arrived in Houston! We met at Evergreen Park in Bellaire where you had taken the boys to play. Clayton heard me speaking Spanish. He told you and that's how you came and we started talking, thus beginning a true friendship that has lasted for so many years.

August 19

This is an empty day to create.

August 20

Happy Birthday, my dear Sally! You have been my teacher, my mentor and my inspiration throughout my career. Later on, we became colleagues when I achieved my dream of teaching college, and now, we are friends. Many thanks! I respect and admire you, not only academically, but above all, for being such an authentic and compassionate human being.

Love,
Lilita

August 21

Today as always, I follow the same path that leads from the house to the creek at the foot of the hill. While I hear and see some birds, there is not much more of the summer that remains. I walk without a worry and see what appears to be a rock in the middle of the path.

I can't quite tell what it is without glasses. Now I see it closely, it is a brown toad with white designs on its back that perfectly camouflages in the rocky ground of the same color. I keep going into the forest. After crossing the creek, which is now dry due to the lack of rain, I see a glow that could be a rock, but which is a bit big to be in the middle of the trail. I get a little closer and the promontory moves just lifting its little head and that's when I notice his silver body and his little armadillo face. He turns to escape my presence and I see his brown and white striped tail like a toy dinosaur. I am speechless. Although the armadillo is a native of Texas, I certainly don't see it every day on my daily walk, least of all a baby. Still shocked by this unexpected and magical sight, I absentmindedly follow my path.

Now I'm on the climb that takes me back home. My eye rise from the ground and a deer of considerable size or perhaps a little enlarged by my perspective from a lower place, appears majestically, a little higher, and watches me intently. I stand still. We look at each other. I don't know whether to move or stay still so that he doesn't panic, but I decide to continue my way by the side. Immediately, he whistles signaling to his family the presence of possible danger and he runs in the opposite direction. What a thrill! Thank you for these moments where time stops and I touch grace with my own hands.

August 22

Today I need to have alone time. I respect it, I honor it, and I accept it and let it be. Give me the Grace to discern.

August 23

I'm still mesmerized by the possible meaning of my dream today. "I am in the middle of my bed with one lady at each side. I'm quite happy thinking that there is enough room for all of us". It has to do with yesterday's talk with Dalia about paradoxes and how to accept them. The three ladies are all aspects of me, probably my doubts, ambivalence and love in my relationship. The dream tells me I am happy when I accept them all as coexisting aspects in this paradox that's called being human.

August 24

A day in peace, health and joy!

August 25

Today I wake up early before sunrise. I wait for the new day sitting on the balcony looking at the mountains and the sky that slowly clears up taking its time. It's cloudy. There is deep silence and total peace. This is Heaven for me. I do not need anything else. Michus rests near me while she is attentive to everything. Suddenly, she brings something in her mouth. It is a dragonfly. She plays with it as though it were a ball. I try to get it out of her reach; I release her and throw her down onto the grass below. Immediately, she jumps, grabs it again and holds it down like a trophy with her little paws until the poor insect stops fluttering. My cat is not a Buddha yet. An instant later, she forgets about it and leaves it behind.

Now that her prey has been captured, she rests in peace. It's the nature of the cat, I suppose. I hope my nature is not like that. There is nothing that must be achieved, or conquered, or captured and retained. I just need to be, let be, help and serve others, love, receive Grace and thus, live in peace.

August 26

I get out of the way. I let life happen. Enjoy, in joy!

August 27

Thank you for being able to reflect and discern.

August 28

I decide to be unconditionally happy. Michael Singer, in his *The Untethered Soul* explains how easy it is to be happy when we have good things going on for us, but how it's not, otherwise. Once you make the decision to be happy regardless of the conditions, he asks us, "Are you really willing to break your vow of happiness just because these adverse events took place?" Thank you, Caroline for gifting me with this treasure of a book!

August 29

Today I write in a new place at home. I'm sitting on the edge of the hillside where the trees protect me from the morning sun while Michus rests at my feet. She loves this newly found clearing in the forest. It is cool and the view of the hills below and the green of the trees that cover it make it a dream refuge. I wonder if Frances Burnett, the author of *The Secret Garden,* has felt this way, or even Emily Bronte while she was looking at the branch hitting the window in the middle of the storm in *Wuthering Heights* while she wrote protected inside her house? Not only is there enough light to take an excellent photo, but there is also a cool breeze that blows ever so swiftly. There is silence, but with a background concert of cicadas mixed with the clear singing of birds near me. The rooster from the farm below sings a solo from time to time. I play with my pen and paper while Michus has fun trying to catch the long stems that hang on the rock where she rests. There are several stones that catch her attention and she moves them with her white and fluffy fat paws.

Everything is peaceful in the midst of this active concert and the swaying of the leaves. Maybe this is how we should live. We could sing our unique personal song, the one that was given to us at the moment of conception, according to the beliefs of the Native Americans, and then, we would flow with grace and peace for the joy of the world around us. Thus, we could facilitate the necessary circumstances for all the other creators and architects of their lives to feel inspired and create their works of art for the joy and well-being of those around them. We would originate a wave of peace, inspiration and creativity that would be replicated in the whole world. Why not?

August 30

Today I feel tired. I'm a little bit under the weather. I allow myself to heal.

August 31

Thank you for the wonderful encounter with Rebecca and Michael Angelo. He is an angel and she is into healing. They are fascinating characters that could have been taken from a Fairy Tale book. They are unassuming, kind and magical.

SEPTEMBER

"Do not look
For a sanctuary
In anyone
Except yourself."

~ Buddha ~

September 1

Thanks in advance for this new day. I go for a walk down the hill and discover a new path. While I am going my usual way, I find a very narrow, almost imperceptible path that goes up the slope. I follow it for a considerable distance and feel the anticipation and excitement of an explorer who does not know where this new, never taken before trail will take her. I feel the power of the Amazon woman walking on her mountain. Cautiously and a little fearfully, I continue down and realize that it ends at a gate. I decide to go back home. In the last leg of this adventure, I see the metal roof of a white house with large windows and a special one in what appears to be an attic. I look at it carefully and a little incredulous, I realize that it is my house with the porch with dark brown railings and full of windows. What a lovely home! It is almost unrecognizable from this new perspective.

In the same way, when I explore new possibilities in myself, I discover that my psyche, my spirit and my soul seen from another perspective are precious and with many windows open to the world. I find this solace inside me.

September 2

It's raining at last! Thank God we are getting this much needed relief with an abundance of rushing water. The clouds are generously pouring liquid gold. Everything looks greener although the patches of dry grass become more obvious when they're wet. Maybe we humans shine when our cup overflows, and we realize where we need Grace to heal the old dry stuff that doesn't serve us anymore. We know that new green grass will come eventually, just like new feelings, thoughts and insights will bloom again for our renewal.

September 3

Dear Jill,

Thank you for bringing your wisdom, your joy and above all, your love to our community of Unity in Wimberley. Thanks for stirring up the Divine within us.

September 4

Discovery and freedom for today! I create a space to play and enjoy. The creative process simply requires this sometimes.

September 5

I swim and focus on my pace. When I finish, I observe two ladies who speak near me. They listen to each other and are partakers of a deep friendship. I hear someone say something about a *Sweat Lodge* and strike up a conversation. "Excuse me," I say to one. "I heard you mention a *Sweat Lodge* and I'm going to one near here." Since she is very interested, I explain where it is. One topic leads to another and we share our beliefs, which include feeling guided and using our power of intention. Her friend joins in the discussion and confirms that intention is what counts in healing. She adds that, as a homeopath, when she does not have a remedy, she uses the "paper remedy." She writes the name on a piece of paper and places it under a glass of water. She did this when she had a very bad cough and the cough stopped ipso facto.

We exchange phones and a friendship begins while acknowledging that we have been attracted by synchronicity. What an intense, deep and fascinating life!

Morning Musings: Creating My Life One Page at a Time

SEPTEMBER 6

I come to the country-dancing hall. I love it, but today there are many women and few men, which forces us to ask them out to dance if we want to enjoy the night. Next to me, there's a lady I haven't seen before. We chat and she tells me the story of her life, as is often the case when we talk to a stranger. She explains to me, "I drive a school bus to have insurance. Actually, I love Art History, but I was never able to study. I got married and had children and the time was never right." I ask her if she's still interested and she answers "yes!" I say, "Then it doesn't matter how, but you will!" I believe everyone should follow his or her passion." Why don't you do it?" I encourage her. Her face lights up. I tell her about the power of writing and suggest that she do her morning pages. She is willing to do them and looks at me with a smile and an excited "Thanks for this talk!"

There are no coincidences. Another chance to give someone hopes. If she does her pages, there will be another person with the power to create her life.

SEPTEMBER 7

Happy Birthday Ana Mari! Thank you for being my best friend since I was four years old. You always remind me that I was four, but you were only three. That means you will always be one year younger than me! Best friends remind each other of the truths in life.

SEPTEMBER 8

The ride to John Knox Ranch was just what seemed to be a random choice of whom I was going with. I was supposed to go with my friend, but someone else offered me a ride instead. The conversation starts with the trips we had done in the summer, followed by our love of nature and pretty soon we were talking about death. I continue to open my heart to her telling her about Cavit's death and she tells me about her grandmother's recent death. She tells me the sweetest story. She had written weekly letters to her every Monday, which her grandma read repeatedly during the week. In doing so, she had brightened her grandmother's last year, just like her grandma had given her a sense of belonging when she was a child. Every Sunday, she had welcomed her into her house with a delicious sponge cake ready for her in the kitchen. She reminisced that the first thing she would do was walk into the kitchen and cut herself a piece of cake. It was only after that, that she would hear" Hello, Deborah, come in!" She was wondering quite sadly what she was going to do now that she was gone and she didn't have any letters to write. So she decided to keep writing every Monday to her aunt instead.

The magic of writing has made possible a tender story for someone whose purpose in life is brightening other people's lives. What a lesson! Was this a coincidental talk about death, hope and kindness? No, we share a common path. Another synchronicity. Thanks, Cavit!

September 9

Happy Birthday sweetheart! Thanks for being in my life even now. I value you more every day. I don't know what to do. Cavit seems to whisper to my inner self, "Just listen to my words and write. You don't have to do anything you don't want to do. Just relax and enjoy. Give me your fear, my love. Let go of it and live in the present."

September 10

I wake up with a little pain in my neck and my left hand that has not yet recovered sensation, quite numb. So, I decide to get a massage with Rick. I lie on the table and he begins to do his wise pressure on the sore spots as he works with my energy with a sacred intention that is quite perceptible. When it finishes, I confide to him, "I was moved when you put your hands on my head. I don't know what exactly you do, but it is more than a massage, it is healing."

He tells me that when he was young he had worked and studied with the Rosicrucians learning their healing tactics. Deeply intrigued, I listen to him. He brings the original book of the Rosicrucians published in 1920, a very old, semi destroyed and exquisite copy. I approach his library and see a book that catches my attention. "If you like it, I can lend it to you," he says. "Thank you!" I leap for joy. "I am very interested!" It is the *Peace Bible of the Essen's*. "I have always wanted to ask you more about your wisdom. Now, you are my teacher!" I exclaim. I smile at him and I leave in bliss. I knew I needed a massage today, but this deep communication is what I was really looking for. When we are open, what we need is very close to us.

September 11

We are a land of immigrants. I am one. Are you? Some parts of Texas, California and Arizona were Mexico before the Mexican War. The US won and promised the original inhabitants land ownership in an effort to persuade them to stay. Those Mexicans inhabitants became part of the US from one day to the other. Other later immigrants were fleeing wars and economic hardship. Many come from Central America escaping the violence we helped create by imposing years of dictatorships. These are loving, peaceful and hard-working, family-oriented people.

We Are All One. I believe we should help people in need, not only those in remote places like Africa, but also in our own country, specifically our own neighbors. When we exclude others, we get hurt as a group. When we include, we find solutions. I feel for these people. I love them. I always will.

September 12

When we have a symptom of an illness, like bloating or pain, we can deal with it by removing it and taking it away or we can look at what's causing it. The latter will ensure the cure. Similarly, with the issue of immigrants fleeing their countries, we can stop the symptom by building a wall or we can look into what causes this phenomenon. The latter will probably lead to a better solution. If the cause is extreme poverty and a flight from wars or guerrillas, we can see what possible assistance in those regards will ameliorate the symptom and eventually cure the situation.

We Are All One. What we do to stop a virus like Ebola (today the Corona) coming from abroad, will contribute to that virus not spreading eventually in the US. We live in an interdependent global society. Borders or walls do not fence in the air that we breathe.

September 13

Dear Jerry,

With all my love and gratitude. Thanks for your continued presence in my life as I was going though the suffering of my illness, my transformation and eventual transcendence into my reality of today as a healthy, joyful being.

September 14

Rather than feeling pulled in different directions, I melt into the paradox of the situation, the mirror images, and the pair of opposites. Then, I can move on.

September 15

I realize I have all that I need and more. All is Well.

September 16

I'm in tango and I hear, "*Hola, ¿Cómo estás?* Hello, how are you?" I wonder who is speaking Spanish. I decide to go sit next to the lady who I think has said the phrase, but at that very moment, she gets up to talk to someone. A little disenchanted at having missed the opportunity to meet a Spanish speaker, I ask the only one who is present, "The lady who just left, does she speak Spanish?" "No" she replies, "but I do." I was not quite expecting an American who spoke Spanish, but someone who was truly Hispanic. I ask her without great interest, "Where did you learn it?" And she replies, "I am Argentine" in obviously perfect Spanish. Surprised and happy, I listen to her story about how she had come with her parents when she was ten and had ended up studying Russian at UT.

Sometimes we chase after something without knowing that we have it in front of our noses.

September 17

I'm at the oculist for the third time. I know these glasses are not working for me. I'm determined to get another prescription or go back to the old. There's something off. In the morning, I write in my journal to create the kind of experience I want since this has been a real problem. It goes like this: "They make the glasses and they work. The nurse says, "Let's do this" suggesting a different thing and "It'll work."

As I was waiting in the exam room, the nurse comes in and starts the usual measurements. After what seems a neverending exam, and while she is typing at the computer, I ask, "Well, have you found anything? What's the verdict?" She looks at me and says, "There's a big difference between your distance and reading measures for the right eye. I think you need a different prescription. That's why they feel uncomfortable." With a sigh of relief, I exclaim, "I can't believe it! You found the problem. This makes so much sense." I look at her filled with gratitude and I confide in her that I had prayed that I would find something different to solve this problem. She looks at me with a kind expression and says, "You won't believe this. This morning, I read that sometimes, when you're doing your job well, God is answering somebody else's prayers through you. I spontaneously tell her that since I had attended the Jung Institute this summer, I've had so many synchronicities that I think I'm going to write about this in my next book." She looks at me calmly and replies, "I do believe you. I also write, so both of us may be typing this encounter in our next books. Mine is about God encounters. We have to stay in touch!"

September 18

I forgive. I value and do not judge. I always have the option to value somebody rather than judge and criticize.

September 19

In my dream I see a gleaming reddish-wood violin with flowers coming out of the strings and a cake base filled with chocolate.

What a beautiful image! It is like a gift. Perhaps the message is that music is for me a delicacy that brings out my joy and creativity.

September 20

I walk into the only shoe store in Wimberley and I browse leisurely. I have all the time in the world. Actually I'm waiting for the car to be ready while they work on it at the mechanic's. There's a lady trying shoes on. I say, "I love them!" She smiles. She's obviously happy with her choice. She tells me that she's going to Spain with her granddaughter and she needs comfortable shoes to walk around. I marvel at the idea of Spain and I share with her that my great-grandmother was from Seville. "That's where we're going," she responds visibly excited. I continue to tell her that I adore Seville and I recommend the flamenco dances on the small *tablados*. "I love that music!" she goes on cheerfully, "but what I love the most is my granddaughter." She takes a picture of her that she keeps inside her wallet, and tells me the story of her many accomplishments, one of them being the best plate-shooter at twenty-two! I tell her that I adored my grandmother and I realize what a special relationship she has with her own granddaughter.

Reflecting on the connection between my morning pages and the reality I live each day, I realize that the more I allow myself to dig into my soul and find the gold, the more I am able to see the true essence of the ones I engage with. What a beautiful relationship! I hope I get to experience such love in the future.

September 21

Happy Fall Equinox here in the northern hemisphere! For me, it still feels like the Spring Equinox in Buenos Aires in the southern hemisphere.

September 22

I had a hard time swallowing yesterday. I was tense and uneasy. I decide to put things together in my psyche before uncertainty blocks me. I realize what I couldn't "swallow." Now I get a clear picture. I'm myself again.

September 23

My dream today: I'm praying a rosary made of big beads, almost like grapes.

Reflecting on it, my prayers seemed to have given fruit. I usually ask God and my grandmother to help me. I still have her rosary with golden crystal beads. Every end of the year, for her wedding anniversary, she would get on a chair and eat twelve grapes for good fortune the following year. This was a Spanish tradition.

September 24

In my dream, I'm flying over some terrain making sure that everybody is ok, giving advice and taking care of people. All of a sudden, I tip over the side of the hill. "Oh, no. I can't believe this!" There's nowhere to land. The vast sea is below. I land swiftly on the water flying my plane. I remember that I've done this before.

Reflecting upon it, I seem to be taking care of the different aspects of myself, but I lose control and I panic. I then realize I always have a safe place to rest in my spirit, and I've been here before.

September 25

I had a momentous experience at the ecological conference organized by the Native American spiritual group. Millie, a wise woman from Aboriginal Australia, offers me a healing session. She begins with a head massage and says gently, "Stay with positive thoughts and words. Do not hear anything negative from anyone, whether they are doctors or others. Your mind is clear now. Stay as you are forever!" "Am I healthy?" I ask shyly. "Definitely," she nods with a certainty that leaves my soul in peace.

I sign up to have a session with Rod, an African-American who has certain special powers. He lays his hands on my head and prays in tongues. "I see a book being birthed. I see writing." He continues passing energy all the way to my ankles. "You are free from fear of illness and of family of origin. I cut the ties with your ancestors. You are free; I remove the fears from past generations and future ones as well. You are a mother. You have a lot to do in this world. The best is yet to come. You haven't seen even half of it. You attract people. Let them come. They want what you have, then, you'll be inspired by Spirit to do whatever needs to be done."

September 26

Thanks for yesterday's words. They have left me with the peace and certainty of being cured and with the intrigue of what is to come in my future.

September 27

Thank you for the grace to let go of what was bothering me. I do not condone the action. Still, I feel sorry for the one who offended me. I let it go. I follow my path lightly.

September 28

Thank you for the special friendship with Angelica and Susan. Groups are lovely, but what I value is real, intimate friendship.

September 29

Yesterday I thought, "I miss my special pen, the one that writes so well!" I cannot find it. I go to the bathroom and as if by magic, the adored black pen that slides easily on the paper appears right in front of me. It was not there before. Was it a miracle? Was it the force of my intention? Was it Cavit? Or maybe, was it Bueli? Life is a mystery.

September 30

I wrote my letter. I felt that I should speak my truth. I couldn't just say, "I let it go and everything is fine." I expressed myself gently and lovingly, but saying what I needed to say. Only afterwards did I get the full picture. What had bothered me was the aggression and self-centeredness. "Why had he hurt me so deeply? Perhaps there is an aspect of me… that has these characteristics as well." I know that when there is something that I cannot bear in the other it is often something that I cannot see in myself. Now I can get this out and leave it in God's hands. May what's best for the welfare of all happen!

OCTOBER

*"In a gentle way,
You can
Shake the World."*

~ Mahatma Gandhi ~

October 1

Today I continue with my projects.

October 2

I recover my rhythm free of worries.

October 3

Today I have space to create.

October 4

Someone said, "We don't see reality as it is, we see reality as we are."

October 5

Happy Road Day! This celebration has been etched in my memory since I was a child in elementary school. I remember when we had to copy "Happy Road Day" in our notebooks. I ask for guidance as I follow my path in the service of others.

October 6

Thank you so much for having the boys over today. They all find what they want. I show them the new path that leads to the stream below.

October 7

Thank you for the healing yesterday. My body was filled with heat that passed through the lungs, stomach and ovaries. I had a deep cellular sensation of being healed. I hear, "You were so open to receiving this. You are so loved."

Thanks to life that gives me so much love... love of my friends, love of my children, love of God and love of my angels, Bueli and Cavit.

October 8

Happy Birthday, Lilita! After choir rehearsal, Vicky starts sharing the brief story of her life with me, "I retired from teaching. I've done the Soul Collage in the Jung Center for a few years, and my father wrote a book about Jung and Art. I've also been doing Tibetan meditation and there's this monk who has been my teacher," she tells me. I couldn't believe how she kept getting closer to my dearest things. I was meant to meet her. In a parking lot, after everybody in the choir had left, we were the only ones standing there, finding common interests no stop. It was one of these synchronicities. What a gift!

October 9

What a gift I received! My three sons, on their best behavior, were trying to do what they knew would make me happy. My three sons are men now. I love them so!

October 10

The dream reminded me of my times on the beach and the delight they brought me.

The shells in Galveston showed up every day as though they had been placed by magic. Every morning, I would set out walking, awaiting the discovery of something new. I started looking down, the sand sparkling under the sun, the waves tempting me to look at them rather than keeping my eyes on the yet undiscovered treasure.

A big shell that looked like a fancy fan sticks out of the sand. I'm fascinated by it. It's dark on the outside with an enamel shimmer inside. My first treasure is picked up. I keep walking as I enter into a dreamlike state with my attention fixed on the next step in front of me. Algae, little pebbles, tiny shells, nothing is really that interesting. I go back to my inner ramblings tasting deeply this morning adventure. A tip shows up on the right. I get close to it, unearth it and, voila! It's the same kind of shell that I found two minutes ago. The walk continues and the expectancy doesn't diminish. I'm hooked. I glance slightly under the water as it recedes and there it is…the tip of a sand dollar shows timidly. With hesitation, I lift it carefully. The whole surface out of the water now, I realize it's a whole and perfect one. It's supposed to bring you luck. I regress to being 5 years old filled with the evidence of magic.

It's time to return to the house. It was a fruitful walk. I come back with my bounty; I wash the shells and let them dry in the sun. I'm ready for tomorrow's walk. I wonder what kind of shell I will find. I love to live with this spirit of adventure. I'll keep it handy for those times when life can seem dull and predictable. Now, I know the secret. I just have to find the next pattern in nature and that golden thread within myself.

October 11

The little bird enters the house after hitting the window and falls inert onto the floor. Is he dead? I pray with all my heart, "Let him be okay!" I bring the shovel to pick him up; he opens his tiny eye and moves slightly. I realize he can't fly. He clings with his little legs to the edge of the shovel. I whisper to him, "Please don't die!" I deposit him on the floor just below the nest that he was making for his children, so that he remembers he has to live for them. He opens his eyes, looks at me, but does nothing. Suddenly, he jumps and stands on the lower railing. He remains motionless. I don't know if he can fly with his bruised body.

I pray with all my might. "Come on, fly, you have to feed your youngsters." My heart explodes with joy when I see him fly. In a few moments he comes back with a little bug in his beak and he places it in babies' mouths, which are now chirping louder to make sure they are fed. Nature is wise. It heals you just like that when you have a firm purpose to move on because there is still so much to do.

October 12

Today, I remember a totally synchronistic visit I had with Frances. I knock at her door full of expectations because she is a Jungian analyst and I may be a part of her weekly group. She opens the door and I find an elegant lady with perfect hairdo and a pretty necklace matching her outfit, not quite what I expected of a ninety-three year old.

I sit across from her on a comfortable sofa and she starts sharing her life. After a few sentences, I realize we have similar routines. We start with meditation in the morning and follow it with morning pages. She then mentions how she's been analyzing dreams for almost all her life and how she's written a few books. It was like seeing myself at ninety-three! I asked her if she was married to which she replied she wasn't at the moment. She added, "I was married a few times... four, five." I look at this elderly lady and can't help blurting out, "Frances, really?" "Well," she says, "I was trying to get it right!" I loved her immediately; it gave me a different perspective of my divorce and certainly dispelled my own considerations about it.

Frances died the following year. I couldn't be a part of her study group. At her funeral, people mentioned how she always managed to say something that would make you feel better. I thought to myself, "She certainly did that with me!"

October 13

My dream today: I decide to go out and be free. I see this gorgeous snowed peak in front of me. I am sort of climbing and flying as I bounce against it. When I reach the top, I touch it purposefully and there's a splendor of light and white snow. I think to myself, "I do this as an act of courage. I choose to be free."

Then, it's time to go down. I touch the side of the mountain and descend gracefully as though I'm sitting on an invisible ski lift. I'm surprised at how smoothly I'm going. To the left, there's a precipice, and in the distance, the next sunny peak. I know I can't go in that direction. I remain calmly in mine.

Reflecting on the dream, I focus on the exquisite image of touching the top bouncing off the snow like an act of courage towards freedom. The top has a triangular shape and it makes me think of my higher self or God. A part of me is united to Him and my higher self, but I know how to come down to the reality of every day lie, and like the Buddhist say, "chop wood and carry water." The mountain offers this solid image of greatness and groundedness.

October 14

Thank you for 68 wonderful years with my children. Thank you for the grace of being alive to see them in peace, having fun, singing and expressing their love for each other freely. They sang what they wanted to sing... Santi with his clear and powerful voice, Diego with his guitar from heaven and Tomás playing a drums drill with his keys!

Blessings to the three of them and the three women in their lives! I love them all.

October 15

Thanks to life! I had another check-up with good results. I'm totally healed.

October 16

The wind is blowing. My windmill spins rapidly. The birds, almost absent, are surely sheltering themselves from the first cold day in Texas after five months of summer. The growing spikes sway in unison. Smoke comes out of a distant chimney. The hills in the background and the cedars bordering the park are the perfect setting for Muñeco, who has fallen asleep in the nearby armchair. Peace abounds in Wimberley.

October 17

Today is the anniversary of my mother's death. I feel her close to me like in a dream. Thank you, mom, your tenderness is present. "You know, I would like to love again, but I'm so at peace now that I don't know if it's worth it." "You'll know when it arrives," she tells me. "It will be a sweet company. Shine, be magic, fly!"

October 18

A majestic deer cautiously crosses the meadow. Another one stands right in front of the glass door from where I watch him as I type. This is my wildlife in Wimberley. An eagle flies and hovers almost over the edge of my roof. My heart stops. It symbolizes the freedom of expression. The deer family continues passing by. They are three, four, five, six, seven and eight. Thanks for this morning parade! The last one looks at me while his ears move back and forth like antennae. He's trying to tune into my frequency. I hope they don't eat the wildflower seeds I just scattered. The fawn entertains himself by sucking the water from the flowering yucca plant. It's time for me to feed them.

October 19

I remember my mother who has been gone for so many years. Even so, today I feel her deep love expressed in a sweet inner embrace. I listen to her... "Who do you think gave you magic, sensuality, sweetness and ecstasy?" She murmurs, "It was me. I loved you inside of me, I loved you when you were born, I took care of you ever since." "Thank you, mom! Sorry for not letting you in earlier." Thank you for this infusion of love!

October 20

Thanks for the group of intentions. The energy we feel is unlike anything else. Visualizing a person's healing with a group is powerful. Accustomed to praying silently and in personal union with God, this prayer takes on another dimension and in a certain way, multiplies the energy of each member of the group. It is a privilege to be able to do so.

October 21

Today my neck hurts. It is tense. I sit, meditate, pray and relax. Thus begins another day in this beautiful place. Thanks for being able to find a sacred refuge. I focus on the stillness of my body, the silence of my speech and the openness of my heart. That's how I find peace and quiet. It is what makes me be in balance with this bucolic environment that surrounds me.

My deer friend has just arrived. He looks at me directly and intensely. "Here I am!" He seems to tell me with incomparable intentionality. "Here I am," I reply. We connect.

October 22

Thank you for this pink and blue sunrise. It doesn't rain for the first time in so many days. I meditate and write. I raise my eyes and a deer with magnificent antlers appears. He stares at me and then moves away. Then I put corn food in the feeder and a very young one shows up. He comes closer to have his breakfast. Little by little, others come. The former does not flinch. He's not afraid of the bigger older deer. He keeps eating calmly. He is not disturbed at all. He fulfills his mission, enjoys his food and lives in the moment. This is my Buddha deer.

My lesson for today is to enjoy the things that life offers and the grace that is so generously and abundantly available. I remain at peace in the face of external circumstances that may cause me to be unsettled. I follow my path with purpose as my inner compass illuminates me.

October 23

The retreat at Serenity Ridge in Charlotte was sublime. Tenzin Wyngdal Rimpoche, the Tibetan monk I met at the Jung Center many years ago has a way of keeping things simple and sacred at the same time. During lunch, I meet Price and we strike a pretty special conversation for two strangers living in different parts of the world, but having lived apparently parallel lives. "You and I are cancer survivors, and I have written a book about it." "Me too," I add. He offers me his card that reads "Ph.D. Biologist Educator." I marvel at the next coincidence and explain, "I'm also a Ph.D. as well as an Educator." He looks at me with his bandana around his head, a man my age, and whispers;" I'm humbled by these similarities." "Same here," I reply still in awe at these synchronicities.

October 24

I liked Rimpoche's statement that it's the attachment to our pain identity that causes suffering. We think, analyze and try to fix things rather than just let them be the way they are. His final sentence was enlightening: "It's not all about you. Picture the vastness of the inner space, and whatever is your issue, it will dissolve."

October 25

Today's teaching: "Rather than focusing on what you've done in the past, focus on what you can do now. Do the things you love for yourself and for others. Be open; be at peace; accept and don't expect anything. Focus on moving on because, whether you do or not, life has moved on."

October 26

I put it into practice during meditation. I feel tempted to think about my issue, analyze it and try to understand it. Instead, I recognize the old pattern, and cut the ties to this pain identity. I meditate instead, to create inner space, and believe it or not, the issue dissolves.

October 27

Feeling spiritually free after the Tibetan retreat, we go for a walk through the enigmatic forest of Serenity Ridge. Story after story, Tim, a Jungian psychologist, architect, and Buddhist, who has traveled to exotic places, tells me about the rock gardens in Japan and Tacoma and his life in a monastery in the area. He stops, takes pictures, looks at all the rocks and the reflection of light in the water. I tell him about my trips to Exhalar and Burgaz. He is interested and says, "We have to keep in touch." His father has done analysis with Jung and he, with Robert Johnson.

We continue walking along the riverbank, but Pablo thinks it would be shorter if we went up the hill. As soon as the ascent begins, I realize that it is becoming more and more difficult. He offers me his hand to help me. Tim offers to go down back to our original path next to the river. I don't want to go back because I have to get to the airport on time to catch my flight back to Texas. Also, I don't want them to change the route just for me. The next stretch is very steep. Pablo helps me and grabs my right hand. He pulls me a little too much. I feel my arm stretch with an almost imperceptible "crack." I stop. It hurts. Tim tries to touch a few points to ease the pain, but without success. Pablo advises him not to do anything else and adds that it is better to leave it alone. Now it is Tim who offers me his hand on this fascinating walk with my forest knight.

Now, I am at the airport with plenty of ice and a heart full of charm, despite the pain.

October 28

Thank you for the meditation today. I focus on the unbounded open space. From this peaceful state, I can create.

October 29

I have some acupuncture done to mitigate the pain. According to the doctor, there's nothing broken.

October 30

I accept what I have. I do not want what I do not have. It seems like a good principle to enjoy the moment instead of being in the past thinking about what could have been or in the future with the illusion of something that may be, but is not now. The past and the future are actually, distractions that allow me not to be in the present. This moment, the one I have right here and now is fine. That's what counts.

October 31

Thank you for this state of hope and openness. There is a kind of expectation in the air. Something special is about to happen. I don't know exactly what it is. I accept what is presented to me. I don't want what I don't have.

November

"Let life happen to you.
Believe me
Life is in the right,
Always."

~ Rainer Maria Rilke ~

November 1

This is my prayer today:

"May I be filled with living kindness
May I be free from inner and outer dangers"

Loving Kindness Prayer

November 2

My prayer today continues:

"May I be well in body and in mind
May I be at ease and happy"

Loving Kindness Prayer

November 3

Happy birthday dear Santi! May you be happy for your whole life! I love you so. Thank you for making me a mother for the first time. The joy you brought into my life is what I try to give you every day.

November 4

Lord, give me your guidance and your wisdom. Fill me with love. I put my ego aside and I lift my soul to You. May the best happen for the good of all.

November 5

I walk my own path. I am responsible for my own thoughts and behaviors. I am not responsible for somebody else's. I take care of my own.

November 6

Loving Kindness Prayer
"May all beings have happiness and the cause of happiness
May all beings be free from suffering and the cause of suffering."

November 7

Loving Kindness Prayer
"May all beings never be separate from the joy that knows no sorrow.
May all beings live in equanimity, free from attachment and hatred."

November 8

It's raining. "The waves and the wind," Donald sang, "and the cold of the sea." Music floods my soul. How I liked to hear this song in my youth! There is something about storms that attracts me, calms me down and makes me realize the security and warmth I feel inside the house while outside everything shakes. This is easy. I see the wind blowing furiously, but I am not immersed in its threat. I enjoy the rain, but I don't feel the water soak my bones. I hear thunder, but I am not exposed to it. The shelter of the house allows me to enjoy these things.

When I have internal earthquakes, I remind myself that I can go to my inner refuge. I rest in the stillness, in the silence and in the opening of my heart. Thus I can observe my turbulence without losing myself in it.

November 9

Thanks for the grace. Today I give myself and I am open to receiving it.

November 10

When I doubt, the words of Jesus to the apostles come to mind: "Why are you afraid? Men of little faith!"

November 11

I open a book of thoughts by Mary Drowley that moves me: "Every morning, lean back on the windowsill, look up at the sky,

>And direct your eyes to God.

>Then, with this perspective in your heart,
>face the day with strength.

>"Every night, turn your worries over to God.
>Anyway, He'll be up all night."

November 12

Thanks for being warm in here while the trees sway with some intensity and the temperature has dropped to freezing. Thank you for having inner peace when the world is in turmoil. Thank you for being able to share this warmth and peace with others so that it will eventually spread to the whole world. Why not? It all starts with each one of us.

Today, I remember to stop what I am doing at 11:11 AM and pray for the whole world, as we agreed with the church community. Join me!

November 13

What a wonderful lesson I learned from my friend Diane! When I asked her if she felt any fear whenever she had her check-ups, she replied with a very straightforward: "I don't have the energy to feel fear. I'm not going to die because of this or that. It'll happen at my appointed time." What relief to let everything in God's hands and be free to live in the moment!

On another occasion, she looked at us and proceeded to bluntly state her intention for the day: "I'm going to love myself today and do what I want to do." I asked myself: "What would I do?" I would wake up and grab my cup of tea, bring it over to my favorite sofa and watch my birds.

I would meditate and send healing intentions to others including myself. Then I would write down my dreams followed by my morning pages. Soon I would be ready for my walk down to the creek, marveling at the clouds, the vastness of the scenery, the trees, the birds and the flowers. After that, I could go to one of my classes, either yoga, Tai Chi or Qigong. Then, I would run my errands and come back to a hearty lunch, check my email and have a restful nap. In the evening I would have my writing group, my dream group, my intention group or my meditation group. I would also write and work on my current book. Music and dancing would complete my day. What a joyful experience that would be! Come to think of it, this is exactly what I do in my daily life. I'm so thankful.

November 14

I elevate my soul and my energy to perceive everything from a different point of view that allows me to have internal peace, and thus, bring this energy to others. If each of us takes responsibility for our own peace, the whole world will be at peace.

November 15

Today I woke up rested as never before. I slept super well and dawn came with a tint of pink that heralds a sunny day. After so many cloudy and rainy days, this is a breath of life.

I place Susan, my dear friend, in your hands. Fill her with love and healing. My intention for her is the following: She has a desire to live; she eats and is calm. Your will is done according to Your plans.

November 16

Thanks for the Intention Group. These six women send love and visualization for effective healing to those in need. It not only helps the recipients, but also those who send it.

November 17

I open my new journal with the word "Liberty" on the cover. I am struck by its deep meaning even though I know it refers to the English floral design with flowers on the cover. I start my morning pages. I reflect on liberty. I take the liberty of saying what needs to be said. I take the liberty to live, as I want to live, to love, to express my truth in the best possible way with clarity and compassion. I have the freedom to make each moment special, to enjoy the preciousness in my life, the beauty, the delicacy, the flowers, the colors, the subtle words and the synchronicities that facilitate my peace and joy.

Today I have the luxury of writing in the most beautiful journal I have ever owned. "Joy, joy!" my grandmother used to say. Not only the geranium has blossomed, but a multitude of blue and pink flowers on the cover of this new journal. Thanks to life and to my grandmother who still looks after me from up there.

November 18

Happy Birthday, Bueli of my life! How are you? Tell me something! I seem to hear her voice inside me, "Nothing will touch you; you are protected." My grandmother opens her arms and surrounds me in a sealed circle of love, which will always protect me until the day when, as an old woman, I decide to leave this world and be with her again. A sense of peace and security invades me. "You are so loved! I adored you as a little girl, I adored you when you were older, and I adore you as a mother and as an adult with precious children. I spoke to you during your troubles and illnesses, and saved you with love. You are not alone. Remember these words. We are all here taking care of you and safeguarding that joy, that impulse to live, that innocence, that passion for life and for others that you have.

Precious, how could you not hear me before? If only I could have told you much earlier. Now, I kiss you. I adore you. Let's celebrate my birthday! Here we are dancing and singing *sevillanas*. Your crazy uncle is making faces at me to make me laugh like he used to do. Be ready for the surprises that life brings you. Do you remember what I used to tell you when you were little and you were looking at your plate with the napkin on top of it? Pick up the napkin and there you will find your surprise!" I adore you, Bueli.

November 19

My dream today: I am with two friends. I tell them, "Look! We are all wearing the same red dress. What a coincidence! This is something!" We are standing together in a triangular shape.

There are three groups of three figures each tied together in a bundle. There's a taller figure in the center and two shorter ones on the side, maybe indigenous kids with a mother. I choose to relax and kind of sleep with each.

Reflecting on the dream, the first part is actually three parts of me in a perfect relationship with life as symbolized by the color red. Three is a magical number in the Kabala, and it could refer to the three archetypes of maiden, mother and wise elder. This could be indicative of the stages of life.

The image of the three groups could also allude to motherhood and children. The number nine is a powerful number and could have some reference to the mythology of the nine priestesses. There seems to be certain sacredness and an image of birth and rebirth. Maybe at this stage of my life I'm birthing love and compassion to others.

November 20

Thanks to life. Erwin's call brought my joy back. How did you know I was sad? How do angels know when to protect you? He is one. A comforting peace invades my being. That's what it feels like when a troubled relationship ends. You feel freedom to be yourself and to do your thing without losing inner peace due to emotional baggage.

On the first day of the year, as is the tradition in Unity, I chose a word to write on my white stone: Freedom. It is actually what I value the most. Relating to the other with love is a gift and freedom is another.

November 21

In the words of Saint Augustine "May we have the courage to change what we can change, accept what we cannot, and have the wisdom to know the difference."

November 22

Happy Thanksgiving! Let's take a minute to reflect on what we are thankful for. I'm thankful for each of you, Santi, Diego and Tommy. The happiest moments in my life were when you were born. Now that feeling is multiplied because of the especial women who are sharing their lives with you, so that makes it six sources of happiness!

Every act of creation, whatever it may be, when it's done with passion and love has the ripple effect of creating more passion, more love and more joy.

Thank you for being in my life!

November 23

We spent a day in peace and brotherhood. There was abundant music. We sang so much! We expressed our feelings and we were calm. The night did not end here as we went dancing with Caroline and Diego. I seem to hear my grandmother, when she said, "Isn't that what you wanted, precious?" I, eight years old then, picked up the napkin and discovered my favorite delicacy on the plate. "Yes, absolutely, Bueli!"

November 24

Thanks for this cold sunny day. It's not my favorite weather though. I like it a little warmer. It is beautiful however and, above all, I am alive today. "Everything happens for the best, although we may not realize it at the time," said Jill from Unity. Obviously, this new stage in total freedom can be a little lonely, a little sad. Nevertheless, now I have the peace of mind to start a new chapter. Such is life. Everything changes and we must accept it without holding on to something with all our strength. Being open and letting go of what is already gone produces not only relaxation and well-being, but also puts you in a receptive attitude for the next miracle.

November 25

Thank you for this warm morning in the middle of winter. There is always something good that appears unexpectedly in the middle of our sadness, disappointment, or dilemma. I am open to this touch of Grace. If we open ourselves to the mystery and the daily miracle, we will witness them.

November 26

Thank you for this morning peace after meditation. With my mind and heart open, I focus on stillness and inner silence. I accept what comes to my plate; I follow the flow of life.

Now, I have the canvas ready to paint; the page awaits me to pour myself onto it.

November 27

In my dream, I hear the words "Homelessness of the soul." Shall I ignore them? I know better. I got it! I let go of this situation that does not feed my spirit. Now, I have my energy back to start a new project, to plant a new garden full of flowers symbolically speaking. Now, I have the freedom to paint my life and write my own script.

November 28

Thanks for another day in this world. Today I am present; I am not trying to solve the past nor do I envision the future.

November 29

Yesterday I received the advice I needed from a friend and the wise affirmation of another with that peace generously granted between people who love and respect each other.

November 30

Sometimes, all it takes to accept someone or something we don't quite like is to change the way we interpret the situation. *The Course in Miracles* defines a miracle as a change in perspective. It's simple, but not easy.

December

"The privilege of a lifetime
Is to become
Who you truly are."

~ Carl Gustav Jung ~

December 1

This is my dream today: I bring a baby wrapped in a cloth to her mother. She opens the door and is surprised. She is in a circle of women who are helping her hold all the other babies. It's a light circle. They are all clumped together holding five other babies. She has this look of horror when I knock at the door and she sees me with another baby. She comes to the door and I realize she is an Indian lady. My baby is a dark Indian baby.

Reflecting on the dream, I realize there are so many new things I need to take care of. Now, it's the book. "Will I be able to nurture it?" "Definitely, with the help of all the mothers, which symbolize the collective unconscious." Many others have done it before me. I keep going. Thanks for the reassurance the dream brings to me.

December 2

I have another dream that makes me wonder. I am standing on a hillside when this small fairy-like girl lands somewhere below to my left. She looks like one of those flower stamps we used to collect inside a big book when we were children. She is wearing a little red cap and a sort of bell shaped dress. As she twirls around, I'm mesmerized by this appearance. All of a sudden, she jumps up to a higher level and she transforms into an attractive young woman. "What's this?" I ask her? She looks at me smiling and utters, "Just enjoy it!" She comes closer and I grab her hands and wonder what this is all about. I look into her eyes. She has transformed into a slightly older woman, kind of ethereal with white empty eyes. As I hold her hands lovingly, she whispers, "This is what kind people who are aligned with God can see. It's about connection."

Lilita Olano, Ed.D.

Reflecting on the dream, it could refer to the different stages in life and how the last one is more spiritual and informs of the kindness I need to be able to connect with my higher self and others.

December 3

My friend Alice asks me to write a book review for her. Here are some of my thoughts: In *The Power of Women*, Alice West argues that women who are courageous and creative "challenge" the pressure exerted on them to be perfect and dependent. I love her advice, "Be the queen of your own fate." "You have only life and it is your right to develop your own destiny." This book is a must read for women of all ages.

December 4

The power to choose creativity and freedom is ours. I'm thankful for your book, my dear friend.

December 5

There was an intriguing image in my dream today. I go pose against another lady figure dressed in black and dance with her in a perfect mirror image.

Reflecting on it, there's harmony and flow within my psyche.

December 6

In my dream I see a gorgeous tiger full of energy, strong and gentle. Such is the man I want in my life. He has a gentle interior strength. He shares my creativity, my optimism and my positive energy.

December 7

My dream goes like this: I'm about to give birth. I can see my tummy. I'm in a poor place. There are two black Hindu men. "Send them away!" I demand. "I can't give birth with them here." I try to soothe myself and hope that someone will stroke my heart and the top of the chest to facilitate the process. It's the next day and I still haven't delivered the baby.

Reflecting on the dream, there's a part of me that's trying to give birth to something new. There's some kind of shadow element that I'm trying to dismiss. I know that love and wisdom will aid me in the process. It could refer to this book, which is about to end. Also Tommy's birthday is coming up.

December 8

Happy day, Virgin Mary! Lying down while Lucia gave me Reiki, I experience a deep peace. My body is relaxed and my spirit is flying. Such a contrast with the stress I had been feeling these days during my stay in Buenos Aires. With my eyes closed and my breathing calm, I see her appear. It is an image of the Virgin with her head surrounded by tiny dots and white stars against a dark azure background. "Lucia, the Virgin!" I exclaim. "Yes, right." she responds calmly. I cry with emotion and in an instant the image disappears. I try to hold back my tears so I can keep my internal vision, but it's gone.

The session ends and Lucia explains to me that she always prays to Maria, our Lord and all the Angels before starting her Reiki and she knows that they are there, but she has never had such a vision. Still shocked, I say, "I don't know if I imagined it, but I wasn't consciously trying to see the virgin." "You are privileged!" she answers. "She loves you." This experience has stayed with me forever.

Lilita Olano, Ed.D.

A few years later, I went to Ephesus to see Maria's house where she is believed to have lived her last years. I made this trip after someone suggested strongly I should go. I remember that Ana Mari had told me two years before to go to Ephesus and I did not go because we had planned a trip to the Holy Land. Only after my visit, she told me the rest of the story. It turns out that someone who was doing energetic work on her and was also a clairvoyant had recommended, "Tell your friend to come see Maria to ask for healing. This has already happened with a lady from Turkey who has come to see her. Our Lord never denies Maria anything because he loves her deeply." I did so and today I am healthy. Praise be to God and Maria!

December 9

Dear Tomás,

It has been 32 years since you came into our lives. Actually, it's been 32 years and 9 months since you were conceived and I found out I was expecting you. I still see myself literally jumping for joy with such elation knowing that my wishes had been fulfilled.

With this state of inner bliss, you lived inside me... full of care, enthusiasm and prayers to Diosito so that you would be a healthy baby. During those 9 months, I kept doing everything I loved and brought me happiness. I kept working at St. Thomas More and studying at HBU with an energy and passion that brought me to the day of your birth almost without realizing that I was having contractions and you were ready to be born.

In your life as a baby, I continued with my life and you simply accompanied me. I had to study for a Linguistics class to finish my Masters and I did it while I was beastfeeding you. I wanted to go swimming and you came with me. You would wait for me in your seat and raise your little hand every time a lap ended. I worked at the Mark Twain and you came to my class where all my students adored you. When I was older, I came to Wimberley to the antique shops and you came with me as well. When I went to mass, you also came and prayed not only your part, but also the priest's.

My dear, how not to love someone who was next to me all the time, sharing my life! I gave you this joy and it is your gift now and forever, not only in moments where there are reasons to be happy, but even and above all, in those difficult and sad moments. Remember, Tomás, that you have it inside of you. You just have to close your eyes, look within, think of God, leave everything in his hands and smile.

Love you,
Mom

December 10

"Living in solitude, spare in diet, restored in body, speech and mind, anchored in dispassion. Having shed all sense of 'mine' and at peace with himself, he is fit to become one with God!" *The Bahgavad Gita*

December 11

"One shouldn't abandon the duty that has come to one unsought." *The Bahgavad Gita*

December 12

In my dream, I see this delicate feminine Wendy-like figure, all dressed in a pink ballerina dress. She's flying free and feeling inspired. Reflecting upon it, I'm letting this feminine part of me be free. She's the muse in me.

December 13

The two pigeons eat their sunflower seeds copiously. It's their favorite breakfast. They are so small and delicate, one, in reddish tones, the other, a common pigeon with beige and white plumage. The dignity of these birds is admirable; they are two little princes who admire the landscape when they stop eating momentarily while carefully chewing the seed.

Right now, as if they had heard a signal that I do not perceive, they fly to the tree nearby in search of shelter. The morning lesson: eat with intention, chew the food well and, after being satisfied, continue with my activity. Above all, do it with calm and dignity while you admire your surroundings. Two simple birds were my role models. Of course, now that I look at the floor, they have left it covered in seed husks that they have spat out not so elegantly! Nobody is perfect.

December 14

I'm so grateful for the people that surround me! Today, I woke up with a sore throat. I sent a message to Paula at the last moment, telling her that I needed lemons and garlic to make a mixture that would cure me. As she did not answer, I thought she must be working and had not been able to see the text. Suddenly, just when I'm finishing meditating, someone knocks on the door. It's her with my two lemons and garlic in the middle of today's icy weather. What an angel!

Yesterday in the intentions group, 7 of us gathered together with the intense desire to send peace to the world, as well as safety and abundance for those who need it and, especially, for those who do not need it, so that they have compassion for others and act accordingly. Being surrounded by good energy and people of high human caliber is a blessing. However, life presents us with the good, the bad and the ugly. Without going any further, the other day someone got very angry with me and I wondered how to react. I found the inner response that tells me softly "Let it go, do not focus on this energy, let it flow, since it does not belong to you". I decide, then, to send compassion to this person, so that he might act with benevolence towards others and me.

In a little while I'm going to the doctor because I do not feel well. I send healing to myself and I know I'll be healthy. However, as the wise Beatles say: "I'm going to try with a little help from my friends" An expert opinion helps even though it is true that we are the ones who can cure ourselves both physically and spiritually. I just came from the doctor who told me it was a virus and that I should just let it go through its process... Great! I'm healing myself once again!

DECEMBER 15

I think I have to let life follow its process. Good lesson from the virus. Just let things be and trust the process.

DECEMBER 16

I need patience in going through this. In Spanish it's *Paciencia, Paz Ciencia*, the science of peace. There's wisdom in experiencing peace in times of trouble.

DECEMBER 17

Thanks for another day! Today I feel a little better. It seems incredible how a simple virus to the throat can leave me so tired.

Lilita Olano, Ed.D.

On the one hand, I miss my busy days with activities and friends; on the other, it is the perfect opportunity to look within, to have time to be rather than to do. I realize that I love my life as it is, with moments of peace, writing, meditation and reflection. The other part is as important as this one. The human connection gratifies me, allows me to express my being and receive other beings that enrich my life.

The FedEx truck has just arrived. Civilization comes once again into my life. I'm almost ready to join the world. "Heal, heal, frog tail. If it doesn't heal today, it will heal tomorrow" "Thank you, Bueli for the message you used to give me when I was little and I didn't feel well. You would always give me a gentle massage on the affected part while you sang this little song." I wonder if it will be today or tomorrow.

December 18

The words in the Bahgavad Gita soothe my soul. "Fix your thoughts on me and you'll surmount all obstacles by my Grace."

December 19

I had an interesting dream. I see this perfectly plump baby sitting like a Buddha in a niche. I look at him and wonder, "What else can I want?" I look at his face. He has very clear eyes. I kiss him.

Reflecting on my dream, maybe there's this aspect of me that's sacred like a Buddha and it's ready to be birthed. I love this part, this project. It could be this book that's about to be finished.

December 20

Yesterday Diego told me that he and Caroline wanted to come see me right after their trip to Fort Davis. In the afternoon, he calls me to say that they are a little late. I tell him that actually, I have to be in my meditation group at 6:00 and that if they are going to be late, maybe they could come another day. Diego insists on coming and I'm happy. When they arrive, I notice that they are excited and they want to show me the photos of this trip that apparently has been very special. I say, "Look, let me make you a cup of tea and let's talk!" The photos don't matter because today I'm in a bit of a rush to go to my group. However, Diego, a worthy son of his Basque mother, insists. "Mom, look at this! When Caroline and I got to the top of this mountain, there was a tin box that had a notebook inside because everyone who accomplished this adventure signed their name here. ""Ah well!" I say, without paying special attention to the mentioned box. Diego adds, "enlarge the photo so you can see our names." When I do, the writing is clearly visible, "Diego and Caroline got engaged today!" It took me so by surprise that the only thing I managed to do was hug them, and we went out to the back porch where I started jumping with joy, looked up at the sky and cried with emotion!

Needless to say, I decided not to go to meditation, but to enjoy this moment with the two lovebirds.

December 21

Happy birthday, Tio Negro! Can you believe it? Diego is getting married. What joy! What perfect news for your birthday! May God bless them forever! They are both so spectacular.

December 22

I am still excited and crazy with joy about the wedding. When I call Santi and Tommy, they are fascinated as well. Tommy says to me, "Mom, now I'm feeling the pressure. I am the only one who is not married!"

December 23

I get home and there is a gift outside the door. I think it must be one of the packets from Amazon that Santi has bought for me. The box is somewhat deep, that's why I don't think they are the watercolors since it would be flatter. I decide to put it on the kitchen table. It says, "open soon," but I don't want to open it until Christmas. I look at it carefully and discover a message signed by a friend. What a surprise! I wasn't expecting a gift. I follow the directions written on the package; I open it and inside there are six pears that look like jewels. Besides, there are some chocolates in the shape of white triangles and a red box full of *alfajorcitos*. There are two matching chocolates on green glitter paper next to them. What joy! It's been so long since I received a gift!

December 24

Tonight is Christmas Eve and tomorrow is Christmas. Today we prepare to receive a miracle of life that is born in a manger with great humility surrounded by the simplicity of a stable with animals and blessed by heavenly Angels in a sacred mystery. If we could feel small like a baby and have humility in our hearts, the mystery of love, joy and hope could be born in us today as well. May the light and love of God be reborn in the depths of our being and in the midst of a convulsed world! I wish peace and love for all as the Angel announces to Mary "I bring you news of joy for your heart."

※○○※

December 25

Thank you for a Christmas Eve worthy of its name! *Nochebuena* in Spanish means a "good night" and it was indeed! All seated at the table with smiling faces and the spirits ready for a family celebration, the conversation flowed with recognition and mutual acceptance. Then, the unexpected and very moving gifts: a small silver frame with Diego's picture when he turned one, another one with a floral and color design a la Frieda Kahlo with Diego's and Caroline's picture radiating happiness, cards for everyone with a picture of me super young before I was their mom. How thoughtful! A Southwest design tunic too cute to be true and acrylic paints to experience my recently revived artistic endeavors, a book about the soul, my favorite topic together with a dream interpretation book that had a certain *déjà's vu*... Sarah received a spice rack, right up her alley to help in her art of cooking as the gods, brooches with the typical Argentinean flower design in alpaca for the three girls, two games for Santi, exactly what he loves to do, a head massage device that makes you feel you are walking on air for Tommy, along with a toiletries bag for his upcoming trips and the book of his favorite author for Diego. They were all thoughtfully considered with a close attention to detail meant to make each one feel very special and touched personally.

The music made by everyone culminated one of the best Christmas Eves of my life. There were two guitars, a ukulele and beautiful voices making harmonies. What more can one ask than the gathering of the family and the presence of love on the eve of the birth of Love among us? Merry Christmas and peace on Earth for everyone!

December 26

Thanks be to life, which has given me so much! Thank you, Mercedes Sosa for giving me the words to one of the songs that I love the most.

December 27

The grass is untidy. The torrential rain has soaked it and the wind sways the tall plants carelessly. Everything has grown and is abundant and wild. There is nothing neat in my garden. Could it be that my life has become a little wild? Why not?

December 28

Today is the Day of the Innocent Saints. Within me, there is this archetype without a doubt. Many times, I trust beyond the predictable and at the same time, I doubt what is clearly right in front of me. This is another of the human paradoxes. Our faith in what is not necessarily visible and obvious coexists with our lack of conviction in the face of a daily reality.

God's love is palpable and infinite at the same time. I have faith that there is something good coming, a miracle of love and peace. What do I doubt? I wonder if a worthwhile relationship will come. It is the human paradox. I accept it, since it is what gives us the wisdom to take the right path and leave what does not make us feel completely alive.

December 29

I'm congested and tired. Well, it's just a cold. I let it run its course, and it will surely pass in its own time. When I try to control it, I get frustrated and I think there is something wrong with me. Who said we should have perfect health? I try to keep a healthy diet with warm liquids. The best one, recommended by a friend, is an onion and garlic soup. I just have to wait a few more days and it will pass.

It's not easy to feel sick. On the one hand, I love to stay inside and be able to write and paint, and on the other, I have no energy to do anything. Well, all you can do is accept it. I observe the process and let my body heal. "Heal, heal, my little one. If you do not heal today, you will heal tomorrow" goes the childhood song. There is no one to sing it to me now, not my grandmother, or my mother.

Therefore, I sing it to myself. Actually, we have an inner mother and a wise grandmother within us. What Joy! I'm inviting both.

December 30

What a glorious day! The sun is shining; the clear sky is painted behind the hills. All the birds are eating wildly. I have my own real movie of goldfinches, robins, and pigeons with the background of a rainbow that goes from white, through yellow, to red and black. There are four having breakfast in the main feeder and two in the smaller one with special goldfinch seeds. The deer appear one by one… there are five today.

Breakfast at Tiffany's in Wimberley, Texas! It's just another day in paradise. I am open to the miracle and mystery of today. *I feel so much better from my cold.* This little trick of writing down what I want as if it already has happened works.

December 31

Happy anniversary Bueli Luis and Bueli Loli! Do you remember when you climbed on a chair and ate the twelve grapes for happiness in the next year? "Grapes and cheese taste like a kiss," you used to say, Bueli Loli.

On this last day of the year, I let go of everything that I think "should" have been one way or another. I realize that I did the best I could. In the words of Saint Francis, "Give me the wisdom to change what I can change, to accept what I cannot change, and to know the difference."

Reflexiones Matutinas
Creando Mi Vida Página a Página

Lilita Olano, Ed.D.

2nd Tier Publishing
Wimberley, Texas

PARA

Santi y Sarah
Diego y Caroline
Tomás y Becca

Y

Todos aquellos que quieran crear su vida
página a página

Introducción

Vivo mi vida como una escritora. Me despierto, me sirvo una taza de té y empiezo mi ritual sagrado de la mañana. Medito; luego anoto mis sueños y, a renglón seguido, me pongo a escribir mis páginas matutinas. Lo que pasa entonces es un proceso mágico. Me lavo el alma y la dejo verter sobre la página en blanco. Me escucho a mí misma; me enfrento a lo que me está pasando y en las palabras de Vargas Llosa: "exorcizo mis fantasmas" y limpio las telarañas de mi mente. Doy gracias por cualquier cosa y por todo, incluso si lo único que se me ocurre es dar gracias por respirar y estar viva. La lapicera escribe; yo recibo instrucciones. Inevitablemente se produce un proceso de alquimia. Transformo cualquier pensamiento y sentimiento que pueda parecer carbón en oro, y consigo algún tipo de resolución que me permita vivir mi día al máximo.

Finalmente, escribo mis intenciones para el día. Creo el tipo de día que quiero tener, no solo qué quiero que suceda, sino principalmente cómo quiero ser, por ejemplo: "Hoy soy generosa y tengo paz". Tengo la costumbre de volver a leer las intenciones que he creado el día anterior y las resalto, cuando me doy cuenta de que se han hecho realidad. Es por eso que quiero compartir con ustedes mis reflexiones íntimas de la mañana, para que cuando las lean quizá se inspiren a escribir las suyas.

Antes de empezar a leer estelibro y comenzar sus páginas, déjenme compartir algunas sugerencias que aprendí de Julia Cameron en su "El derecho a escribir". Ella argumenta que uno no necesita ser un escritor hecho y derecho para escribir, ya que hacerlo y expresarnos es nuestro derecho, tal como respirar. Es importante hacerlas por la mañana, dado que es un proceso similar a lavarse la cara o cepillarse los dientes. Si están pensando en hacerlas a la noche, vivirán su día sin haberse preparado. Dejen que la mano escriba abundantemente, sin censurarse. En realidad no hay que preocuparse por editarlas o escribirlas correctamente. Intenten seguir, incluso cuando piensen que no tienen nada más que decir. Es como pelar una cebolla. Cuanto más la pelan, aparecen más capas y, por lo general, llegarán al núcleo de lo que necesitan decir si se atreven a seguir este último consejo. Los escritores suelen decir que reciben un dictado del cielo. Se sorprenderán al ver lo que han escrito, y se preguntarán si fueron ustedes mismos los que lo escribieron.

Es simple. Se necesita el compromiso de hacer las páginas todos los días pase lo que pase. ¿Están dispuestos a hacerlas? Si han respondido que sí, deben ser fieles a su palabra. En cuanto a las mías, me han sucedido pequeños milagros. Durante bastantes años escribí: "Vivo en la cima de una montaña y escribo". Ahora mismo estoy sentada en la cima de una colina, en mi casa de Wimberley, mientras escribo este libro. Es mi ferviente deseo y humilde esperanza que también ustedes puedan crear su vida página a página.

¡Feliz escritura y feliz vida!

Enero

"Dime, ¿qué planeas hacer
con tu única vida
salvaje y preciosa?"

~ Mary Oliver ~

1 DE ENERO, 2018

¡Bienvenido Año Nuevo! Te recibo como si fuera un bebé que comienza hoy su vida en este mundo. No tengo expectativas, no sé qué vendrá. Solo sé que estoy rodeada de amor, y eso es suficiente para darme el impulso vital para crecer, jugar y dar alegría a los demás. Tengo un lienzo en blanco y vacío para crear mi experiencia en esta nueva etapa. Comienzo a crear con mi palabra...

Soy amada. Los que me rodean lo expresan como lo hacían mis padres y mis abuelos de recién nacida.

Comienzo a entender el idioma de los que me inundan de palabras. Entiendo a los demás, los acepto y estoy agradecida por cómo me consideran a diario.

Todo me asombra con una sensación de novedad y de descubrimiento.

Me expreso con palabras claras y compasivas.

Escribo con delicadeza y dedicación. Completo mi libro Reflexiones al Amanecer: Creando mi vida página a página.

Soy amiga fiel y abierta.

Sirvo al prójimo, en especial a los desprotegidos, a aquellos que no tienen voz en esta sociedad, a los que sufren y a los que están solos.

Doy amor y lo recibo con creces. Tengo una relación basada en el amor, el respeto y la comunión del alma y el cuerpo.

¡Feliz primer día de vida, Lilita!

2 DE ENERO

Gracias por estar hoy en el segundo día del año. Empecé a escribir ayer y hoy sigo. Solo basta empezar algo para que una puerta interna se abra. El acto inicial de abrirla es intencional. La apertura total es casi natural y espontánea. Del mismo modo, cuando cambiamos de manera de ver algo, una nueva perspectiva es casi inevitable.

Hoy intento abrir una parte mía que me gustaría cambiar o expandir. ¿Cuál será?

3 DE ENERO

Me despierto, miro hacia afuera de la ventana de mi dormitorio y un incesante revolotear me asombra. Me acerco y veo el pasto sembrado de unos pájaros de tamaño considerable, con plumaje oscuro y pecho naranja. Voy al cuarto de atrás, donde la vista es panorámica, y hay tantos que me quedo boquiabierta. Me aproximo al ventanal y remontan vuelo, cien pájaros despegando en bandada mientras otros cientos vuelan al ras del campo y en lo alto del cielo.

Mi intención de vivir cada día como lo hace un niño, en constante descubrimiento y asombro, se ha puesto en evidencia. Ahora llueve copiosamente. ¿Adónde estarán los pájaros? Espero que estén protegidos de la tormenta. Descubro este nuevo día, mientras me deleito de este lado de la ventana sin que me afecte el tiempo inclemente. ¡Que sepamos vivir el misterio diario sintiéndonos en paz y seguros en nuestro refugio interior!

4 DE ENERO

Hay un tiempo para hacer duelo y un tiempo para estar vivo. Hace dos años de la muerte de Cavit, mi compañero de casi nueve años. Este tiempo fue un período donde el procesar su partida tuvo cara de dolor, nostalgia y, a la vez, de valorización de lo que significó en mi vida: generosidad, amor incondicional, protección y delicada consideración. Todo esto me hace sentir gratitud, amor y apertura.

Ahora ha llegado el tiempo de dejar entrar la luz en mi corazón y en mi alma, de airear la casa y abandonarme a la vida que late dentro de mí y a mi alrededor. Es hora de bailar, de cantar y de amar nuevamente. Así me transformo, pasando del duelo al baile.

¿En qué área de tu vida podrías transformarte? Hay un tiempo para todo, un tiempo para estar presente al dolor y otro para permitirnos la libertad de ser felices, y ¿por que no?, ¡para bailar!

5 DE ENERO

Paz en la Tierra. Ésta es la paz que siento en mi interior. Encuentro la quietud interna, el silencio de palabras, la apertura de mi mente y de mi corazón. Soy consciente de este estado. Me relajo y descanso aquí. Éste es mi refugio interior. Estoy conmigo misma y con Dios. Ahora puedo estar con los demás de la misma manera.

¡Empieza tu día con este silencio sagrado y luego irradia tu luz a todos!

6 DE ENERO

Hoy es el día de Epifania. Los reyes siguieron la estrella que les iluminaba el camino hacia el lugar del nacimiento de Jesús.

Lilita Olano, Ed.D.

¿Seguiré yo el camino iluminado por la luz divina que me lleva al nacimiento de Dios en mí?

La Epifanía de los reyes fue darse cuenta de que habían encontrado a Jesús. La mía es despertar a Cristo en mí, a lo divino en mí. Esto me da la fuerza para dejar nacer aquello que se está gestando en mi interior y está listo para ser expresado.

Para mí es la sensación de estar libre para amar, libre para crear. En definitiva, libre para cantar esa canción que, de acuerdo a los nativo americanos, se nos ha dado en el momento de nuestra concepción y que debe ser expresada y compartida con este mundo. La canto; el mundo escucha.

7 DE ENERO

Me siento a escribir, alzo la mirada y la montaña me sonríe. El sol brilla luego de tanto gris y tanta nube. La luz ilumina las copas de los cedros pintándolos con diferentes matices de verde. Las sombras en la ladera resaltan la textura de todo lo tocado por los rayos. La luz ilumina el piso claro del balcón y la sombra de la baranda de la escalera se proyecta perfectamente nítida.

Siento el sol dentro de mí; me toca el corazón con un impulso que lo abre, y surge un atisbo de esperanza ante este día frío pero soleado. Me pregunto si mi alma no será como mi paisaje. Yo creo que se mimetiza con el exterior: siente que brilla y, a la vez, ve claramente aquello que es mi sombra. ¿Será así como se logra estar presente en este momento? Sucede cuando, desde la paz en mi mente y en mi corazón, me permito ser luz y sombra. Me acepto con la expansión generosa y la reserva opaca. Es gracias al contraste que resalta el brillo. Así somos, así soy.

8 DE ENERO

Hoy escribo tarde. Ya es de noche. Hay una calma total y una oscuridad completa. Estoy del otro lado del día. Me encanta esta hora. El fin del día lo tengo reservado para el relax, la salida con amigas, la cena riquísima, la música, a veces el baile, en fin, el entretenimiento. No escribo ni hago ningún tipo de trabajo a la hora de cenar.

La verdad, es que, mirándolo bien, suena de maravillas. En mi vida, ¿adónde estoy? Ciertamente, no en la alborada y tampoco al fin. Objetivamente estoy en el atardecer, cuando hay todavía mucho tiempo para relajarse, entretenerse y divertirse. Con razón me gusta tanto esta etapa. No sé si es la mejor, aunque me atrevería a afirmarlo, pero es la que me toca vivir. ¡Cómo la agradezco y cómo la disfruto!

9 DE ENERO

Las vibraciones de los cuencos cantantes penetraron mi piel, mis huesos, hasta mis células. Los sonidos curativos equilibraron mis chacras. Me recliné en una silla de gravedad cero, me cubrí con una manta blanca de oveja, me cubrí los ojos con una pequeña toalla encima y entré en un espacio donde me fui a una galaxia propia.

El instructor anunciaba cuidadosamente cada chacra con su color específico. Los sonidos vibraron a través de mi cuerpo, mi mente y mi espíritu. Me envolvió una profunda sensación de paz, calma y calidez. Mi respiración era fácil y más profunda de lo habitual. Sentí calor por todas partes, algo extremadamente raro para mí, ya que soy por naturaleza friolenta.

Lilita Olano, Ed.D.

La campanilla final del último cuenco anunció el final. Nos dijeron que abriéramos lentamente los ojos y que nos hiciéramos gradualmente conscientes de la habitación. Nuestro transbordador espacial había aterrizado. Mi primer viaje a Marte había terminado. Ahora, de vuelta a la Tierra con gravedad y luz; y, además, con el cuerpo y el espíritu renovados.

10 DE ENERO

Los pichoncitos comen copiosamente sus semillas de girasol. ¡Son tan diminutos y delicados! La dignidad de estos pajaritos es admirable. Se comportan como pequeños príncipes, admirando el paisaje mientras mastican cuidadosamente su semilla. Al unísono, como si hubieran escuchado algo de lo que yo no me percato, miran al árbol de atrás en busca de refugio.

La lección matutina: comer con intención, masticar bien el alimento y luego de estar satisfechos, seguir con nuestra actividad. Además, debemos acordarnos de hacerlo con calma y reposo mientras observamos nuestro entorno. Dos simples pajaritos me han dado semejante enseñanza. Claro que, ahora que miro el piso, lo han dejado cubierto de cascaritas de semillas que han escupido no tan elegantemente. En fin... ¡Nadie es perfecto!

11 DE ENERO

¡Alegría, alegría! decía mi abuela querida cuando volcábamos el vino sin querer. Mi hermana Gracy y yo, angustiadas y avergonzadas por haber cometido semejante torpeza, mirábamos la mancha sobre el mantel impecable de Bueli Loli. Sin embargo, el instante incómodo se transformaba, en un abrir y cerrar de ojos, en una ocasión de festejo cuando mi abuela mojaba sus dedos en el vino y con una sonrisa contagiosa festejaba mientras nos bendecía sobre la frente gritando: "¡Alegría, alegría!"

Ayer, la angustia y la ansiedad al esperar los resultados de los estudios en el M.D.Anderson se transformaron, en un instante, en total gozo cuando el médico pronunció las tan esperadas palabras salvadoras: "¡Todo está muy bien! ¡No hay absolutamente nada!"

Hoy me levanto y comienzo mi día con esta confianza y fe en que los rezos son escuchados, en especial cuando dos o más rezan juntos.

Gracias a todos los que lo estaban haciendo por mí, en especial a mis dos ángeles que me acompañaron y a los cuatro que lo estaban haciendo a la distancia. ¡Gracias chicos míos!

Hoy vivo con la fe de estar vinculada con esa fuerza interior que proviene de Dios. Hoy me recuerdo a mí misma que puedo transformar las situaciones no gratas con la actitud interior de decirme "¡alegría, alegría!" no solo a mí misma sino también a los demás.

12 DE ENERO

El Bhagavad Gita nos enseña a renunciar al fruto de nuestras acciones, a no estar apegados a un determinado resultado. De esta manera nos libera de nuestras expectativas, así como también del perfeccionismo, que requiere algo especifico y excelente.

Lo importante es el proceso, el hacer lo que hagamos con la intención de ayudarnos y ayudar, con la claridad de la verdad interior, la compasión hacia nosotros mismos y hacia los demás. Siendo así, dándonos sin reservas con la intención de servir, todo es posible. Ninguna buena acción se pierde, sino que perdura, crea surcos, crea risas y sonrisas en el alma. La manera en que nuestras acciones son recibidas depende de la naturaleza humana del receptor. No será, necesariamente, producto exclusivo de nuestra participación, sino de la apertura y la disponibilidad del otro.

Es por eso que el resultado no es importante para medir el éxito de nuestras obras. Es verdad que esto lo necesitamos para contentar a nuestro ego. Por lo tanto dejamos el éxito, o su ausencia, de lado y nos enfocamos en la acción que nace de nuestra intención.

13 DE ENERO

Te entrego este día. Es todo tuyo. Tú vives en mí. La presencia divina en mí crea y ama. Estoy abierta a milagros. Dejo ir cualquier limitación interna. Me abro a la luz, a los pájaros volando en el cielo con un diseño maravilloso, al viento, al calorcito y la paz. Me siento y disfruto. En total alegría, existo.

14 DE ENERO

Grandes, amenazantes y abultadas nubes oscuras cuelgan sobre mi cielo hoy. Me calman. Hay quietud, un espacio preñado de algo inminente, una expectativa de lluvia, una incertidumbre, una ligera esperanza de nieve. Así es mi vida en este momento.

Acabo de terminar mi meditación matutina. Entré en mi quietud interior, en el silencio de mi habla y en la apertura de mi mente y de mi corazón. Hoy puede pasar cualquier cosa. No sé qué riqueza de relaciones voy a encontrar en mis actividades diarias. Iré a yoga, al paseo por el bosque y al coro. Esta quietud le da a mi corazón una sensación de alegría y de gratitud. Un pequeño pájaro voló desde el árbol cercano hacia la colina del otro lado. Vuelo hacia mi día con la misma rapidez y fe.

15 DE ENERO

Mi hijo me acaba de llamar. Su calefacción no funciona. Hace mucho frío en su pequeña casa. "Te doy mis tribulaciones" dice mi lectura del Baghavat Vita hoy. "Las resuelves, sabes lo que necesito", reflexiono. Tú me das lo que necesito siempre. En el momento de mi pedido, ya ha sido otorgado. "Que Tommy esté calentito", es mi oración. Tengo fe. ¡Amén!

PD. Acabo de llamarlo. Dijo inmediatamente después de levantar el teléfono: "Dormí bien. Fue perfecto. ¡Estamos bien!"

16 DE ENERO

Camino hacia el arroyo al pie de la colina por un sendero estrecho que baja desde la casa. Llego hasta el agua que fluye con ganas luego de tanta lluvia. Escucho el caer poderoso de una pequeña cascada. Me acerco, me siento al sol sobre una roca y la contemplo. Me lleno de este mundo perfecto.

Luego de unos minutos me levanto para seguir mi camino de vuelta al otro lado del arroyo. Es uno de mis tramos favoritos. El agua a mi derecha, y delante de mí, el camino estrecho orlado por la vegetación y las copas de los árboles que forman un marco perfecto. En un instante aparecen a la distancia, majestuosos, dos pavos salvajes. Mi corazón se detiene, mi boca se abre en un asombro magnético. Me siento testigo de una magia especial. No se dan cuenta de que un caminante se infiltra en este lugar místico. Uno de ellos abre sus alas con una elegancia natural, y yo camino sigilosamente hacia el arroyo. Al cabo de unos pocos pasos me doy cuenta de que debo respirar, aunque me cuide de no hacer ningún ruido que los pueda alejar. No doy más que tres pasos cuando se van uno a uno, cruzando el arroyo. Ahora ya saben que hay alguien cerca.

Lilita Olano, Ed.D.

Gracias por este breve milagro en mi caminata matutina. Estoy abierta a otro mañana.

17 DE ENERO

A menudo estamos en la presencia de ángeles sin darnos cuenta. Me encanta la expectativa que trae un nuevo día, lo desconocido de su desarrollo. ¿Nos aventuramos en él o permanecemos dentro de nuestra red de seguridad y hacemos las mismas cosas familiares? ¿Nos mantenemos dentro del círculo de amigos o nos conectamos con personas que no conocemos?

Tengo la intención de expandir mi corazón y mi mente, de conocer personas nuevas o profundizar en mis relaciones existentes y encontrar nuevas posibilidades. Con tal actitud, nunca sé qué misterio y qué alegría me traerá el día. Muy a menudo me encuentro con buenas personas que actúan como mis ángeles y guías, pero no estoy al tanto.

Hoy sintonizo mi frecuencia. ¡Que venga la música! ¡Ojalá que sea samba!

18 DE ENERO

Siento un malestar en el estómago; me contracturo. ¿Cómo vivir sin ese temor inminente de "no hacerlo bien"? Cuando presto atención a los resultados, experimento una punzada familiar de ansiedad, "tal vez no va a salir del todo bien".

Hoy decido relajarme, salir del medio y dejar que el Espíritu Santo actúe. Otro día caminando con Dios, ¿o debo decir deslizándome? Estoy conectada a la tierra pero, al mismo tiempo, estoy conectada con la Luz y el Amor divinos.

19 DE ENERO

La forma ideal de viajar es traer poco equipaje. Lista para explorar, quiero estar libre de todo lo que haga que mi caminata sea más difícil. No necesito mochilas pesadas.

Suelto mis cargas y se las doy a Dios. Me siento libre de vivir la vida como una aventurera, explorando nuevos lugares, nuevas personas y nuevas situaciones. Durante mi viaje puede que no tenga las mejores condiciones climáticas, pero aun así estaré en paz conmigo misma. Cuando me enfrente a la adversidad, entraré dentro de mí y descubriré cómo manejar cada momento. Por lo general, cuando dejo de querer controlar los resultados, todo se soluciona. Se requiere fe. Estoy lista.

20 DE ENERO

Para poder crear paz, es necesario tener paz interior. La meditación, la conexión con Dios y el propósito claro de servir al prójimo me traen paz.

Ahora bien, de aquí a la acción en el mundo hay un trecho. Elijo crear y expresar condiciones de equidad para que todos tengamos paz. Elijo ser la voz de aquellos que no la tienen en esta sociedad: los niños, los ancianos y los inmigrantes, que no siempre gozan de los mismos privilegios que nosotros. En mi fuero interno siento que es en el servicio al otro donde forjamos la paz real.

21 DE ENERO

En esta época de mi vida siento que tener menos cosas significa tener más espacio físico, psicológico y espiritual. No necesito tanto como podría haber necesitado antes. Mi vida es simple. Dejo ir cualquier cosa que sea extra y que ya no sirve para nada.

Menos es más cuando mi mente está clara y vacía. La forma de llegar aquí es a través de la meditación. Es un ejercicio constante, una actitud de simplificación de los sentimientos y los problemas.

Menos es más cuando mi brújula es mi conexión con Dios y con mi ser interior. Solo después puedo extenderme a los demás.

Hoy vivo simplemente con menos desorden y más amor.

22 DE ENERO

Esta mañana el aire se siente limpio y energético. Los pájaros comen en un comedero cercano. Mis ciervos me saludaron con esa mirada severa que, en voz baja pero firme, dice: "¡Aliméntanos! ¡Estamos listos!". Esta mañana no tengo comida para darles. Está en el baúl del auto y es demasiado pesada para que pueda bajarla por mi cuenta. Tendrán que esperar. Me siento bastante mal y recuerdo que tengo un poco de lechuga en la heladera. Se las pongo afuera.

Vienen, la miran, la huelen y la ignoran por completo. Saben lo que quieren y no es esto. Me da lástima. Me siento impotente. Uno de ellos se detiene, la prueba, sigue comiéndola y solo levanta la cabeza momentáneamente para mirarme mientras mastica. "¡Te felicito! ¡Has probado algo nuevo! ¿Ves? Valió la pena, ya que fuiste el único que se alimentó".

Hoy estoy abierta a probar cosas nuevas, tal vez aquellas que normalmente no me atraen o aquellas que parecen estar fuera de mi ámbito de interés. Quién sabe ... tal vez me gusten y se conviertan en alimento para mi alma.

23 DE ENERO

¡Fe! Si los pajaritos del campo tienen siempre qué comer y lo necesario para vivir sin preocuparse, ¿por qué no yo también? Ayer me preocupé porque una amiga que iba a venir conmigo a ver un espectáculo de tango, a último momento no pudo venir. Traté de contactar a unas cuantas, pero sin respuesta alguna. Pensé en mi interior: "Señor, Tú te ocupas de esto. Te lo dejo en tus manos." A la mañana siguiente una amiga me llama y me dice:"Tengo la persona perfecta para que vaya con vos al espectáculo hoy. Yo le regalo mi boleto." Así sucedió y me podría haber evitado la ansiedad y el frenesí por los que pasé.

Fe es la certeza de cosas no vistas. Hoy vivo como los pajaritos y los lirios del campo. No estoy obsesionada con el resultado de mis acciones. Hay alguien más haciéndolo por mi. Dejo mis ansiedades. Confío.

24 DE ENERO

Ayer presencié el espectáculo "Tango Fuego". Esta aún vivo en mi mente. Los bailarines fluyen, se juntan en abrazos sutiles, se separan, dan saltos en el aire, se mueven tan poderosamente como una llama. Líneas curvas, delicadeza de gestos, de manos apoyadas con seducción femenina, figuras erguidas, seguras, majestuosas, convergen en una magia de dulzura y de fuerza.

Hoy vivo un día con fuego, con total entrega a lo que me toca, con dulzura, intimidad, con expresión sin tapujos del fuero interno, de la pasión que me habita dentro. Hoy la mantengo encendida.

Lilita Olano, Ed.D.

25 DE ENERO

Hoy necesito una curación. Me desperté resfriada y con dolor de garganta. Mi cuerpo se siente cansado y débil. ¿Me estaré por enfermar? Tengo una reunión con el grupo de escritura en casa. ¿Qué hacer?

Sanador, ¡cúrate a ti mismo! Tengo lo que necesito para sanar dentro de mí. Mientras estoy sentada cómodamente mirando a los pájaros afuera, este pequeño pinzón dorado se acerca cada vez más. Salta al alféizar de la ventana y me mira. Vuela hacia la puerta de cristal y golpea amablemente, como si quisiera llamar mi atención, un comportamiento muy inusual para un pájaro.

¿Qué hay en mi vida que está tratando de llamar mi atención con tanta insistencia? Recuerdo a mi abuela que, cuando estábamos enfermos, nos daba palmaditas muy suavemente diciendo: 'Sana, sana, colita de rana. Si no sana hoy, sanará mañana." Hoy me doy unas palmaditas con el mismo amor y me calmo. Pienso "esperanza, tranquilidad y fe para hoy". La curación llama a mi puerta.

26 DE ENERO

Estoy en paz. Tengo la capacidad de curarme; Cristo en mí me cura. "¿Estás lista para dejarte curar?", pregunta una voz interior. "Sí, lo estoy", respondo. "Entonces ve, ponte de pie, estás curada."

Ésta es la fe puesta en práctica. Me permito terminar mi escritura y darme una ducha caliente. Iré al consultorio del médico. Estoy en paz. Seguramente, voy a estar bien. Un poco de ayuda de mis amigos siempre viene bien, como decían los sabios Beatles.

27 DE ENERO

¡Gracias a la vida! Por suerte, no es nada lo de mi resfrío. ¡Gracias a Dios, no es gripe! Todavía estoy un poco cansada, pero es lógico. Continúo paso a paso. Hoy me siento un poco mejor que ayer, y mañana, casi perfecta. En realidad, en mi mente ya creo que estoy muy bien.

Primero el pensamiento, luego viene lo demás. "La Palabra se hizo carne" Dios creó con la Palabra. Dios pensó, dijo y creó. Parece increíble, pero como todos tenemos una chispa divina dentro de nosotros, podemos también crear nuestras vidas con nuestros pensamientos. Son las pinceladas que, sobre una tela banca, se transforman en una imagen que transmite vida.

¿Qué creo hoy? ...Salud, un corazón abierto y paz

28 DE ENERO

En mi sueño de anoche trato de tomar un tren. Me aseguro de tener todo lo que necesito antes del viaje: un vaso de agua y dinero en efectivo. Trato de estar totalmente preparada, y quizás haya sido todo en vano. Una amiga me llama desde el otro lado del túnel para que me apure: "¡Lilita! ¡Lilita!" Estoy corriendo tan rápido como puedo, pero me doy cuenta de que estoy corriendo en el mismo lugar. Siento una total angustia al ver que puedo perder el tren.

Al analizar mis sueños me fijo en las diferentes partes de mí misma que proyecto en esta película interior. Entonces, ¿qué es lo que temo no lograr en esta parte de mi viaje? Lo que sea que esté haciendo para esforzarme por lograrlo, no me está ayudando. Entonces... ¿qué pasaría si, en lugar de esforzarme tanto preparándome para

Lilita Olano, Ed.D.

la siguiente etapa, tomo el tren a mi propio ritmo ? Seguramente habrá otros después de éste.

Hoy tengo la intención de vivir sin tantas elucubraciones y tomar las cosas con calma. Creo el disfrutar de las pequeñas cosas y el hacerlas con facilidad.

29 DE ENERO

Hoy es día de ñoquis para los argentinos; día de hacer un acto pequeño que da esperanza: poner un peso abajo del plato de ñoquis. Leyenda, tradición, riqueza cultural de nuestros antepasados italianos... "Tonterías...", pienso. ¿A quién se le habrá ocurrido? La explicación racional es que al guardar un peso a fin del mes, me aseguro de tenerlo al comienzo del nuevo.

¿Qué es lo que quiero en este momento para vivir con esperanza el próximo?

Quiero mantener la paz, siendo responsable de mi mente y de mi alma. Medito y suelto lo que ya no me sirve.

Quiero mantener el estar contenta con lo que tengo ahora, satisfecha de lo que soy y de la vida como se presenta en este momento. Tengo mucho para agradecer: mi lugar de ensueño, mis hijos, mis amigas. Independientemente de cómo se muestre el ahora, quiero mantener la aceptación de lo que suceda.

Quiero mantener la alegría, ésa que existe con motivo y me permite disfrutar de todo o aquella que existe sin motivo en medio de una circunstancia adversa.

Quiero mantener el Amor, ése con mayúscula que se extiende a Dios, a toda persona y a mí misma, ese Amor incondicional que da el beneficio de la duda, que confía en el otro y en la vida, y que irradia suficiente luz para mantener calentita el alma ajena.

Quiero mantener la amistad, porque es gracias a ella que me conozco a mí misma, que expreso mi fuero íntimo y que me doy al otro.

Así, con toda esta riqueza, sé que el próximo momento será, de alguna manera, como el que vivo hoy, nada más y nada menos.

Hoy pongo un dólar abajo del plato, por si las moscas.

30 DE ENERO

Gracias a la vida por este momento, por esta paz que he sabido conseguir. El cielo está tan perfectamente azul, el aire frío, el sol calentito, las colinas llenas de cedros de diferentes tonalidades de verdes. La única distracción: dos torcacitas volando a un árbol cercano. Todo está tan calmo, tan claro, tan silencioso. Ésta es la naturaleza cumpliendo su ciclo a la perfección.

Quizá para hacerlo yo también, pueda entrar en esta calma, mantener mi mente clara y permanecer en silencio. Quizá, pueda simplemente ser fiel a mí misma y cantar esa canción que, según los nativo americanos, nos fue dada en el momento de nuestra concepción. Si no la cantamos, si no expresamos nuestra pasión, cualquiera que sea, permanecemos apagados, incompletos.

Hoy la canto y vuelo libre como los pajaritos que me mostraron su camino.

Paz, claridad, libertad, expresión.

31 DE ENERO

Hoy, conmoción antes de mis páginas matutinas. Alguien necesitaba ayuda en mi grupo de voluntarios. Haciendo un esfuerzo supremo, decido llamar inmediatamente y postergar mi rutina sagrada de escribir a primera hora. Para mi total asombro, la persona que necesitaba ayuda no podía hablar en ese momento. Me ofrezco a llamarla en un ratito, cuando recibo un mensaje diciendo que alguien más se ocuparía de ella.

Al entregarme por completo a esta situación, todo se solucionó de la mejor manera sin ni siquiera requerir de mi participación. Al aceptar lo que la vida me lanza, me guste o no, , sea conveniente o no, desaparece la carga que pienso que iba a implicar. Lo que se resiste, persiste. Lo que se acepta totalmente, se resuelve de alguna manera con la ayudita que nos viene de arriba. Se abren posibilidades diversas de solucionar un problema. Cuando estamos ocupados en ignorarlo, no las vemos.

Febrero

"Tus visiones se aclararán
solo cuando puedas mirar
dentro de tu propio corazón.
Quien mira afuera, sueña;
quien mira adentro, se despierta"

~ Carl Jung ~

1 DE FEBRERO

Gracias por la gracia. Gracias por la vida. ¡Gracias! ¡Gracias! ¡Gracias! Tres veces gracias...El número tres está asociado con la alquimia, la transmutación de la materia. Así como el carbón cuando se calienta a altas temperaturas llega a transformarse en diamante, así la vida nos va transformando al pasar por sufrimientos, enfermedades y circunstancias adversas, hasta que se nos pela la coraza externa y comienza a mostrase nuestro interior. Se transluce el corazón hasta el alma. Es así como brillamos con calidez, con pasión, con ideales, con fuerza y con amor.

Hoy dejo caer mi capa de consideraciones, temores y dudas. Permito que brille mi ser íntimo, aquel que está conectado con Dios.

2 DE FEBRERO

Hoy hace dos años de mi cirugía. ¡Qué sorpresa, qué shock! Entré a la emergencia pensando que era un simple dolor de estómago y que me iría enseguida. Sin embargo, había una obstrucción. "Debemos operar", me dijeron claramente. "¡No!" susurré para mis adentros. El segundo "¡no!" en dos meses. El primero, la muerte de Cavit, el primero de enero. El resto ya es historia: mi recuperación y mi firme decisión de irme a Wimberley. ¿Por qué tan firme? Un deseo interior profundo me dio la fuerza necesaria. Vivir en la naturaleza, rodeada de colinas verdes era lo que habia visualizado por años. Porque creo en el poder de la escritura, había escrito"Vivo arriba de una montaña" infinidad de veces. Incluso habia incluido dibujos. Claro que para muchoséstas son colinas, pero para mí califican perfectamente de montañas, y si no me creen, deben venir y juzgar por ustedes mismos.

Lilita Olano, Ed.D.

Ante la posibilidad de cumplir este sueño, no había nada que pudiera impedirlo. La muerte de Cavit parecía darme un argumento más para irme de Houston. Otro lugar me estaba esperando. La única pena eran mis amigas adoradas. Son contadas las ocasiones en que he sentido una convicción y una determinación totales.

El segundo día del segundo mes...El número dos simboliza transición en la psicología jungiana. Era de Dios que cambiara, que comenzara un nuevo capítulo en mi vida. A veces es necesario dejar todo lo que fue y comenzar de nuevo.

Gracias por la claridad y la convicción. Un poco de sangre vasca... Hoy vivo con ambas para lo que me traiga este día.

3 DE FEBRERO

Otro día de sorpresas, de aventuras. Nunca se sabe que pasará con nuestro día antes de vivirlo. Hoy vienen los chicos; ya eso es un motivo de alegría total. Pero mezclado entre los acontecimientos del día, está latente aquello que no conozco, lo inesperado, lo milagroso de alguna manera. ¿Cómo lo sé? Bueno, sin ir más lejos, cuando le di de comer a los ciervos tempranito, no tiré la comida con suficiente fuerza como para que cayera toda en el pasto, sino que una parte quedó sobre los escalones que bajan al jardín.

Me senté a meditar mirándolos mientras desayunaban y, al final, cuando no quedaba nada más en el pasto, uno de ellos, el más atrevido y confianzudo, subió un escalón y me lo limpió. Levantó su cabecita, como para asegurarse de que no habia nadie, y mi corazón se paró cuando subió a tientas un escalón más y otro más aún. Su cuerpo se irguió y lo tenia más cerca que nunca. El no podía verme en el interior de la casa, del otro lado del ventanal. Esto no había pasado jamás hasta ahora. Si así comenzó la mañana, ¿qué pasará durante el resto del día?

4 DE FEBRERO

Ayer en la meditación visualicé estar libre de temor. Hoy me doy cuenta de que algo cambió. Quizá no perdí el temor por completo, pero sí un poco. En este momento puedo enfocarme en que todavía no lo he logrado o en el triunfo parcial obtenido. ¿Cómo haría con un niño que trata de hacer algo por primera vez, como escribir sus primeras letras? En este momento me acuerdo de mami diciéndome: "¡No, así no! ¡Hacélo de vuelta!", cuando algo no me salía como era debido. No recuerdo haber tenido un apoyo positivo. Quizás esta estrictez de mi madre haya hecho que hiciera mis letras perfectas, pero con tensión.

Ahora no tengo a nadie que me diga nada. Me tengo a mí misma. ¿Qué tipo de mensaje me daré a mí misma? ¿Será calmo y paciente o estricto? La elección es fácil. Me trato con total gentileza. "La caridad bien entendida empieza por casa", decía mi abuela. La compasión bien entendida debe comenzar por nosotros mismos. También solía decir: "Todo llega, todo llega", con la certeza de la sabiduría de aquel que ha vivido mucho tiempo. Entonces sigo con calma. Todo llega.

5 DE FEBRERO

"Lo bueno, si breve, dos veces bueno" Hoy no escribí a la mañana. Estoy tan acostumbrada a seguir mi rutina de escribir mis páginas matutinas a la mañana que me resulta raro hacerlo a otra hora del día. ¿Seremos tan completamente animales de costumbres? El

Lilita Olano, Ed.D.

ritual es importante; nos da una cierta disciplina que nos garantiza completar estas actividades. ¿Qué pasa cuando la rutina se altera? ¿Puedo seguir adelante sin sentirme desorientada? En mi caso, puedo seguir, pero me da pena haber perdido la posibilidad de hacer algo que me sirve como compás para el día. ¿Puedo hacerlo a destiempo? Si, pero me cuesta más.

Hay una lección acá: darme tiempo para hacer lo que es realmente importante y ser flexible como para cambiar la rutina de acuerdo a las prioridades. ¿Ser o no ser? "Ser y no ser" es la respuesta más adecuada.

6 DE FEBRERO

Hoy me dejo guiar, me entrego a la voluntad divina. Creo desde un lugar interno que responde a la gracia, esa parte de mí que confía en el misterio de la vida. Hoy me quito del medio. Dejo que la inspiración surja de lo divino en mí y no de la mente que organiza y planea.

Llueve. Es el día ideal para no apurarse a hacer mil cosas. Es el día para permitir que el alma fluya como las gotas, que ya son imperceptibles. Me tomo un descanso. Hoy me permito "ser" más que "hacer". "Hacer" es casi un recordatorio…"¡A ser!" Es, en realidad, una llamada de atención para que nos demos cuenta de que el propósito de toda acción es encontrar nuestra esencia, nuestra pasión; encontrarnos a nosotros mismos. Solo así será beneficiosa para nuestro prójimo.

7 DE FEBRERO

Ayer vi una película de Maya Angelu que me dejó totalmente inspirada. Hoy quiero decir…

¡Libre!
Libre de limitaciones,
Libre de viejas creencias que ya no me sirven.
¡Liviana!
Puedo volar
Vuelo con facilidad
Amo,
Nado en amor.

8 DE FEBRERO

Gracias por el sol y el calorcito. No quiero más frío. Cuando éramos chiquitas, jugábamos a un juego de preguntas. Tratábamos de adivinar algo:adónde habían escondido algún objeto o en qué estaba pensando la otra persona. A cada respuesta nuestra le seguía el comentario "frío, frío", si no estábamos cerca de la verdad, y "tibio o caliente", cuando estábamos en lo cierto.

¿Será por eso que no me gusta el frío? Un poco de frío está bien, pero cuando es repetidas veces "frío, frío" tiene el dejá vu de estar despistada, de no saber la respuesta. Hoy el solcito me dice"caliente!" ¿Qué estaré por descubrir?

Hoy vivo con esta actitud, con la expectativa y hasta la certeza de... ¡Ya veré!

9 DE FEBRERO

El día está nublado, gris, pura nube densa y húmeda. Esta paz intensa está cargada con la inminencia de algo...lluvia quizá. El ritmo del día se presenta en cámara lenta. Me permite flotar, mirar y admirar la copa frondosa y estática de los cedros. Mi mano se para

Lilita Olano, Ed.D.

con un atisbo de duda ante la próxima palabra. La dejo escribir sola. Ella pretende imitar a esta naturaleza quieta, y yo no la culpo.

Hoy es así. Día de estar simplemente en este momento sagrado. Nada más y nada menos.

10 DE FEBRERO

Acabo de empezar mi clase de Maestría Naturalista. Mi mente se expande. Tengo tanto para pensar: pájaros, plantas, mariposas, vida salvaje, árboles, estrellas. Se ha abierto un portón para explorar un nuevo mundo.

La clase de francés me hace sentir igual de expansiva mientras aprendo el passé composé y el imparfait, el pasado compuesto y el imperfecto. En la clase de vals, polca y jitterbug aprendo pasos totalmente nuevos. En el coro tengo que contar el ritmo mientras trato de seguir una melodía poco intuitiva, sin siquiera saber leer música. El karate implica movimientos jamás hechos y actitudes asertivas y defensivas casi contrarias a mi naturaleza. Planeo mi curso de Jung en el verano y el viaje por el Jungfrau después, algo que he soñado por mucho tiempo y ahora me decido a hacerlo. Me digo a mí misma, "¿Por qué no ahora?

Los inmigrantes que necesitan ayuda abundante requieren la creación de un grupo nuevo.

Me animo a estar en situaciones nuevas. El resultado final no es tan importante como el proceso de apertura, el embarcarse en experiencias no habituales, el romper esquemas y el ver diferentes posibilidades. Obtengo, seguramente, una nueva perspectiva de la vida. ¡Qué regalo a esta altura de la mía!

11 DE FEBRERO

Dejar ir es lo que toca hacer, dejar ir otra posibilidad que pudo haber sido, pero que no es. Dejar ir y no querer retenerla. La vida nos trae tantas ocasiones diversas, tantos momentos únicos. Algunos dan frutos, otros no tanto. Sin embargo, aun en aquellos que juzgamos intrascendentes existe algo profundo, si solo nos animamos a verlo.

Animarnos a ver la luz interior en el otro requiere una disposición abierta, un ir mas allá de las apariencias, un no juzgar apresurado. Es así que vemos al otro en su esencia pura y nos damos cuenta de que es tal cual como la nuestra.

Todos queremos lo mejor para nosotros mismos y para los que amamos. Todos sufrimos y tratamos de superarlo. Todos…no sólo el que actúa a nuestra imagen y semejanza, sino también aquel que es el polo opuesto; no solo aquel que nos atrae con su personalidad abierta y cariñosa, sino también el que es cerrado y no expresa ternura.

Aprendo del que se comunica con mi alma con fluidez, y también del que no lo logra. No es fácil, en realidad, pasar por este proceso. Requiere tiempo, intención y pausa. Pero, al fin y al cabo, se trata de un ser de mi mismo género humano. ¡Merece la pena intentarlo!

12 DE FEBRERO

Podemos sentir un amor profundo e incondicional por los demás. Podemos curar y curarnos, ayudar al desprotegido y a aquél que esta fuera del status quo. Sabemos decir la verdad, aunque no sea políticamente correcta. Tenemos fe, que nos da la certeza de que somos un templo divino. Nos cuidamos y cuidamos a los demás. Amamos a los demás como a nosotros mismos.

Lilita Olano, Ed.D.

13 DE FEBRERO

Gracias a la vida. Gracias a la presencia del amor y la plenitud. Mi copa reboza.

Hoy estaba un tanto ansiosa por unos gastos extras inesperados. A la mitad de la mañana recibo una llamada de alguien que me quiere enviar un cheque del cielo. Se transforma mi inquietud en total estupor y maravilla ante este sincronismo, esta generosidad, esta manifestación divina de abundancia en mi vida.

14 DE FEBRERO

¡Feliz Díadel Amor! ¿Por qué no celebrarlo todos los días? ¿Por qué reservarlo solo para hoy? San Valentín era un santo y seguramente estaba pensando en el "agape", la clase de amor reservada a Dios y proveniente de Él, que nos permite amar a toda la humanidad.

Además, los que somos padres tenemos un amor profundo por los hijos, el "phileo" de los griegos, que es también el amor fraternal al prójimo. Sin embargo, la sociedad, especialmente en este día, enfatiza el "eros", el amor romántico. Para los griegos este amor se refería también a la pasión por el arte, por esa parte creativa en nosotros que ama generar belleza por medio de la pintura, la escritura, la música, la danza o cualquier otra forma que surge como expresión de la imaginación y del alma.

Hoy doy gracias a mi Dios por este amor incondicional; a mis hijos por ser la luz de mi vida; a mis amigas que alimentan mi alma y a toda la belleza que me rodea. De alguna manera la genero cuando escribo, canto o bailo.

¡Celebremos hoy estos amores!

15 DE FEBRERO

Hoy me despierto con una molestia en el ojo izquierdo. Me parece que es una condición que me aparece de vez en cuando: la retina arrugada. La solución son las gotas de Systaine y cerrar los ojos por diez minutos. Como no me da resultado, decido repetir las gotas y cierro los ojos mientras medito. No puedo abrir los ojos como de costumbre, que los entreabro para ver el paisaje verde, y me enfoco totalmente en mi interior. Luces e imágenes se suceden unas tras otras. Una silueta de sombra con un fondo de luz aparece. Me pregunto si será la imagen divina, ángeles o mi imaginación. Cuando la veo, siempre se multiplica por dos.

Hoy siento que logro ir más profundo en mi interior y pido que esta luz se instale en mi ojo y lo cure. Cuando termino la meditación, abro los ojos y me doy cuenta de que estoy mejor, no del todo, pero veo más nítido. Reflexiono...Cuando no miro afuera para encontrar una respuesta, la encuentro en mi interior.

16 DE FEBRERO

Les acabo de dar de comer a los ciervitos. Sentada mientras escribo, los miro. Son seis y están en una hilera perfecta frente a mí, con sus cabecitas para abajo mientras deglutrn el maíz vorazmente. El ventanal de pared a pared me los deja ver como en una pantalla de Cinerama. Estoy absorta, como cuando miraba a mi nuevo bebé recién nacido. Es mi obra de teatro matutina, con un escenario de colinas verdes y árboles frondosos. Paran momentáneamente su desayuno, levantan sus cabecitas, me miran para asegurarse de que no hay ninguna amenaza y continúan. Me pregunto si realmente me pueden ver a través del vidrio, si enfocan lo suficiente como para percibir mi figura en el fondo del cuarto. El que se ha quedadoúltimo, me mira directamente. Creo que éste, por lo menos, se ha percatado.

243

Lilita Olano, Ed.D.

Cualquier movimiento los perturba. Son tímidos y temerosos. Hay uno que se ha quedado, mientras mastica continuamente.

Así somos nosotros a veces, o por lo menos yo, un tanto temerosa en algunas ocasiones y hasta tímida. Claro, a esta altura del partido, ya lo he dejado de lado en mi vida, pero siempre existe algo, una situación o una persona que me hace volver a estas ansiedades. En este momento hay uno que vuelve y come más.

Espero ser como él y seguir mis sueños a pesar de mis temores y animarme a disfrutar de mi "maíz" diario, ese regalo puesto frente a mí, así como yo les doy su comida a mis seis comensales. Espero, yo también, percatarme de que, aunque no lo pueda ver claramente, hay algo mas allá de este ventanal humano, algo que me alimenta y me regala la gracia para vivir cada día.

18 DE FEBRERO

¡Qué sueño impresionante!

Escojo el amor y el amor me escoge a mí. Escojo la masita más pequeña como una señal de controlarme. Corro afuera y dejo ir algo que tendría que haber largado hace mucho tiempo.

El misterio de los sueños…Escojo el amor por un lado y escojo el control y la disciplina por otro, y dejo ir algo que ha estado dentro de mí por mucho tiempo.

Quizá pueda en la vida real escoger una masita mediana que me satisfaga totalmente y a la vez dar la bienvenida al amor.

Estoy agradecida por esta rica trayectoria de mis sueños. Conecto mi sueño con mi vida real. Estoy a la expectativa de lo que el sueño de mañana me traerá.

18 DE FEBRERO

Gracias por un día pleno.

Hoy estoy un poco cansada y con algún que otro dolor. Confío en mi poder de conectarme con el amor y la luz divinas y dejar que el cuerpo se cure. Dejo el temor como un impedimento para la recuperación. Afirmo que tengo la capacidad para curarme con el pensamiento, con fe y con la tranquilidad que viene de la unión profunda con la esencia divina.

¿Demasiado religioso quizá para algunos? Así pienso, así vivo.

19 DE FEBRERO

Gracias por la sorpresa del día que se presenta nuevo ante mi.

Ayer la película que se pasó en la biblioteca de Wimberley terminó en un diálogo con la audiencia. Abrí mi boca sin tapujos para expresar mi verdad, impulsada por un comentario de alguien más que sintió la misma necesidad. La pasión inspirada por el tema de la equidad en esta sociedad llenó mi mente, mi cuerpo y mi alma. Encontrar voces hermanas que expresaban similar preocupación me dio más fuerza aún. Fue una velada significativa, compartida con personas desconocidas pero unidas por un interés común en el estado de esta sociedad.

Es nuestro turno para actuar, para crear, para generar y dar forma a la comunidad en la que nos movemos y vivimos a diario. ¿Cómo dejarlo a los demás por un sentimiento de "no te metas, no te comprometas, no te expongas"? Es solo con la libertad interior para decir nuestra verdad que podemos no solo ayudarnos a nosotros mismos, sino también poner nuestro granito de arena para ayudar a los que no tienen voz ni poder para expresarse.

20 DE FEBRERO

¡Dios mío, muéstrame tu rostro, muéstrame tu Amor, muéstrame tu compasión! Si solo pudiera verte...

Cierro mis ojos. Voy dentro de mí, a mi ser profundo, y vislumbro algo. En la quietud de mi cuerpo, en el silencio de mi habla, en la apertura de mi mente y de mi corazón, vislumbro una forma etérea, una luz circular que irradia rayos en un diseño simétrico, con un ojo en el centro. Adentro del ojo veo una silueta gris oscura que aparece y desaparece intermitentemente. Siento paz, bienestar y claridad.

¿Es éste tu rostro? Vivo este dia en mi luz interior.

21 DE FEBRERO

Hoy comienza un nuevo taller, un nuevo camino para los que participan, un vivir como escritores y descubrirse a sí mismos en el proceso. Para mí también se inicia un viaje, ya que participo en el propio a la vez que descubro cada relación nueva. Es, de alguna manera, vivir a través del otro, participar de su vivencia, que inexorablemente enriquece la mía.

Todos crecemos en este mágico mundo de la escritura. Tocamos nuestros fueros internos y descubrimos el oro que ni sabíamos existía dentro de nosotros. Participamos en la alquimia que transforma la materia bruta en metal precioso. Es así que, cuando brillamos individualmente, nos damos luz los unos a los otros y proyectamos esta calidez hacia el mundo que nos rodea.

Estoy lista para esta nueva aventura. Ellas la comienzan hoy a la tarde.

22 DE FEBRERO

Humedad absoluta en el aire. La neblina cubre las colinas en la distancia y flota a través del follaje de la más cercana. ¡Con razón está tan verde! Recibe una constante llovizna que la embellece a diario. Me dejo tocar por la casi imperceptible bruma. Acaricia mi alma. Hay una cierta ternura en mi corazón. Me quedo quieta. Me dejo amar, recibir gracias abundantes continuamente presentes.

Los árboles en mi colina no hacen ningún esfuerzo por atraer la bruma. Solo están arraigados en sus raíces, son esencialmente ellos, dejan que las copas se ondulen y que la humedad los penetre.

Me recuerdo a mí misma que solo necesito estar en silencio, y la claridad llena mi ser. Percibo las caricias de la vida. Dejo que me lleguen. Soy un receptáculo de bendiciones.

23 DE FEBRERO

Aparecieron caminando a través de la ventana del cuarto pequeño. Eran tres. Mi atención absorta, es la primera vez que los pavos salvajes vienen a visitarme. Voy a buscar el teléfono para sacarles una foto, pero, cuando llego cerquita de la ventana, corren y desaparecen. Todavía incrédula espero con la esperanza de que vengan de nuevo. Voy hasta la puerta de adelante y me percato de uno, dos, tres...cruzando a paso acelerado. Los sigo y, ante mi total estupor, ahora son cuatro, cinco, seis siete, ocho, nueve. No puedo contar tan rápido. Los sigo hasta el ventanal de atrás....diez, once, doce.....veinte, veintiuno caminando en procesión perfecta. Mi corazón se para. Estoy en un trance. En un instante perciben mi presencia y, como por arte de magia, remontan vuelo todos juntos. Mis ojos, fijos en ellos en lo alto, ya están llenos de lagrimas.

Lilita Olano, Ed.D.

Siento una emoción profunda, una gratitud inmensa por haber presenciado este milagro, ¡veintiún pavos salvajes en casa! Mi alegría ya es euforia. Llamo urgentemente a mis hijos. Quiero compartir este momento con ellos. Ninguno contesta. ¿Será que me toca vivir esto a solas como en tantas otras ocasiones ante la presencia de algo mágico? Así es. Ciertos momentos profundos suceden en nuestra propia compañía y nos llenan de gloria, fuerza y esperanza. Son aquellos que nos hacen evidente el misterio que es nuestra vida. Sarah contesta el teléfono. Le cuento todo tan entusiasmada como una niña de Kindergarten le podría contar a su mamá que ha podido leer por primera vez. Me escucha y comparte mi dicha.

Veintiún pavos salvajes… ¿Habrá alguna simbología? La encuentro y entiendo. El pavo para los nativo americanos representa la generosidad y la abundancia. Esto es lo que sentí en carne propia. Sally contesta el teléfono. No puedo parar de hablar hasta que termino mi relato. Gracias por estar ahí, como siempre.

24 DE FEBRERO

Me recuerdo a mí misma estar consciente de mis sueños y relacionarlos con mi vida de vigilia. En mi sueño hay alguien dormido. En realidad, es una parte de mí que está dormida. ¿Soy consciente? El amor aparece en mi vida cuando camino consciente de las cosas.

Disfruto de lo que la vida me presenta. No se requiere esfuerzo ni planificación. Simplemente aparece en el momento exacto, de la nada, totalmente inesperado, como una manifestación de pura alegría.

25 DE FEBRERO

Cuando menos lo esperamos, cuando menos tratamos desesperadamente de obtener algún resultado, sucede. El día comienza con la llamada de uno de mis hijos anunciando su visita. A renglón seguido, dos amigas llegan a casa para plantar un brote de higuera. Verlas trabajar con tanto ahínco me hace admirarlas y agradecerles profusamente. Con pico y pala logran hacer un pozo considerable, tarea casi imposible en este terreno. Con una fuerza inaudita desentierran tremendas rocas y las usan para crear el borde del cantero. Echan tierra nueva, luego fertilizante y terminan con una regada abundante.

Como si esto fuera poco, me dan sugerencias sobre cómo cortar las ramas de los robles que me impiden tener una vista de las colinas.

Luego caminamos en el bosque del Blue Hole y más tarde nos vamos a explorar la zona al lado del arroyo. Terminamos en la casa de Jane, que los deja a los chicos con la boca abierta. Enclavada en la mitad del bosque, tiene una gran variedad de árboles, verduras y plantas. En eso escuchamos claramente el canto de gallos. Nos acercamos y encontramos las gallinas más grandes y preciosas que jamás haya visto en la inusual compañía de dos pavos reales. Uno es blanco y el otro de colores brillantes que oscilan entre el verde y el azul metálico. Siguiendo un sendero llegamos al taller de cerámica donde en un aviario construido por Jane misma, habitan una variedad de pájaros que no tienen nada que envidiarle a la fauna de Costa Rica.

Seguimos nuestro camino cruzando el puente que nos lleva nuevamente a Riverside y nos paramos perplejos ante la vista de un grupo de patos y gansos descansando en la orilla y nadando en el río. Volvemos a casa y decidimos ir a comer con dos amigas, que

Lilita Olano, Ed.D.

resultan ser tres, en un lugar precioso frente al río. Las risas y la brisa nos hacen terminar el día con el corazón pleno.

Todo sucedió paso a paso, espontáneamente, sin planearlo, así como así. Mis páginas matutinas de ayer dicen "Disfruto lo que la vida me presenta sin tanto esfuerzo ni planes". Acabo de hacer un círculo alrededor de estas palabras, cosa que acostumbro hacer cada vez que me doy cuenta de que mi intención expresada por escrito se cumple.

Creo mi vida diaria con mi pluma. ¡Qué privilegio!

26 DE FEBRERO

Amo la música, especialmente el jazz. Estoy sentada en la mesa de la primera fila en el centro, el mejor lugar para disfrutar el Hill Country Jazz Band. Cierro los ojos, dejo que la música me llene, entre en mi corazón, mis huesos y mi alma. Mis pies golpean el piso, siguiendo el ritmo; mi cabeza se inclina de lado a lado, hacia arriba y hacia abajo, marcando cada compás. Alterno entre la quietud total con los ojos cerrados para permitir que los sonidos inunden mi cuerpo y moverme al ritmo contagioso.

Por mucho que me encanta bailar y expresar la música a través del cuerpo, me doy cuenta de que soy más consciente de mí misma cuando hago esto. Experimento cierta tensión en todo mi cuerpo. Por otro lado, cuando cierro los ojos y simplemente dejo entrar la música, es pura felicidad.

¿Cómo viviré mi día? ¿Debo actuar, moverme, estar consciente de mí misma y de los demás hasta el punto de estar algo tensa o prefiero permitir que la vida fluya, estar presente en cada momento y así experimentar la dicha? Manteniendo la tensión de estas dos posiciones opuestas, sé que aparecerá una tercera. ¿Qué tal si permito que cada momento se presente no solo cuando estoy meditando, rezando o escribiendo, sino también cuando interactúo con otros durante mi vida activa diaria? "Estar en el mundo, pero no ser del mundo" fue un sabio consejo de Jesús a los apóstoles.

27 DE FEBRERO

Hoy amanecí no sintiéndome muy bien. Un dolorcito acá, otro allá, el cuerpo flojo, quizá sea un resfrío. Está lloviendo. Es la perfecta excusa para quedarme en casa. Me acuerdo de cuando era chica y podíamos quedarnos en casa si no nos sentíamos bien. Era un día especial. Me quedaba con mami, que me cuidaba y me atendía.

Ya de grande, ante la vorágine del trabajo, las clases, el estudio, cuando me sentía enferma, era una mezcla de inconveniencia y libertad. Podía disponer de tiempo propio y, aunque enferma, lo gozaba.

Ahora, de adulta, me puedo quedar en casa sin sentirme culpable. Me cuido, descanso mi cuerpo. Le doy tiempo a mi alma. Hoy comienza mi grupo de sueños en casa. En realidad, estoy con el ánimo adecuado. Quiero dormir y, ¿por qué no?, soñar. Decido darme el amor maternal incondicional que siempre ayuda, pero especialmente cuando estamos un poco enfermuchas. ¡Hoy me hago la rata! ¡Ji, ji, ji!

28 DE FEBRERO

En mi sueño veo un gran pájaro colorido. Lo llamo águila porque es bastante grande. Es hermosa, casi como un enorme loro rojo, blanco y negro, con un pico amarillo. De repente me doy cuenta de que quiere entrar por un agujero en la pared. Me asusto y la llevo lejos.

Lilita Olano, Ed.D.

Analizando el sueño, me pregunto si hay algo que quiera aparecer en mi psiquis, que no permito porque me parece aterrador. Tal vez sea una enfermedad, la muerte o una situación desagradable que me asusta y me puede hacer daño. Decido mirar esta imagen y ver si tiene un mensaje para mí. Reflexiono un poco. Puede ser que ella esté aquí para recordarme que hay otra forma de ver los miedos. Su entrada a través del agujero en la pared podría ser la capacidad de renacer sin temor a la enfermedad y la muerte. Tal vez este nuevo yo sea tan impresionante y colorido como mi hermoso pájaro salvaje.

Estoy dispuesta y abierta a vivir una vida larga, llena de paz, entusiasmo y creatividad hasta el momento en que esté lista para dejarme llevar rápidamente a mi nueva vida en sus alas. Por ahora estoy llorando, conmovida y asombrada. Siento una presencia, son dos en realidad. Están abrazándome ... Mi abuela y Cavit.

Marzo

"Adoro la sensación de vitalidad que viene con la primavera. Todo parece infinitamente lleno de esperanza"

~ Mary Oliver ~

Reflexiones Matutinas: Creando Mi Vida Página a Página

1 DE MARZO

Estoy meditando en mi silla totalmente en paz. Me estaba enfocando en "la quietud del cuerpo, el silencio del habla y la apertura de mi corazón" cuando escucho un coche aproximándose. Es la camioneta de Erwin. No entiendo porqué llega tan temprano. No quiero salir de mi estado de "gloria interior". No puedo creer lo que oigo...Es un maullido. El me había ofrecido un gato la semana pasada, y yo le había pedido que me enviara una foto, antes de decidir si lo quería o no. ¿Qué está haciendo aquí? ¡Lo ha traído! Todavía no me levanto de mi silla. Me imagino que si no voy a la puerta, se dará por vencido y se irá. Es demasiado pronto para cualquier decisión. El maullido es persistente. ¡Nunca podría soportar a este gatito! El sonido disminuye... ¡Alivio! Debe de haberse ido. Entonces me levanto de la silla, bastante contenta después de meditar. Ahora es hora de escribir. Como no he oído el sonido de la camioneta, decido espiar para asegurarme de que se ha ido.

Miro hacia fuera y no puedo creer lo que veo. Justo afuera de la puerta, una pequeña cara blanca y negra se asoma desde una jaula. Me doy cuenta de que ha dejado el gatito y se ha ido. ¿Cómo se atreve a dejar el gato sin mi consentimiento? Al lado de la jaula hay un recipiente de comida. Abro la puerta con cuidado, me arrodillo para verlo y, para mi sorpresa, no es un gatito sino una gata un poco más grande. Sin otra opción, traigo la jaula a la habitación grande. Vuelvo a buscar el resto de las cosas. Miro a mi nueva invitada y empiezo a hablar con ella suavemente para que se sienta cómoda. Puede ser que esté asustada. Nunca ha estado aquí. Abro la puerta de la jaula y sale rápidamente mi hermosa gata peluda, blanca y negra. Me siento en mi silla; viene a mí y se da vuelta sobre su espalda invitándome a acariciarla mientras sigo hablando con ella en voz baja. Ahora estoy sentada en el suelo masajeándola suavemente. Ella me deja hacerlo y le encanta. Es muy diferente al gato salvaje que tenía en Houston que no me dejaba ni siquiera acercarme.

Lilita Olano, Ed.D.

Llamo a Erwin y le digo: "¡Estás loco! ¿Qué has hecho?" Me pregunta: "¿Te gusta?". La verdad es que ya la adoro. Es el gato que con el que he soñado. Es perfecta."

Ahora es hora de escribir. Saco mi diario y me siento. Me pregunto dónde está mi gata y me doy cuenta de que está justo debajo de mi silloncito. Cuando le hablo, sale, me mira y salta al sofá justo a mi lado. Cuando dejo la lapicera, decide rascarse contra la puntita y luego con mi diario. "¡No no!", la regaño. "Necesitas sentarte porque yo tengo que escribir". Después de un par de declaraciones enfáticas, se sienta y se queda tranquilamente acurrucada a mi lado. Ahora mi pequeña Bepo, un nombre dado por sus dueños anteriores, se ha quedado dormida. La llamaré mi Gata Vaca, ya que sus manchas blancas y negras me recuerdan a este animal... Un poco de la pampa en Wimberley, Texas. ¡Qué regalo inesperado antes de mis páginas matutinas!

2 DE MARZO

Estoy escribiendo mis páginas matutinas mientras ella está desayunando. Le doy de comer a los venados, así también ellos toman su desayuno. Muy pronto, escribirán conmigo ... ¿Por qué no? Están comiendo su maíz al otro lado de mi enorme ventana que da al jardín. Ella está comiendo adentro. La están mirando. Están sorprendidos por esta nueva presencia. No se sienten cómodos como de costumbre. Ahora ella los ve y corre hacia ellos. Se sorprenden y todos huyen. Pensé que iba a tenerles miedo, aunque solo fuera por su pequeño tamaño en comparación con el de los ciervos. Se ha apoyado en el alféizar de la ventana. Mi Gata Vaca está actuando como un perro guardián. Corre hacia mí. Estoy escribiendo. Ella quiere estar encima de mí y de mi diario. La dejo hacerlo. "¿Ves? No hay nada interesante por aquí". Le señalo que se siente a mi lado. Lo hace y pone sus patitas en su mantita. Le explico que los ciervos

256

son buenos y necesitan desayunar igual que ella y, por lo tanto, debe dejarlos tranquilos. Se acerca, pone su pata en mi pecho y se apoya sobre mi lapicera. "Querida", le digo, " tengo que escribir. Te voy a dar una lapicera, pero tenés que hacer tus páginas matutinas. ¿Qué te parece?" Le acaricio su cuello blanco. "¿Sabés?, en realidad estoy escribiendo sobre vos." Ahora está relajada. Puedo decirlo por su respiración. Está ronroneando.

3 DE MARZO

¡Asombroso! El sonido del violín era tan claro y profundo, tan intenso y suave, que casi celestial. El violinista tocaba desde que tenía tres años y su instrumento era una joya. Se lo había dado su madrastra y después de un tiempo tuvo que devolvérselo. Como no pudo encontrar un violín que sonara tan perfecto, hizo el suyo. Esta vez lo hizo eléctrico. La melodía me tocó profundamente. El tiempo se detuvo.

Los músicos se sentaron en círculo. Había guitarras, una armónica, una batería, una mandolina y el increíble violín. Se turnaban para tocar canciones y los otros se unían espontáneamente. Fue pura alegría.

La vida podría convertirse en un concierto si nos uniéramos y armonizáramos con los demás espontáneamente. Tal es el esfuerzo diario de un artista. Yo soy el artesano de mi vida.

4 DE MARZO

¡Feliz Cumple, Gracy, mi querida hermana menor! ¿Dónde estas? ¿Cómo estás? ¡Tan lejos hace tantos años! Desde 1982 nos separan muchos kilómetros. Sin embargo, estamos unidas por un hilo invisible a través del tiempo y la distancia. Nos suceden cosas al

Lilita Olano, Ed.D.

mimo tiempo y, a pesar de ser tan diferentes, reaccionamos de la misma manera por un gen hereditario compartido.

El otro día te llamé para decirte que te había mandado una foto con el número "5 A" que había sacado en la isla. Pensé que serias la única, a esta altura de nuestras vidas, que tendría idea de a qué me estaba refiriendo. Inmediatamente me dijiste, "Sí, claro, el piso de Montes de Oca". Te dije, "¿Gorda, te das cuenta de que sos la única persona con la que puedo compartir esto? Todos los demás miembros de nuestra familia están muertos". A renglón seguido, la llamé a Ana Mari, mi amiga desde los cuatro años, que también se acordó. En realidad, ella fue casi como una hermana para nosotras.

Hay algo que tienen los hermanos que es la sangre y que, por más relaciones y amistades que tengamos, no se replica jamás. Gracias, Gracy, por haber venido a mi vida. ¡Gracias, mi hermanita menor! Eras una muñeca y, aún hoy, lo seguís siendo.

Un beso grande.

Te quiere,
Lilita

5 DE MARZO

¡Día de gloria, rodeada de los chicos! Fue una fiesta, una celebración de la venida de la gata a este lugar. Se ha convertido en una hermanita nueva, la que nunca han tenido mis tres varones, aquella supuestamente esperada, ya que siempre teníamos nombres de mujer listos. Macarena resultó ser Santiago y luego, Diego; Clarita fue Tomás. Mi total falta de experiencia con hermanos varones me hizo pensar que iba a tener nenas, pero no fue así. Con Santi aprendí a jugar con autitos; con Diego, al fútbol: y con Tomás, ya lo sabía todo. Antes de su nacimiento, todos me decían, "¡Ahora tendrás la mujer que has estado esperando!" Sin embargo, ahora quería otro varón. Ya era una experta; tenía la ropa y los juguetes adecuados. En fin, tenía el "savoir faire" para disfrutarlo.

La vida es inesperada, ya que nunca pensé que iba a tener tres hijos. Todavía tengo presentes las palabras de mi ginecólogo, el Dr. Hoyos, en el último momento del parto:"¡Es otro varón!" Mi corazón latió de gozo. Justo lo que quería. Mi vida con tres varones fue, y es, un lujo de cariño y orgullo por cada uno de ellos.

Ahora estoy lista para más sorpresas. ¡Quizás algún día, tendré nietas!

6 DE MARZO

Un bichito diminuto corre por la baldosa clara. Estoy lejos. No sé qué es. Es tan grande la superficie que a esta criatura debe parecerle una galaxia. Acabo de terminar la meditación, y eso es lo que siento cuando me expando en la vastedad del espacio como si estuviera volando y en un instante percibiera un horizonte lejano que llega hasta los confines del mundo. Aquí tomo conciencia de ser apenas un puntito con la capacidad de percibir esta grandeza.

Quizá mi bichito esté meditando y esté perdiéndose en la vastedad de la baldosa gris. Ya no lo veo. Se ha convertido en parte del piso. Mi bichito y yo en unión con el todo.

7 DE MARZO

¡Mi gata es un caso! Pensé que abriría la puerta para dejarla entrar, porque estaba maullando, a pesar de que todavía no había comenzado mi meditación. Viene corriendo al living. Me siento en mi silla y se sienta a mi lado. ¡Qué felicidad! Mi gata está imitando mi meditación. Eso es lo que pienso y solo dura un minuto. Me quedo quieta. Ella no maúlla. Me doy vuelta, solo para confirmar que esta paz total no es producto de mi imaginación, cuando la veo masticando mis Calaches encima de la mesa de café. "¡Sh, Sh, no, fuera!" Finalmente la empujo suavemente fuera de la zona de peligro. Ella lanza un maullido de descontento y regreso a mi silla.

¡Ay, Dios! Hay silencio otra vez. Está acostada en la habitación de al lado. Recuerdo a Mi Bella Dama, cuando Rex Harrison cantaba: "¿Por qué la mujer no puede ser más parecida al hombre?", cuando no podía entender el comportamiento de Audrey Hepburn. "¿Por qué mi gata no puede ser más como un ser humano? ¿Por qué Michus no puede ser más como yo?" Creo que ése es el estándar que puedo aplicar inadvertidamente a otros en mi vida. Tal vez eso es lo que hago inconscientemente. No es algo consciente en absoluto, porque acepto y atesoro a los demás tal como son.

Quizás esta gata me esté enseñando algo que no aprendo en la meditación. Al fin y al cabo, es un maestro budista: Master Michus.

8 DE MARZO

Michus está acostada mientras escribo. Ha estado meditando tranquilamente a mis pies. Por supuesto, nadie es perfecto. Aun con los ojos cerrados escucho un ruido detrás de mí. Se ha subido a la mesada de la cocina, adonde tengo mi caja de alpaca que mi amiga Inés me trajo de Argentina y dos jarras preciosas que pertenecían a Cavit. En este momento está oliendo las flores y poniendo su cabecita adentro de una de las jarras. Ahora trata de pasar entre las dos jarras. Temo que las rompa, así que me acerco y, en lugar de sacarlas del área, las quito. Funciona.

Estoy siguiendo el consejo de Santi, "Vas a tener que transformar tu casa para que sea a prueba de chicos", sabio comentario de alguien que tuvo dos años y que siempre tiene una respuesta simple ante las complejidades de este mundo. Me gusta el concepto de remover obstáculos en mi mañana llena de paz, en lugar de ofrecerles resistencia. Otra lección de Master Michus y el Maestro Santi.

9 DE MARZO

Taller de gloria. Paz, intimidad e inspiración es lo que deseo. Cada uno saca lo que necesita.

10 DE MARZO

Me acaban de podar algunos árboles. La vista ahora es mucho más amplia. Puedo ver por primera vez las colinas que rodean toda la casa. Es una perspectiva muy vasta. Las veo a través del follaje que está menos denso. En realidad, me fuerza a mirar con más atención para poder ver lo que está mas allá, a la distancia.

Si aclaro mis pensamientos y saco aquellos que no son necesarios, puedo dejar aquellos que me permitan crecer. Tendré entonces una visión más clara de lo que está cerca de mí, incluso de lo que hasta ahora no me habia percatado. Quizá, cuando comience a deshacerme de ellos, tendré mas lugar y claridad para ver la belleza interna y externa.

Mi Michus está muy activa hoy. No le presta ninguna atención al rascador especial que le compré y, en lugar de usarlo, araña las carpetas turcas. Me invaden algunos malos pensamientos con respecto a ella. Como decía Patrick, el monje daoista: "Todo acontecimiento es una buena excusa para practicar". Modera esos sentimientos, Lilita.

Lilita Olano, Ed.D.

Seguramente, ella simplemente está explorando su nuevo hábitat y también quiere ver claro y entenderlo. La dejo tranquila. Está a mis pies. Creo que ha entendido.

☙

11 DE MARZO

El viento aúlla acá arriba de la colina. Las copas de los árboles se menean con ímpetu. Michus está absorta en la ventana. Se la he abierto, y solo la separa del medio ambiente el mosquitero. Mira con intensidad a los pajaritos que se posan en el comedero, los pichoncitos, los que tienen el pechito rojo, los finches con su pecho amarillo vivo y su plumaje negro. Atentamente sigue sus movimientos. Ahora meten sus piquitos para sacar las semillas de girasol, vuelan hacia el árbol cercano, pían en diferentes idiomas. Con razón Michus esta prendida a su "Sesame Street", Plaza Sésamo para gatos.

Michus ha iniciado su Jardín de Infantes y está comenzando a adquirir experiencias con diferentes sensaciones: escucha, ve, olfatea y, por ahora, no toca a los pájaros. ¡Están a salvo! Es un programa mejor que uno bilingüe, es multilingüe. Ya se sabe que las personas bilingües tienden a ser más "inteligentes", ya que pueden ver una cosa desde diferentes puntos de vista por el simple hecho de darle a un mismo objeto nombres diferentes de acuerdo a los diferentes idiomas. En fin, ya estoy empezando a estar orgullosa de ella.

¿Cuál será su lección de mañana? Ya veremos… Ya no estoy encargada de planificar las lecciones. Estoy jubilada. Sigue un curriculum integral y orgánico. Aprende en un cierto contexto aquello que necesita para vivir. Mi gata sabia…Se graduará ¡Michus Cum Laude!

12 DE MARZO

Michus, Michus. ¡Esto es el colmo! Hoy he soñado con mi gata. Estoy en una especie de carrito. Pongo mi valija atrás. Alguien dice: "¡Mirá qué liviano el equipaje de Lilita! Ha puesto muy pocas cosas, lo mínimo necesario para su vida." Mi gata maneja el carrito y partimos en la oscuridad de la noche, no sé bien cuál es nuestro destino, pero siento que es hacia mi libertad.

Analizando este sueño, mi gata parece ser aquella parte de mí que me guía a mi libertad interior, aquella que obtengo una vez que alivano mi mente y mi alma. Es solo mirando en lo profundo de mi psiquis y enfrentando mis fantasmas que me libero.

¡Gracias a mi nueva gurú, Michus Jung!

13 DE MARZO

El grupo de escritura escuchó mi cuento acerca de mi abuela "Bueli Loli" y cómo me sorprendía con la comida que más me gustaba y la escondía debajo de una servilleta, Cuando leí esta ultima oración: "¿No es eso lo que habías pedido preciosa?", dicha por Bueli Loli cuando vió mi cara de sorpresa al encontrar mi quesito favorito. Luego leí el último comentario: "Para mis abuelos, mis deseos eran órdenes", todas se quedaron boquiabiertas y me dijeron: "Eras una princesa en esa casa. ¡Te adoraban!"

Es verdad. Todos los sinsabores se curaban con este cariño y devoción de mis abuelos y también el de mis padres, en especial, de mi mamá. Creo que guardo todo este amor en un banco personal, que he usado cuando la vida me ha presentado dificultades. Hoy me recuerdo que aún puedo acceder a él, aunque ellos ya no estén conmigo.

14 DE MARZO

Mis sueños denotan una especie de suavidad. Tengo unos anteojos nuevos llenos de flores. Supongo que podré ver todo desde una perspectiva diferente, más libre, creativa y juvenil. Estoy nadando con mucha sutileza, con brazadas lentas y suaves. Llego al otro lado. Gano la carrera.

Cuando analizamos los sueños, los sentimientos son muy importantes. Me doy cuenta de que una sensación de suavidad y calidez me ayuda a moverme con facilidad. También observo que miro todo desde un ángulo diferente, con varios proyectos nuevos.

Todo está floreciendo en Wimberley. Mi gata me da ternura. Hay un sincronismo entre mi mundo interior que crea, la naturaleza que me rodea y mi nueva invitada, Michus.

15 DE MARZO

El sol brilla. Hay una total tranquilidad esta mañana. El viento se escucha al pasar por los árboles. Los pajaritos están súper activos: pían, vuelan y comen. Uno muy pequeño se ha metido en el hueco de la casita para pájaros que cuelga en el porche. Está haciendo su nidito pacientemente y con sumo ahínco. Michus observa desde la ventana. Se acurruca al sol y mira su película matutina. Hay unos cuantos pichones picoteando las semillas que caen del comedero. Están muy cerca de ella.

Son dos polos opuestos. Ellos ni siquiera se percatan de su presencia y ella los observa en aparente paz. No sé si está pensando en agarrarlos. Mantener esta tensión de los opuestos es una de las paradojas de la vida. En esta circunstancia parece mantenerse esta ambigüedad sin resolución alguna. ¿Cuál sería una tercera opción para cada uno? Quizá los pájaros sigan comiendo en el comedero alto sin temerle a Michus. Quizá Michus los deje tranquilos, contentándose simplemente con verlos volar, y se dedique a perseguir las mosquitas voladoras más cercanas a su altura. Vivir y dejar vivir...Otra lección de Michus Confucio.

16 DE MARZO

Una ardilla bebé de color dulce de leche acaba de aparecer. Es la primera vez que viene al balcón terraza. Se está comiendo las semillas de los pájaros que han caído del comedero. Algunos diminutos pichoncitos están parados en la baranda. Las colinas tienen un color verde intenso gracias al rocío de esta mañana nublada. Éste es, en realidad, mi tiempo favorito. Está calentito, y la tenue luz del sol , me deja ver todo con más detalle. Apenas unos pocos rayos atraviesan las nubes, mientras Michus observa todo como en un trance. El panorama cambia a cada instante. Un cardenal se ha posado frente a mí. Canta a toda voz.

Así es la vida en este lugar tan especial. Así es mi vida. El cambio es inexorable. Solo tenemos que mirar todo con calma y notamos un tono diferente. La ardilla se asoma, el esplendor del cardenal hace que me quede boquiabierta, llena de asombro y gratitud.

17 DE MARZO

Un pensamiento sacado de un curso: "Aceptación incondicional de lo que fue, de lo que es y de lo que será."

18 DE MARZO

Pido ser guiada. Presto atención a las respuestas. Solo después, actúo. El Círculo del Espíritu, en la ceremonia del grupo de los nativo americanos, me permitió expresarlo: "Estoy en una relación amorosa, con valentía, cariño, amor recíproco, carisma, alegría y espontaneidad."

19 DE MARZO

Hoy siento un amor inmenso dentro de mí. ¿No les ha pasado alguna vez sentir una alegría tan profunda y un amor por todo que sienten que estallan? Creo que vienen de adentro. No es algo externo, es una gracia otorgada con infinita misericordia. Es un estado de gratitud por todo lo que nos rodea. Sé que proviene de algo más grande que yo misma, para ser tan poderoso. Somos el agente conductor de este misterio que nos llena plenamente y nos impulsa a expresarlo al mundo.

¿Estaré en una transición hacia algo nuevo y bello? "¡Definitivamente!", parece anunciarme con un chirrido fuerte el pichoncito posado arriba de la casita para pájaros. Está haciendo su nido, construyendo una casa para estas nuevas vidas que están por nacer. Michus se ha parado apoyada sobre la ventana. Escucha atentamente. Ella también se da cuenta de que algo sumamente atractivo puede suceder cuando le permita ir afuera.

El dia está repleto de promesas. ¡Bienvenido! Abro las puertas a estas aventuras que me ofrece hoy.

20 DE MARZO

Ayer cantamos "As Time Goes By", "Mientras pasa el tiempo", durante nuestra práctica con el coro. La melodía penetró mi alma y una emoción profunda me impidió cantar el verso que dice: "A kiss is still a kiss; a sigh is just a sigh". "Un beso es todavía un beso; un suspiro es simplemente un suspiro". Tío Negro, mi tío adorado, me enseñó esta canción, como tantas otras. Me pareció verlo claramente, sonriendo y cantando conmigo: "A kiss is still a kiss", "Un beso es aún un beso." Estos recuerdos de tiempos románticos están desapareciendo sutilmente. Ya hace un tiempo que Cavit dejó este mundo. La posibilidad de otra relación se presentó súbitamente cuando canté esas palabras. "Un suspiro es solo un suspiro"... Recordé la cara de mi abuela con su eterna melancolía cuando daba esos suspiros largos, que solamente alguien con sangre andaluza puede dar. Claro que cuando le preguntábamos qué le pasaba, inexorablemente decía: "Nada", y dejaba tanto por decir.

Con el pasar del tiempo, "As Time goes by", aprecio y valoro a todos aquellos que ya no están con nosotros, pero que permanecen presentes en nuestros corazones. La lágrimas son buenas, especialmente las que son una expresión de profundo amor y agradecimiento hacia el pasado, el presente o, a veces, hasta un presagio del futuro.

21 DE MARZO

¡Feliz Día de la Primavera en este hemisferio! Las plantas están dando brotes, el gris de las ramas secas se ha vuelto un incipiente verde con las primeras hojitas que nacen. Todo es un atisbo de lo que será en un mes, un gustito de lo que está por venir. ¿Será así conmigo? ¿Será por eso este brote de alegría y de esperanza, un presentir que hay algo en camino? Debe ser la primavera. Así me

Lilita Olano, Ed.D.

sentía cuando era más joven y una sonrisa se me dibujaba en el corazón en este día.

Para nosotros, en Argentina, se celebraba también el Día del Estudiante. En esos momentos estudiábamos para prepararnos para la vida. Éramos una personita incipiente, futura esposa, madre, maestra... Ahora ya he pasado por todas estas etapas y un calor dulce me llena el alma. Me casé, tuve los hijos más maravillosos del mundo y fui maestra y profesora. Todavía siento este ímpetu de vivir, amar y enseñar. Todavía tengo esa chispa que se enciende el 21 de marzo aquí en el hemisferio norte.

Me llevó muchos años sentir que en marzo comienza la primavera, ya que, en Argentina, por estar en el hemisferio sur, el otoño comienza en marzo. Me tomó tiempo cambiar mi ritmo interno, pasando de lo físico a lo emocional. Hoy lo siento así. Todo lleva tiempo y debemos dárnoslo. Frank Sinatra lo sabía y me lo recuerda: "As Time Goes By', "Mientras pasa el tiempo."

22 DE MARZO

Hoy me maravillo ante el milagro de estar viva. Tiemblo con ternura y amor. Estoy conectada a la vida. Estoy enamorada.

23 DE MARZO

Los ciervos comen. La gata se metió debajo de la bomba de agua donde guardo su comida y la de los pájaros. Les doy semillas de girasol que son sus favoritas, semillas para mis pinzones y agua con azúcar para los colibríes. Luego les daré agua a los geranios, porque los tengo medio abandonados. Michus ya tiene su comida y su agua rebosantes. ¡Atención! Noticia de último minuto: dos de los ciervos se han puesto en dos patas enfrentándose como para pelear.

En realidad, lo hacen para proteger su comida y mostrarles a las hembras quién es el más poderoso. Michus corre a la ventana cercana y protege la casa. Hoy también está muy ocupada. Observa al pichoncito que está comiendo en un plato lleno de semillas, muy cerca de ella, y se distrae con un bichito volador apenas perceptible. Con toda la paciencia del mundo no para hasta agarrarlo dulcemente con sus patitas. Al mismo tiempo se acaba de posar el pajarito que está construyendo el nido. Eso le fascina. Se estira erguida, como si pudiera alcanzarlo.

En medio de este ambiente bucólico todos están ocupados. Yo también. No tengo un momento en el que no haya actividad: yoga, Qi Qong, Tai Qi, la caminata diaria, la meditación, las páginas matutinas, las reuniones con amigas, el trabajo voluntario, el taller de escritura y el grupo de sueños llenan mis días. Además, tengo el baile y la música de jueves a sábado en mi restaurante favorito.

Hoy me voy a Austin, a una charla Jungiana y luego a ver a mis hijos. ¡Estoy casi tan ocupada como Michus! ¡Disfruten su día!

24 DE MARZO

Estoy fascinada con las polaridades expresadas durante el taller de escritura. Cuando vemos en el otro algo totalmente opuesto a nosotros, no es necesario apurarnos y elegir uno u otro punto de vista. A veces aquello diferente a nuestra manera de pensar, nos puede aportar algo nuevo. Quizá sea una parte nuestra ignorada o negada que, cuando la reconocemos en nosotros mismos, nos brinda una personalidad propia integrada con lo bueno y lo no tan bueno. Aquella parte nuestra mas débil, nuestro talón de Aquiles, es la puerta para convertirnos en una persona más completa.

25 DE MARZO

Veo la realidad. Acepto lo que es, no mi expectativa. Ésta es la manera en que la vida se presenta en este momento.

26 DE MARZO

Dejo ir aquello que ya no me sirve, viejas creencias que aparecen automáticamente y que ya no tienen vigencia. Cuando lo hago, se abre la puerta y sale la gata. Decido dejarla ir, en lugar de perseguirla. Decido dejarla venir, si es que quiere. En unos minutos regresa. ¡Victoria! Ha sido un día de dejar ir, de soltar. Ahora tengo espacio para lo que venga.

27 DE MARZO

¿De dónde habrá salido esta lapicera? No puedo encontrar la mía que escribe tan fácilmente deslizándose sobre el papel. Busco por todos lados, pero no la encuentro. Abro un cajón donde hay todo tipo de cosas y agarro la primera que veo. La apoyo sobre la hoja y me sorprende que escribe casi mejor que la mía. No sé de quién es. Alguien se la debe haber olvidado en casa. Las sorpresas de la vida… Cuando sentimos la ausencia de algo o de alguien, siempre hay algo más esperándonos. El universo es abundante. Solo necesitamos estar abiertos a la presencia de la gracia. Seguiré buscando mi lapicera, pero sin ninguna urgencia y, ni siquiera, necesidad.

28 DE MARZO

El grupo de los sueños fue profundo y esclarecedor. A mí, personalmente, me conectó no solo conmigo misma sino con imágenes que simbolizan el momento pascual, la resurrección y lo primordial que ha existido desde hace tiempo y que, si puedo acceder a ello, me da la sabiduría ancestral. Otra de las imágenes fue la de un búfalo blanco que, según la tradición nativo americana, tiene su mitología. Una mujer búfalo vino a enseñarles a los indígenas cómo conectarse con Dios. ¡Qué interesante que el sueño tratara en este momento de la conexión divina! Otra de las imágenes claras fueron dos tablas rocosas, como las de Moisés, con figuras de siete pescados grabados como en fuego; el pez en la tradición católica simboliza a Cristo, ya que la palabra pez escrita en griego es un acróstico que simboliza: Jesucristo Hijo de Dios Salvador.

Otra imagen fue la de una chiquita a la que le ofrecía unas cáscaras de maníes, algo sin valor alguno, y que, para mi total asombro, cuando abrió su manita, se habían convertido en aceitunas verdes rellenas con pimientos rojos. Pareciera aludir a un milagro de transformación o resurrección. Estas imágenes coinciden con este momento de la Pascua de Resurrección cristiana y también con la Pascua judía. Además, ayer me enteré de que en Suiz,a, y gracias a Jung, el primero de abril se lo conoce como el Día del Pescado, ya que él observó sueños e imágenes repetidas de pescados que sincrónicamente sobrevinieron en este día.

¿Estaremos conectados a vivencias que han ocurrido hace mucho tiempo y a través del espacio, a aquellas imágenes arquetípicas que quizás accedemos por medio de un acto subconsciente como es el soñar? Si así fuera, nos podríamos beneficiar de tanta sabiduría que nuestro género humano ha construido a través de los siglos. ¡Qué misterio que son la vida y nuestra psiquis!

29 DE MARZO

¡Feliz cumpleaños, querido Gonzalo, padre de mis hijos y mi compañero por veintidós años! ¡Cómo no te voy a querer! No pudimos seguir juntos. Vos trataste y yo también. Fuiste un gran compañero y padre. Te doy gracias y lo atesoro.

30 DE MARZO

El Qi Qong me lleva a un espacio en blanco y a una cierta libertad interior. Me desprendo de las cosas que constituyen un peso, una carga. En la meditación de la noche surge la idea de mirar las intenciones de nuestro corazón. La mía es de total amor, la ilusión de una vida con amor y un escape de una relación que no ofrecía más que enojo, crítica y desamor. Ahora, tantos años más tarde, le doy la bienvenida al sol que se deja entrever a través de las nubes. Un viento fuerte sopla y limpia el cielo y mi mente. Me toca el corazón, que quizá pueda latir con amor una vez más.

31 DE MARZO

Hoy es Sábado de Gloria. Cada vez que quiero que algo importante salga bien, lo acompaño con estas palabras: "de gloria". Por ejemplo, deseo tener una "reunión de gloria" o un "día de gloria". Gloria es una sensación de estar suspendidos en un espacio de paz y de misterio, de brillo, de admiración, ponderación y contemplación de algo infinitamente sublime.

Así, en este Sábado de Gloria estamos velando sin saber lo que vendrá. Si solo hubiéramos sabido que era la resurrección, habríamos estado eufóricos. Sin embargo, la gloria es pacífica, no provoca apego ni excitación, sino más bien es un estar presentes con alegría y paz. Así vivo hoy mi dia. Dejo lo que está en el ayer y no me preocupo o ilusiono por el mañana. Vivo en el misterio profundo del hoy.

Abril

"Todo el mundo tiene un potencial creativo
y desde el momento en que puede expresarlo,
puede empezar a cambiar el mundo"

~ Paolo Cohelo ~

1 DE ABRIL

¡Felices Pascuas! Mis hijos, sus novias y la esposa de Santi vinieron a cenar ayer. Una total alegría, diversión, charlas y un paseo al aire libre llenaron nuestra noche. Reinaba una sensación de paz y tranquilidad cuando cada uno hacía lo suyo. Yo estaba cantando con Diego y Caroline, mientras Tomas, Becca, Santi y Sarah charlaban en la sala de estar. De repente, Becca abre la puerta principal para dejar salir a Ziggy y Michus sale corriendo. ¡Pánico! Los chicos y Becca salen tratando de pararla. Sé lo imposible que es esa tarea. Me quedo adentro y espero. Después de un minuto, que pareció una hora, Tommy entra con Michus. ¡Alivio, alivio!

Al mismo tiempo noto un aleteo de alas. Un pajarito ha entrado y está descansando en mi estrella federal. "¡Ay, Dios mío! ¡Chicos, miren!", grito señalando a la pequeña criatura. Comienza a volar por todo el espacio abierto y aterriza en la araña que tiene un ventilador. "¡Rápido, rápido apaguen el ventilador!". Tommy se apresura a tirar de la cadena para apagarlo. El pajarito sigue volando desde el candelabro hasta la parte superior del techo alto, dirigiéndose hacia la puerta. Nuestras respiraciones se detienen. Hay esperanza. Podría elegir salir. "¡Abrí la puerta, Santi!", gritamos. Diego también abre la puerta de atrás. El pequeño casi sale, pero no lo logra. Está asustado. Se posa en la parte superior de la araña, donde toca la punta más alta del techo. Nuestros ojos se fijan en el pequeño pájaro que todavía no puede descubrir cómo irse. "Apaguen las luces", dice Diego asertivamente, "¡Mantengan las luces exteriores encendidas! ¡Vengan afuera! Esperemos ". Ha buscado en Google cómo hacer que un pájaro salga del interior de una casa. Diego silba desde donde está parado para atraerlo. Él responde en un dueto perfecto. Santi, en la otra puerta, aplaude suavemente para imitar un aleteo de alas. Tommy también está buscando en Google en mi habitación con las puertas cerradas para reducir las posibilidades de distraer al pequeño. "¡Mamá, dame una

Lilita Olano, Ed.D.

manta o una camiseta!", me pide apresuradamente. Voy a buscar la mantita de lana que me regaló Elena. Mientras tanto tira un guante de jardinería hacia la araña para hacerlo bajar. El pájaro salta de una luz a la otra. Tommy tira la manta tocándolo apenas.

Podemos ver que se está agotando y vuela hacia la silla roja al lado de la mesa de la cocina. Tommy se le acerca con cuidado. Él vuela hacia las ventanas. Tommy arroja la manta sobre el pequeño, con un instinto que solo un gato podría poseer. Él mantiene sus manos apretadas juntas. Creemos que lo atrapó, pero no estamos seguros. Estamos sin aliento. Se apresura y grita: "¡Diego, encendé la luz!" Abriendo sus manos, anuncia triunfante: "¡Así es como sacás un pájaro de tu casa!", mientras abre los brazos dejando que el pájaro se vaya volando. "¡Bravo, bravo!" Aplaudimos a nuestro héroe que ha rescatado a mi pajarito, todos nos reímos de emoción. ¡El Espíritu Santo ha volado libre! ¡Feliz Pascua para todos!

2 DE ABRIL

El amor abunda en casa hoy. El ver a mis hijos unidos es una dicha. Diego y Santi hablan y tocan el piano juntos. Cada uno con sus novias y esposa mirando la luna, abrazados románticamente. Como la zamba del Sapo Cancionero, yo también miro la luna embobada por el magnetismo y por el amor que todos expresan. ¡Qué alegría tenerlos a todos juntos y felices! La luna es no solo llena, sino que es la luna azul que, aparentemente, tiene poderes magnéticos profundos.

Con un deseo interno murmuro: "Que el sapo se convierta en príncipe!" Escucho la zamba: "Sapo cancionero, canta tu canción! ¡Que la vida es triste si no la vivimos con una ilusión!"

3 DE ABRIL

Día nublado con ráfagas de viento intenso. Es un concierto acá afuera. El follaje se deja estremecer. Los pájaros cantan a dos o tres voces. Acaba de llegar la pareja de cardenales, el macho de un rojo vívido y la hembra de un lacre opaco. El comedero se mece de un lado para el otro. Sinfonía y ballet para mis páginas matutinas.

Hoy me dejo arrullar por este paisaje. Bailo al compás de lo que la vida me otorgue hoy.

4 DE ABRIL

Ayer fue puro sincronismo. Conozco a alguien. Me cuenta su historia. Al escucharlo, le menciono que he conocido a otra persona en una situación similar. Nos miramos nuevamente y nos reconocemos instantáneamente. En realidad, él era esa persona y lo había conocido hace un año en un grupo de meditación. ¡Gran sorpresa!

¿Cómo puede ser que uno esté hablando con alguien que ya conocía y no reconocerlo? Había cambiado mucho, no solo físicamente, sino espiritualmente. Su presencia ahora era calma y no totalmente conflictuada como antes. Esta paz había transformado su semblante. Parece mentira el poder que tiene el ser humano para regenerarse interiormente y, por ende, físicamente también. Comenzamos por la búsqueda interior y luego se evidencia a nivel celular. ¡Qué buen encuentro! ¡Qué gran lección!

5 DE ABRIL

¡Cuántas gracias para dar por este nuevo día! Abro los ojos y el horizonte rosa Dior me da la bienvenida. En unos instantes emerge

Lilita Olano, Ed.D.

un sol naranja fuerte. Entrecierro los ojos y un rayo se prolonga hasta mi corazón. Mantengo mi vista difusa y me maravillo ante esta ilusión óptica. Me doy cuenta de que puedo modificar la longitud del rayo de acuerdo a la abertura de mis ojos. Me quedo absorta ante la magnitud del detalle en la ultima porción, la más cercana a mí. Es acá donde se deja entrever la viscosidad del éter en círculos concéntricos transformándose en una telaraña o un encaje solar.

Este color naranja me transporta a Mar del Plata y a la remera que tenía puesta mi primer novio de la juventud. Apareció caminando por el balneario y se sentó a la mesa en uno de los restaurantitos de la playa. Seguramente estaríamos tomando clericot con los amigos y divirtiéndonos con la charla alegre típica de esa edad. Ese color grabó en mi corazón ese amor loco y me lo dejó pintado para siempre. Ese color naranja tan fuerte es el del chacra de la creatividad, de la generación de vida.

Lo guardo hoy para seguir sintiendo esa fuerza viva dentro de mí... ¿Qué generará..?

Por lo pronto, ¡el misterio de este día!

6 DE ABRIL

Gracia por vivir con el corazón abierto. Gracias por percibir la belleza y el amor. Claro, a veces se raspan los sentimientos ante las asperezas que se presentan. Los proceso, los amaso, los dejo ir de mi mente por un rato y los miro con el corazón y la mente abiertos nuevamente. Lo que no logro dilucidar o aceptar por completo se lo encomiendo a Dios, para que, con tiempo, mi ser más elevado y divino los viva desde su punto de vista.

Sí, es una tarea, pero vale la pena para poder seguir viviendo desde el amor y la confianza en el otro, que es parte de la que logro conmigo misma.

7 DE ABRIL

Son las 9:18, hora mágica de acuerdo a la Cabala, ya que la suma de estos números da nueve, que es un múltiplo de tres. Es un día mágico y, por ende, una vida mágica. Hoy hay resolución de conflictos, discernimiento y paz, acompañados de satisfacción y alegría. Esta alquimia de emociones ocurre en mi tercera etapa de la vida.

8 DE ABRIL

¡Feliz Cumple, papi! ¡Y feliz medio año para mí! Cada vez que lo felicitaba a mi papá por su cumpleaños, él me contestaba, "¡Feliz medio cumple para vos!" Siempre sentí que al darle este felicitación, yo recibiría la mía. ¡Qué linda lección! Aprendí desde pequeñ que dar es recibir. ¡Gracias, papi! Recién a esta altura de mi vida, me doy cuenta. Trabajaste toda tu vida y nos mantuviste. Fuiste responsable del aporte financiero de nuestro hogar. Claro que mami se dedicó al cuidado de la casa, a cocinar delicias y a cuidarnos a nosotras. Me imagino cómo te habrás sentido de presionado, ya que esta responsabilidad caía sólo sobre tus hombros. Quizás esto explique tu necesidad de estar solo y tranquilo en tu oficina, tu carácter difícil y crítico. Recién ahora comienzo a entenderte.

¡Gracias por haber sido mi papá, no el perfecto, sino el humano que lucha por la familia!

Lilita Olano, Ed.D.

Dondequiera que estés, recibí mi agradecimiento profundo y mi amor de siempre. ¡Gracias por este regalo en mi medio año! A veces valorar a los padres nos toma toda la vida.

9 DE ABRIL

"Paciencia en las situaciones no satisfactorias", me recuerdo a mí misma. "Evitar juzgar al otro automáticamente", agrego. Es sólo así que puedo mirarlas no desde el punto de vista de lo que me gusta o no; sino, más bien, observar mi propia reacción. Primero la acepto y luego la modifico, si así fuera necesario. Nadie me ha hecho juez de nadie. Esto me permite vivir en paz y dar el beneficio de la duda al otro. Nunca conocemos la historia completa que impulsa al otro a actuar de una determinada manera. A veces ni siquiera entendemos totalmente la nuestra.

10 DE ABRIL

Gracias por las páginas matutinas que me ayudan a esclarecer mi pensamiento. Hoy creo discernimiento y claridad.

11 DE ABRIL

Michus está enfermita. Rezo por su recuperación. Tengo fe. Estoy protegida y guiada por el Amor Supremo.

12 DE ABRIL

Día gris con mucha calma. Sin embargo, hay un viento pronunciado. ¿Será la calma antes de la tormenta? Para mi espíritu, esta paz es necesaria. El mundo externo está convulsionado. Michus no acepta el collar que le impide lamerse la incisión de su operación para neutralizarla. Me toma tiempo sosegarla. Salta y está activa. No come la comida especial, su paté felino, adonde he mezclado la medicina que me ha dado la veterinaria para ayudarla a estar tranquila y poder sanar la incisión que le han tenido que cerrar por segunda vez. Paralelamente hay relaciones de amigos queridos un poco tormentosas.

A pesar de que me encanta la paz, estas situaciones coexisten. ¿Qué hacer? ¿Negarlas ...Preocuparme?

Tocan el timbre. Es UPS trayendo mi medicina. Es una caja relativamente grande para traer una botellita. La abro inmediatamente. La curiosidad me urge. Hay un paquete verde grande que dice en la cubierta, "La vida consiste en un 10% en lo que nos sucede y un 90% en cómo reaccionamos". ¿Sincronismo? Parece ser la respuesta a lo que acabo de preguntarme. No quiero ser un 90% de negación o preocupación. Elijo un 90% de aceptación y entiendo que lo que pasa me enseña una lección. Las tormentas existen y limpian el ambiente.

Michus se ha tranquilizado. No la escucho más arañar la puerta insistiendo en salir. Los amigos encontrarán una solución compasiva. Al fin y al cabo, la paz es importante, pero más lo son el amor y la compasión.

13 DE ABRIL

¡Cómo amo mi vida, mis montañas, mis ciervos, mi gente, mis hijos! Hoy, definitivamente, se viene una tormenta. Mientras escribo, el viento sopla insistentemente como para asegurarse de que le presto atención. Las copas de los árboles se mecen rítmicamente. El silbido de las ráfagas que bajan por el cañadón, pasa por el campo raso y se escurre entre los árboles que bordean la casa. El cielo está densamente cargado.

Sin embargo, Michus está súper relajada. Estirada cómodamente en la mesa alta de baño se entrega a un dulce descanso, bastante normal para ella a esta hora de la mañana. Me parece que ha aceptado su confinamiento en un sector pequeño de la casa. Se está recuperando de su operación magníficamente. Se ve que se siente bien luego de tres días difíciles. Está bien con ella misma. No se resiste más. Claro, le he sacado el collar que le molestaba. Descansa.

Me pregunto qué collar me habré sacado yo de encima, qué preocupación habré dejado de lado. Yo también estoy en paz conmigo misma. Me relajo. Acepto lo que traiga este día. Doy gracias por todo y me dispongo a cantar en el coro esta noche. La música de este concierto me fascina. Se la ofrezco a la audiencia. ¡Disfrútenla tanto como yo! ¡Lástima que Michus no estará presente!

14 DE ABRIL

El coro comienza poderosamente "¡Estallen, generosos …!" Mis ojos están firmemente enfocados en los movimientos del director. Somos una sola voz, una intención expresada a través de nuestras bocas y nuestra alma. Mi corazón estalla cuando pronuncio las palabras que se derraman por mis cuerdas vocales.

"Ave, ave … María", me lleva de regreso a mi escuela secundaria católica con la misa en latín. Es reconfortante estar en este refugio donde nos convertimos temporariamente en monjes en algún monasterio adorando a Dios a través de nuestros cantos gregorianos. Llego a las notas más altas casi con incredulidad. ¿Realmente lo logré? El poder del grupo me permite alcanzar niveles que no son posibles individualmente. Después de los aplausos nos sentamos y respiramos.

El locutor dirige la atención del público a nuestras viejas canciones de jazz. "A medida que pasa el tiempo", As Time Goes By, me pone un brillo en los ojos, una sensación romántica de hace mucho tiempo, cuando Tío Negro me introdujo a este género. "Un beso sigue siendo un beso, un suspiro es solo un suspiro" A kiss is still a kiss, a sigh is just a sigh. Ah…

La próxima canción empieza así: "Qué diferencia hace un día, veinticuatro pequeñas horas" What a difference a day makes, twenty-four little hours. Estoy conmovida y llena de alegría. Es tan cierto, todavía hoy. El público aplaude. Todos se han transportado a algún tiempo remoto. Tenemos la oportunidad de respirar. "¡Éste es tu favorito!" me susurra mi amiga. No puedo evitar casi bailarlo. "Todas las hojas están amarillas y el cielo está gris" All the leaves are brown, and the sky is grey. Cuando The Mamas & the Papas cantaban California Dreaming, me enloquecían.

La canción de mi querido Paul Mc Cartney, "El Largo Camino Sinuoso" The Long Winding Road, me lleva de vuelta a aquellos días de mi juventud en que idolatraba a los Beatles. ¡Qué razón tenían! Éste es el tipo de camino que he tenido hasta ahora. "Los acordes iniciales de "Tienes un amigo" You've Got a Friend, nos dan la nota inicial. Puedo ver a una mujer en la primera fila cerrando los ojos y cantando con nosotros. "Tan, tan, tan, tan, tan, tan, …", los acordes iniciales de "Old Time Rock and Roll" se dejan escuchar en el piano. Todos nos movemos a este ritmo que nos atrapa. Otra señora de la derecha se levanta y aplaude. Nosotros nos balanceamos de un lado a otro y cantamos con todo el corazón. En medio de la audiencia y los miembros del coro estallaron fuertes exclamaciones de euforia.

"Y ahora, señoras y señores", llega el momento en que todos los miembros de la audiencia que hayan participado del coro en el pasado se unen a nuestra última canción "Haya Paz en la Tierra", Let There be Peace on Earth. Nos levantamos, abandonamos

Lilita Olano, Ed.D.

nuestros lugares y salimos a juntarnos con el público formando un círculo alrededor de la iglesia. "Que haya paz en la Tierra y que comience conmigo ... " siempre trae lágrimas a mis ojos. Es casi imposible cantar hasta el final: "Amén ", donde todos nos tomamos de las manos y las elevamos al cielo con una oración interior para que haya paz dentro de nosotros y del mundo entero. Me toma un poco de tiempo secarme las lágrimas y darme cuenta de que lo hemos logrado una vez más. Hay una gran ovación. La audiencia está conmovida. Todos somos uno, y esta actuación lo confirma.

15 DE ABRIL

Me entrego al misterio.

16 DE ABRIL

Vivo con amor palpable con los demás y conmigo misma.

17 DE ABRIL

He plantado verbenas violetas en el cantero de atrás, el que bordea la ladera de las colinas. Hoy me miran sus hojitas llenas de rocío. Ya están mas gorditas y suculentas. ¡La maravilla de la naturaleza! Plantamos, les brindamos cuidado, las regamos y nos dan un fruto generoso.

Así es la vida. Plantamos una palabra, una experiencia enriquecedora, un gesto amable. Cuidamos y atendemos las relaciones y nos responden con creces, con más cuidado, amor y magnanimidad. ¡Qué sabia es la naturaleza! ¡Y nosotros no nos quedamos atrás!

18 DE ABRIL

Día de paz, magnanimidad, milagros y amor.

19 DE ABRIL

¡Qué fácil es escribir con mi lapicera nueva! En realidad, es la que vengo usando desde hace tiempo. Es de gel y se desliza como seda. Es increíble como algo tan simple, hace la vida mas fácil o, por lo menos, la escritura. Es solo cuando se me acaba la tinta y tengo que usar otra, que me doy cuenta de lo importante que es.

Ayer manejé hasta San Marcos para conseguir una nueva. No dudé un instante en hacerlo.

¿Será así como pasa en mi vida cotidiana? Cuando se me acaba la energía de algo que amo, ¿hago lo necesario para restaurarla? ¡Qué concepto simple! Sin embargo, requiere atención, un estar alertas a nuestras vivencias y sentimientos. Cuando pierdo la paz, miro dentro de mí; voy hasta donde sea necesario para estar consciente de mi reacción, la dejo ir y la miro con una nueva actitud. Compro una lapicera nueva para mi alma, recupero mi paz y, ahora sí, puedo escribir mi vida con facilidad y creatividad.

¡Hoy pongo mi energía, azul como esta nueva tinta, para sanar, para amar, en fin...para vivir!

20 DE ABRIL

Eli, mi querida amiga,

Hoy viene tu hijo. Haremos una pequeña ceremonia para devolver tus cenizas a la tierra. ¡Te quise tanto!Eras como mi hermana mayor durante los últimos años de tu vida. Me diste consejo hasta el último momento, cuando respondiste a una pregunta mía con un "¡Metéte en la cueva!" "¿Qué hago ahora, preciosa?" Creo que lo mejor, si es que te escucho bien, es poner esta disquisición en las manos de Dios y dejar que él siga su camino y yo el mío.

Te quiere,
Tu amiga

21 DE ABRIL

Caminamos hacia el arroyo debajo de la colina. Con tus cenizas en sus manos, Claudio viene detrás de mí. Nos detenemos un momento, con la vista en el molino de la granja del vecino, y hablamos de vos, preciosa amiga. Claudio me mira a los ojos y me dice: "¿Sabías que mi mami tocaba la guitarra?" Incrédula, le respondo que yo no lo sabía. "Nunca hemos tocado juntas", le explico. Seguimos nuestro camino y paso a paso te pensamos, te queremos. Le cuento a Claudio cómo tu imagen con tus dos hijos, cada uno a un lado de tu cama del hospital, tu irte de a poquito, tu sensación de fait accompli, expresada claramente cuando te pusieron el teléfono al oído y lo escuchaste a Claudio, en fin, todo el proceso fue una lección sobre cómo morir. Le agarro la mano y susurro, "Así me querría ir yo". Claudio se para y me pregunta muy seriamente: "¿Podría haber hecho algo más por mi mamá? No estuve cuando se cayó ni cuando dio el último suspiro." Lo miro con todo el cariño del mundo y le digo: "Tu mamá te adoraba. Hiciste todo en ese sentido. Quedáte tranquilo." Llegamos al arroyo. Claudio quería seguir buscando agua que desembocara en el río. Seguimos un trecho más hasta que llegamos adonde el arroyo se ensancha y se ve la parte más profunda. Aquí, con profunda emoción, tu hijo mira las cenizas y exclama: "¡Gracias por todo lo que hiciste por mi, te quiero mucho!" y, con la precisión de aquel que tiene una clara intención, te deja caer en el agua, y te vas arroyo abajo. "Mirá cómo fluye la corriente", le digo. "¡Qué suerte que hay viento! "Ya estás en tu camino, mami".Claudio me abraza con un sentimiento de "¡Hecho!" Yo continúo con los ojos clavados en el cielo. ¡Cuidálo a Claudio, ayudálo, guiálo para que tenga una vida feliz. Cuidáme a mi también!

Un nuevo capítulo acaba de comenzar para tu hijo y para mí. Subimos el sendero de vuelta a casa con paz, alegría y esperanza. La vie continue…

22 DE ABRIL

¡Gracias a la vida! ¡Qué lindo seria estar enamorada nuevamente!…"Sé aquello que deseas!", me digo a mí misma. Si miro a mi interior, entiendo que soy amor. Este amor viene de Dios, está dentro de mí para amarme a mí misma y a los demás. Siempre tenemos en nuestro interior aquello que pensamos debe ser otorgado por el otro.

23 DE ABRIL

¡Qué ganas de…! Me acuerdo de lo que alguien dijo una vez: 'Sé aquello que deseas". Si querés amor, convertíte en amable, amorosa. El amor está en mí, no solo para amarme a mí misma, sino también para amar a los demás. En lugar de pensar que lo que quiero viene de afuera, me doy cuenta de que lo genero desde dentro de mi propio ser.

24 de abril

Me desprendo de esto. Lo dejo en las manos de Dios. Cuando trato de decidír entre dos opciones, si me mantengo en la tensión de los opuestos, por lo general, aparece una nueva posibilidad. Es lo que Jung llama la tercera función. No es fácil permanecer en la incertidumbre, pero eso es lo que se requiere de nosotros si queremos aprender de la experiencia. No es fácil, pero es simple. Otra paradoja de la vida...

25 de abril

Un milagro es un cambio de perspectiva. Vemos la misma situación con lentes diferentes. Entiendo. Perdono. No necesito tener razón todo el tiempo. Respeto la manera de ser del otro. Esta apertura propia facilita la apertura del otro. La gratitud expresada trae más gratitud. Dar es recibir, una de las paradojas de esta vida. Simplemente se requiere una cierta generosidad y la posibilidad de ver la situación desde el punto de vista ajeno, es decir, objetivamente. Esto es posible solamente si no ataco al otro y si no siento necesidad de defenderme ni me tomo nada en forma personal.

Podemos adquirir sabiduría cuando nos miramos en nuestro interior, cuando compartimos con alguien que sabe escucharnos, cuando le prestamos atención a nuestros sueños y tratamos de comprender los mensajes que nos traen.

¡Cuánto cambian las cosas en un día! What a difference a day makes, como dice la canción y "¡Ese cambio sos vos! And the diference is you!

26 DE ABRIL

¡Feliz aniversario! No puedo creer que hayan pasado dos años desde que llegué a Wimberley. Entré en mi nueva casa con el corazón a punto de estallar. Había cumplido mi sueño. Había estado escribiendo y visualizando este lugar durante muchos años. En mi mente y en el papel, había pensado y escrito: "Vivo en la cima de una colina y doy talleres de escritura". En este momento estoy aquí en la cima de la colina. Mi grupo de escritores vino ayer. Ésta es una prueba de que los sueños se hacen realidad, que puedes imaginar y crear el tipo de vida que deseas. Se lo debo a mis páginas matutinas que hace tanto tiempo escribo religiosamente todos los días.

Estoy muy agradecida. Siento que estoy donde debo estar. Todavía me asombro todos los días cuando veo a los ciervos que vienen a visitarme, los pájaros que vuelan por todas partes, el zorro ocasional, los sonidos del pavo salvaje y, sobre todo, las personas especiales que son parte de mi vida. Son creativas, reflexivas, compasivas y, además, están involucradas en la comunidad. Las encuentro en yoga, Qi Gong y, sobre todo, en el HEB local. El restaurante de Linda se ha convertido en mi segundo hogar, con su deliciosa comida y su maravillosa música. Están en todas partes, en las reuniones del consejo de la ciudad, los lugares de voluntariado a los que pertenezco y las caminatas diarias en el Blue Hole. Estoy más ocupada ahora que cuando estaba enseñando en la universidad. Las amo. ¡Gracias por estar en mi vida!

27 DE ABRIL

Diego me regaló una imagen pintada artesanalmente en madera de alguien que se parece a un San Francisco en estilo naif. Es en realidad, San Isidro, Santo Patrono de los granjeros y jardineros. Hay una inscripción que dice: "Los Ángeles bajaron del Cielo y araron la tierra con bueyes blancos. Sus bolsas de maíz se llenaron milagrosamente luego de haberle dado de comer a unos pájaros hambrientos". Además, hay una plegaria en la parte de atrás que dice:

> Bendice mi terreno,
> Deja que la lluvia llueva,
> Que el sol brille
> En todas las cosas buenas de la tierra.
> Haz que mis cultivos crezcan
> Para que sean abundantes y buenos.

¡Qué buen regalo para mi pequeño paraíso acá en Wimberley!

28 DE ABRIL

Cuando equilibramos nuestra energía, la Tierra toda se equilibra.

29 DE ABRIL

Mi querido papi,

Hoy es el aniversario de tu muerte. Te deseo que estés en paz, libre de tu cuerpo, volando en el cielo como el pájaro que siempre quisiste ser y que eras en realidad. Independiente, intrépido, libre, claro, sentiste la responsabilidad infinita de mantener un hogar, sobre todo financieramente. Por supuesto, expresaste tu amor de padre cuando éramos niñas y adolescentes. Cuando fuimos más grandes, tus actitudes y tu autoridad me alejaron, tu crítica inexorable a mami fue difícil de soportar. Por otro lado, estuviste a mi lado cuando te necesité, cuando quise cambiar de programa y de escuela, cuando hubo que hablarle a ese chico que no quería en mi vida.

Antes de tu muerte me dijiste, "Sabés, ¡yo pensé que era inmortal". Cuando te dije, "Te quiero, papi", me reiteraste, 'Y yo también". Estabas absorto con el dibujo que Diego te había hecho del rodeo en Houston. Estabas exhausto, entregado, débil, casi humillado por la manera en que los médicos hablaban de vos como si fueras un Don nadie, con un tono condescendiente tan fuera de lugar. Me puse furiosa. No sabían que estaban hablando con el Dr. Etcheverry. Un poco más tarde, yo también me convertí en doctora, la Dra. Olano. Te admiraba y te quería, pero nunca me sentí totalmente aceptada, sino más bien criticada por la carrera que había elegido, por cómo se portaban los chicos cuando iban a visitarte. En fin, así eras. Ahora te sigo amando. Veo tu sonrisa muy presente. ¡Ojalá hubieras estado vivo cuando fui a Exhalar, al país Vasco, a tratar de descubrir tus orígenes!

Mi adorado papi, gracias por darme la vida, la perseverancia, la pasión, el sentido de responsabilidad y por mostrarme que yo podía seguir mi sueño a pesar de tu objeción. Esto fue primordial para mi liberación y para convertirme en la mujer independiente que soy hoy. Hasta eso me sirvió, ya que actúe por demostrarte que podía.

Te amo, volá libre,
Lilita, tu hija mayor.

30 DE ABRIL

Lo único constante en nuestras vidas es el cambio. Pasamos por momentos buenos y otros difíciles. En este momento todo está bien. Tengo salud, alegría interior y me siento agradecida. Hay esperanza en mi vida. Vivo este momento pleno y lo disfruto. Lo recibo con los brazos abiertos. Percibo un atisbo del camino que se abre en el futuro. Me lleno de las flores salvajes, los pájaros, la compañía y la ternura que me rodea.

Mayo

"Yo no soy
lo que me pasó,
soy
lo que elijo ser".

~ Carl Jung ~

1º DE MAYO

Hay ternura en mi vida. Doy y recibo una vez más. Valoro expresarme como mujer. La diosa interior esta viva. Creo en una comunión de amor, un acto consciente de estar presente en el momento sagrado.

2 DE MAYO

Estoy abierta al milagro. Me entrego al misterio.

3 DE MAYO

Hay una parte de mí que se siente libre para amar. Hay otra parte que está ocupada en planear todo, evaluar y medir. Elijo mi parte libre. Me pregunto cuál será la próxima situación a la que responda con un "sí" generoso. El "sí" proviene del coraje; la duda proviene de la crítica. Recibo el amor con delicadeza y lo doy con alegría.

4 DE MAYO

Gracias por la continua guía, la luz que muestra claramente el camino. Me relajo, me entrego al misterio de la vida. Cuando me pregunto si vale la pena seguir en esta dirección o no, cuando la duda se adueña de mi, elijo aceptarla, pero no estar manejada por ella. Cuando estoy ante la presencia de dos opuestos, me siento con la urgencia de escoger uno u otro. Sé que esto no es necesario. En realidad, si logro mantenerme presente y tolero la tensión, sé que la tercera opción aparecerá a su debido tiempo.

Lilita Olano, Ed.D.

Dejo que las piezas del rompecabezas se acomoden solas. Espero, me dejo guiar. Espíritu Santo, sopla tu sabiduría. Amén.

5 DE MAYO

Gracias a la vida que me da tanto. Gracias a la vida como es, no como podría ser o como podría haber sido. La acepto, la contemplo, la valoro, me permito disfrutarla. Hoy tengo paz.

6 DE MAYO

Día de entrega total al misterio de la vida. Estoy presente. Es este momento el único que tengo hoy. Es el mejor del mundo. Lo vivo plenamente sin juzgar o planear demasiado. Hoy es un día con Dios, con el otro, con mi amado y conmigo.

El misterio se hace carne.

7 DE MAYO

Hoy apareció a la mañana, majestuoso y solitario caminando elegantemente a través del jardín. Mi pavo salvaje debe sentirse cómodo en casa. Se pasea, inspecciona y deambula a sus anchas. Está intrigado por los alrededores. Gira la cabeza en diferentes direcciones tratando de conectarse con algo que yo no veo y él, tal vez, sí.

Yo también me conecto con algo que no puedo ver, pero sé que está ahí. Mi alma está abierta al misterio de la mañana gloriosa. Todavía puedo verlo en la distancia. Ahora sé qué camino toma para subir la colina. Espero que les diga a sus amigos que hay un hermoso lugar donde se pueden sentir seguros y a salvo.

Espero volver a verlos, los veintiuno que vi hace un tiempo. Me dejaron con la boca abierta cuando tomaron vuelo de repente en un destello de plumas. Este lugar es acogedor y mi corazón también.

8 DE MAYO

Sentada en el cuarto de atrás, tengo la vista sin obstáculos del pasto verde, los cedros que bordean el lado norte y detrás, las colinas sólidas. Justo a mi lado estas pequeñas flores amarillas silvestres bailan vívidamente con la brisa. Es un mar de caras redonditas que se mueven al unísono. Mi ciervo aparece en el centro del jardín. Se acerca bastante y me mira fijamente. "¿Cuándo me vas a dar de comer?" susurra. "Lo siento mi amor, la bolsa de maíz está en el baúl y la bajaré más tarde", trato de razonar con él. Les he estado diciendo lo mismo durante una semana. La verdad es que pesa demasiado para bajarla yo sola, así que sigo esperando a que alguien me ayude.

No se ofenden ni me culpan. Están comiendo en los pastizales a lo lejos, en el mismo lugar donde ayer se apareció el pavo salvaje. Por cierto, cuando salí a caminar ayer por la mañana, traté de seguir su camino. Quería saber cuál estaba usando para venir a visitarme. Mientras exploraba, lo vi cerca caminando a poca distancia de mí. No pude llegar al sendero porque las ramas muertas obstruían el camino.

Mis delicias matutinas son muy variadas. Voy a explorar y es posible que encuentre más.

9 DE MAYO

Aquí llega una de mis liebres y está sentada en el mismo lugar donde pastaba el pavo salvaje hace un rato. Se revuelca sobre su espalda para limpiarse y jugar un rato. Estoy fascinada y quiero verla mejor. Corro a traer los binoculares temiendo que ella se haya ido cuando regrese. ¡Alivio! Todavía está aquí. Enfoco mis lentes y veo a esta gran criatura grisácea con los ojos fijos en algo cercano, las orejas estiradas hacia atrás. Está inmóvil, casi como en un trance. Después de un rato, mastica un poco de pasto y se va

Seguramente, Beatrix Potter habrá estado rodeada de estas criaturas. Para ella fue Peter Rabbit. Para mí es esta liebre más grande que parece haber salido de Alicia en el País de las Maravillas. No me acuerdo del diálogo que Alicia tuvo con el Conejo, pero lo investigaré.

No pretendo ser la Sra. Potter, pero comparto totalmente sus sentimientos de asombro por los pequeños animales en la naturaleza. Un par de cardenales acaban de posarse. Los ciervos se comen el maíz. Todo está bien.

10 DE MAYO

Las pequeñas cosas son importantes. Estoy tan acostumbrada a conectarme con lo espiritual y a profundizar, que a veces me puedo olvidar de que las pequeñas cosas prácticas también demuestran amor y cuidado. Cocinar para alguien o arreglar un banco dilapidado son asuntos cotidianos tangibles. La intención detrás de estos actos puede pasar desapercibida y ser juzgada como trivial. Puedo perderme estas cosas si no presto atención Todo lo que alguien hace por mí es una manifestación de cariño y todo lo que hago por el otro, incluso si es solo una sonrisa o escuchar con atención, también lo es. Expreso mi amor libremente y valoro profundamente las expresiones gentiles de los demás.

Reflexiones Matutinas: Creando Mi Vida Página a Página

11 DE MAYO

Acepto la incertidumbre de la no resolución instantánea de la situación y entiendo que con el tiempo las piezas del rompecabezas tienden a caer en su lugar. No espero la perfección. La opción de que salga todo bien o todo mal no es real. Hay algo en el medio, una especie de síntesis. Así es.

12 DE MAYO

Imagino y creo para hoy: amor mutuo, almas que se comunican, corazones que se abren, mentes que fluyen espontáneamente, en fin, una fusión energética que nos une con Dios y el uno con el otro.

13 DE MAYO

Estoy rodeada de Amor.
Estoy en Paz.
Estoy sana y me siento bien.

14 DE MAYO

Estoy agradecida por el día de hoy. Todo sucede como debe suceder. No me paro ante supuestas limitaciones. Le digo que sí a la vida. Me tomo mi tiempo, enfrento mis temores y luego los dejo ir.

15 DE MAYO

"Aquel que está satisfecho con lo que obtiene en el curso ordinario de las cosas, que se ha elevado por encima de los pares de opuestos como

Lilita Olano, Ed.D.

la felicidad y el sufrimiento, no tiene mala voluntad y reacciona igual ante el éxito y el fracaso, no se sentirá sometido". Gracias, Mahatma Gandhi, por esta hermosa interpretación del Bhagavad Gita.

16 DE MAYO

Cuando entro en la habitación para meditar, los veo. Una hermosa pareja de zorros camina juntos. Estoy acostumbrada a que solo uno de ellos me visite, pero nunca he visto dos al mismo tiempo. La hembra se sienta junto al cobertizo en el jardín de atrás. Poco después, vislumbro algo que se mueve debajo de ella. Ahí están ... ¡uno, dos, tres cachorritos de zorro!

Con la boca aún abierta de asombro, agarro mis prismáticos y veo con absoluto deleite cómo los lame uno a uno y cómo juegan con ella mientras los acaricia. El papá zorro llega, los mira brevemente, la besa a ella con ternura y se sienta cerca mientras protege el espacio.

¡Otro milagro en Wimberley, Texas! ¡Ay, Dios mío...! Una paloma vuela justo encima de ellos. ¡Gracias, Espíritu Santo! Estamos listos para su bautismo.

17 DE MAYO

"El que ha renunciado al apego al fruto de la acción ...", se lee en El Bhagavad Gita, "es ecuánime". Vivo mi vida siguiendo esta enseñanza.

18 DE MAYO

Feliz aniversario, mi amor. Gracias por haber sido parte de mi vida. Gracias por tu amor incondicional. Gracias por pasar conmigo los momentos mas difíciles de mi vida. Vos habías cuidado a tu mujer cuando habia estado con cáncer. Cuando me lo contaste al principio de nuestra relación, te escuché, te consolé y luego, finalmente, me enamoré. Quizá vos necesitabas tener otra experiencia similar y ver que podía tener un final diferente. Yo, sin quererlo, te permití hacerlo. ¿Sería esto parte del plan? Me amaste, te enamoraste y tuviste una pareja feliz. Yo, por mi parte, también necesitaba tener alguien en quien confiar y con el que me sintiese en paz. Ahí estabas vos. Fue un encuentro mágico que nos trajo felicidad a los dos y a mí, en particular, me ayudó a transitar el difícil proceso de enfrentar la enfermedad y pasar por el tratamiento. Cuando ya estaba curada, me dijiste: "Seguí tus sueños. Ahora no me necesitás más". Fue ahí cuando de un día para el otro te enfermaste y te moriste. Yo hice lo único que pude hacer: ayudarte a morir, que era algo que temías profundamente.

Parada frente a tu tumba, mientras miraba esa foto tuya tan especial en la que tenías una mirada y una sonrisa increíblemente cálidas, me pareció escucharte decir: "Yo fui un ángel en tu vida. ¡Ahora sé feliz!". Me doy cuenta de que yo también fui una especie de ángel para vos. Tal vez me diste la oportunidad de ayudarte. Te ayudé en tu transición.

¡Tarea cumplida, mi ángel! ¡Gracias! Te amo para toda mi vida. Ahora debo seguir viviendo sana, con amor, haciendo feliz a mi pareja, si es que en algún momento encuentro a alguien al que pueda amar nuevamente y, además, a todos los que me rodean. ¡Feliz aniversario, querido Cavit! Que Dios te tenga en su Gloria. Amén.

19 DE MAYO

Aparece un solo ciervo hoy. Se lame su pelaje para disfrutar de este vienes nublado. Con su elegancia singular, me mira fijo. Parece querer decirme algo, pero se da media vuelta y se va, ya que no sabe cómo decirlo ni yo cómo entenderlo. Mi próximo proyecto será aprender un poco de "cicrvés/ciervol", un idioma bilingüe para ciervos.

20 DE MAYO

Mi vida ha cambiado. Me di permiso para que cambiara. Si hago las cosas paso a paso, lenta y constantemente, todo fluye. Estoy en el momento. Me gusta. Soy dichosa.

21 DE MAYO

"Cuando las dudas me persiguen, cuando las decepciones me miran a la cara y no veo ni un rayo de luz en el horizonte, me sumerjo en el Bhagavad-Gita, encuentro un verso que me consuela y, de inmediato, comienzo a sonreír en medio de un dolor abrumador "

~ Mahatma Gandhi

Cuando leo esta maravillosa fuente de sabiduría, tiene el mismo efecto en mí. ¡Gracias!

22 DE MAYO

¡Gracias por esta mañana en paz! Me despertó Michus con sus patitas encima de mí. Se estiró a mi lado y arrimó una de ellas como para acariciarme. Esta gata Chaman sabe qué darme apenas despunta el día. Con este comienzo es muy lindo levantarse lista para otra aventura. Le abro la puerta, la libero y me libero. Me hago un tecito y me dispongo a meditar. Amanece nublado, mi tiempo favorito. Acaban de llegar mis primeros invitados. Les traigo su comida y gozo viendo a mis dos ciervos disfrutar de este maíz dorado. Hay paz acá arriba. Hay paz dentro de mí. Ahora estoy lista para caminar hacia el arroyito cuesta abajo, donde inevitablemente el silencio y el panorama me colman de dicha. ¡Por un día en gozo y tranquilidad!

23 DE MAYO

Se acerca el día. Ya falta poco para mi viaje a Argentina y Turquía. Estoy ansiosa por las tareas no realizadas. Tengo mi plato lleno. Las hago a mi ritmo.

24 DE MAYO

Algún personaje célebre dijo: "¡Vísteme despacio que estoy apurado!", sabias palabras para indicar la necesidad de actuar con calma cuando no tenemos mucho tiempo. Así actúo hoy ante los miles de preparativos para mi viaje.

Completo todo con paz y facilidad.

25 DE MAYO

¡Feliz día de la Patria! Hoy es el día en que los argentinos nos declaramos libres de España. Ya vuelvo a mis pagos. ¡Qué ganas! Pensar que estuvieron contenidas y casi negadas durante los últimos tres años. Por eso estoy tan feliz de volver. "Volver con la frente marchita", dice el tango. No me siento marchita aún, pero sí con más años. Fueron años de una vida con lo bueno, lo difícil y lo sublime. Vuelvo con el reconocimiento de que "Es un soplo la vida…" mientras sigo escuchando la música. Los afectos, la familia, los amigos de la niñez y las callecitas de Buenos Aires son mi tesoro guardado en el fondo de mi alma. Volver...

¡Gracias por esta oportunidad de dar y recibir cariño, de recordar esa sensación de pertenencia que solo se experimenta en nuestro terruño! Extrañaré a Michus, pero volveré a verla pronto.

26 DE MAYO

Hoy completo mi libro, sin prisa y sin pausa. Me encomiendo a Ti. Inspiración, paz y alegría son mi firme intención.

27 DE MAYO

¡Gracias por la escritura que me nutre y me permite expresar lo más profundo de mi! Ayer completé mi libro, Mis veranos en Burgaz, My Summers in Burgaz. Nació otra obra, gesté un nuevo hijo: el cuarto libro y, por ende, el séptimo hijo, ya que tengo tres. El número cuatro es símbolo de haber completado una etapa, de acuerdo a Jung. Este libro lo enfatiza, ya que el proceso de escribirlo me ha ayudado a seguir mi vida como un capítulo nuevo luego de la muerte de Cavit. Le he podido rendir tributo a él y a toda la gente de Burgaz con infinita gratitud por el cariño recibido. El número siete también indica lo mismo. Dios creó el mundo en siete días y cuando vió el resultado, se quedó contento.

Así me siento yo en este momento. Estoy llena de paz, alegría y amor, con la profunda lección de que la vida es un libro, ya que cuando parece que se acaba una historia, podemos escribir un nuevo capítulo. Es un acto interno de elección y de voluntad de generar más vida, más historias, más palabras. Así, le doy la bienvenida a quizá más que un nuevo capítulo, a un nuevo libro, literal y metafísicamente. ¡Adelante! ¡A vivir!

28 DE MAYO

Gracias por las gracias recibidas. Tommy tiene un trabajo nuevo, Becca con total tranquilidad expresa similitudes entre su mamá y yo. Seré su mama simbólica con todo gusto, ya que la suya falleció hace unos años. Santi y Sarah siguen enamorados como el primer día. Diego, feliz con esta nueva relación.

29 DE MAYO

¡Por un viaje de gloria! Salgo mañana.

30 DE MAYO

Como no tengo mi diario a mano en el avión, escribo mis páginas en la parte de atrás de mi horario de vuelos y sólo Dios sabe adónde lo he puesto.

31 DE MAYO

Mi Buenos Aires querido, ¡qué suerte que te he vuelto a ver! Y, como sigue el tango, "no habrá más penas ni olvidos".

Las penas se disipan en el terruño. Solo el hecho de caminar mis calles me hace sentir en casa, y el olvido es prácticamente imposible. Camino, como cada vez que vengo, bajando por Austria hasta casi Libertador. Me paro en frente a casa, aquella en la que crecimos. Mi vista cuenta los pisos hasta el "11". Ahí está mi balcón. Lo veo a papi asomándose. ¡Cómo le gustaba esa vista! En uno de los planteros ponía su cajoncito con fruta fresca para que guardara el aroma y el sabor, no la ponía jamás en la heladera. Las noches de verano comíamos ahí, al aire libre, y él salía a caminar después de la copiosa cena.

Todos se aparecen claramente en mi mente: mami y Gracy, mis abuelos, Bueli Loli y Bueli Luis y, por supuesto, Tío Negro. Me acuerdo de una noche del 31 de diciembre cuando estábamos todos adentro listos para brindar y no sabíamos adónde estaban los buelis. De repente, divisamos sus siluetas en la oscuridad del balcón, agarraditos de la mano mientras se apoyaban en la baranda. Era su aniversario de casados y estaban de gran romance. "¡Vamos, vamos a brindar!", les urgimos. Fue entonces cuando mi abuela, de herencia sevillana, se subió a una silla y comió sus uvas y luego, su queso. Inmediatamente nos recordó, "Uvas con queso saben a beso"

¡Cuántos recuerdos enternecedores! Saco una foto de la puerta de entrada con una reflexión mía en el vidrio. Se las mando a mis hijos con una nota,"¿Adónde estoy?? ¡Adivinen!" Diego responde," Ahí creció mamá y la vemos reflejada en la foto". ¡Ojalá que ellos no se olviden de su Buenos Aires querido y que lo vuelvan a ver!

Junio

"Ayer era inteligente,
por lo tanto, quería cambiar el mundo.
Hoy soy sabio,
por eso cambio yo mismo".

~ Rumi ~

1 DE JUNIO

Invierno en Buenos Aires, verano en Wimberley. Frío y lluvia acá, mientras en Texas el calor es extremo. Grandes diferencias climáticas, pero adentro del corazón encuentro el calor de los afectos, los recuerdos y la presencia de este lugar que amo. Allá en medio de altas temperaturas encuentro en mis colinas la paz y el sosiego que refrescan mi alma.

Así es la vida, una serie de opuestos que, de alguna manera, nos dan el sabor de estar vivos. Si todo fuera igual, parejo y repetitivo, si todo coincidiese exactamente con nuestras preferencias, seria magnífico, pero quizá no lo apreciaríamos. No estaríamos obligados a hacer una síntesis mental entre extremos. No creceríamos y sería hasta monótono. De todas maneras, no sería real. La realidad supera a la fantasía solo si nos permitimos aceptarla tal cual es.

2 DE JUNIO

"Volver...con la frente marchita...que es un soplo la vida, que 20 años no es nada..."

Ayer le matamos el punto al tango, ya que para las egresadas del Jesús María debería haber sonado así: "que 50 años no es nada". Parece mentira. Después de tantos años, las caras aparecían una tras otra con el mismo brillo en los ojos, el abrazo profundo de un amor auténtico y una alegría que viene del fondo del alma. Ayer me di cuenta de que ese sentimiento de dicha lo cultivamos en nuestra juventud. La fe nos ayudó. Nos mirábamos y reconocíamos mutuamente con este lenguaje común, la alegría interior que se manifiesta con gesto externos, según San Agustín, con aquellos que amamos y consideramos amigos.

Lilita Olano, Ed.D.

¡Qué fiesta de amistad! Entro en la capilla, miro el altar iluminado y me convierto en esa chica de 15 años en el tercer banco a la izquierda con la mantilla en la cabeza y el alma elevada a Dios, pidiendo quizá por algún deseo, por un sueño, confesando algún pesar, expresando algún amor con aquella inocencia digna de la juventud.

¡Que nunca perdamos esta alegría y este niño interior que nos sigue impulsando a vivir nuestros sueños y a desear desde el fuero más íntimo contribuir con nuestro granito de arena a tener un mundo mejor!

4 DE JUNIO

¡Gracias por las sonrisas francas y luminosas de los seres queridos! Nos comunicamos a través de la mirada, tanto físicamente como con el corazón. Esa chispa que percibimos es el alma del otro metiéndose en la nuestra. Luego fluyen la comunión y la comunicación como por motus propio. Se mete el cariño, el pensamiento, el mensaje que los dos quieren transmitir y, cuando nos despedimos, se sella este vínculo con un toque de alegría que nos deja completos.

¿Qué pasa cuando no es así? A veces hay cortocircuitos en el intercambio, y la mente le gana al corazón; la palabra que no se intentó decir sale como un toro antes del espectáculo. El otro queda sorprendido, bloqueado. Trata de recobrar el hilo del alma y con su energía intenta contener al toro y volver al contacto tierno, que es el único verdadero. Con suerte se recuperan ambas partes recordándose que el corazón debe estar presente y la mente bajo control.

5 DE JUNIO

Hoy voy a caminar por las calles de Buenos Aires. Son mis calles. Nací aquí. Puedo caminar por de cualquier otro país y la sensación es diferente. Las descubro; las disfruto, pero no son mías.

6 DE JUNIO

Las charlas con amigas son joyas que almacenaré para siempre. Cada conversación trae algo no comunicado anteriormente. Las mujeres somos de palabra fácil, profunda, sutil, delicada, edificante. Nos acariciamos mutuamente el alma; nos ayudamos a esclarecer la mente y nos deleitamos el corazón.

Es mi alimento diario acá en mi Buenos Aires querido. Casi que podría vivir sin el sustento real de la comida. Bueno, no es para tanto. ¡Me estoy por ir a disfrutar de una buena parrillada!

7 DE JUNIO

Reunión de gloria. Todos sentados alrededor de la mesa con alegría y amistad. Entrecierro los ojos y los veo sentados en sus pupitres, en nuestros uniformes, algunos escribiendo en sus cuadernos y otros leyendo. De repente alguien me pasa un papelito de la última fila. Con disimulo me cercioro de que la maestra no me esté mirando

y leo una notita en lápiz: "¿Querés andar conmigo?". ¡Qué emoción! Me cambió el día.

Mrs. Drake, sentada en su escritorio, nos advierte, "Tendrán que poner una moneda en la alcancía cada vez que hablen en castellano." Ahí íbamos, uno tras otro, los que transgredíamos la regla. Claro, mientras tanto ella se comía su sándwich gigante, que seguramente se había comprado con lo recaudado de multas de la semana anterior. Para colmo nosotros no podíamos comer en la clase y se nos hacía agua la boca.

Pero los chicos de la Británica eran muy piolas. Esperábamos a la clase de música. La profe se sentaba al piano y nos exhortaba a cantar "Old Black Joe" Nosotros comenzábamos…"I'm coming,

Lilita Olano, Ed.D.

I'm coming, and my head is turning low, and all the way I'm sad and lonely...Old Black FASULO, "Ahora vengo, ahora vengo cabizbajo, mientras me siento tan triste y solo...Viejo negro Fasulo", gritábamos con todas las fuerzas la última palabra cambiada adrede con toda la premeditación y picardía típica de la edad. Mrs Drake se veía confundida, ya que no comprendía la última palabra que, además, rimaba con otra que seguramente no conocía. Por lo menos esta vez salíamos triunfantes sin tener que poner la moneda en la alcancía. ¡Qué dulce es la venganza!

Acaba de llegar el asado. Despierto de mi ensueño. Juan Carlos, sentado a mi izquierda, me ofrece una molleja con suma consideración porque ya sabe que las amo. Le paso un pedazo de carne a Gerardo, que para un momento con su charla entretenida. Omar se sirve por su lado, con esa tranquilidad y ternura que lo caracterizan. Cristina está sentada un poco lejos para poder hablar, pero me ha contado hace un ratito su maravilloso viaje a Japón. Alicia nos mira a todos, y en sus ojos adivino la intensa alegría de haber logrado organizar este encuentro una vez más. María Mónica charla hacia un lado y hacia el otro con su elegancia habitual. Laura sonríe abiertamente asintiendo a los comentarios de Carlos, quien, con su seriedad, impone un cierto respeto al grupo. Ceci, en la cabecera, se asegura discretamente de que todos estemos bien atendidos mientras supervisa casi imperceptiblemente a sus hijos, que están a cargo de esta parrilla magnífica. Graciela, exuberante de cariño, charla con Inés, sutil y discreta, mientras Silvia se explaya con cuentos guardados durante cincuenta y cinco años, ya que ha venido a la reunión por primera vez.

Aun los ausentes están presentes; Mario desde Canadá, Jorge desde Turquía, Rolando desde Irlanda, Greg desde Alaska. También nombramos a Alberto, Pablo y Néstor y sabemos que desde arriba nos están mirando Laura y Beatriz.

Reflexiones Matutinas: Creando Mi Vida Página a Página

Gracias por esta escuela querida que, además de convertirnos en perfectos bilingües, nos dio la libertad y la creatividad necesarias para ser personitas responsables y productivas, ya que nuestro escudo usado orgullosamente en el uniforme, lo decía claramente:" Character Endures For Ever", La personalidad dura para siempre.

8 DE JUNIO

¡Feliz Cumple, querido Federico! Parece mentira que una relación iniciada en la juventud siga con cariño y frescura luego de tantos años. Los dos hemos vivido tan lejos y aun así los vínculos sinceros perduran. ¡Gracias por haber sido parte de mi vida, mi querido Clark Kent! Eras tan parecido a él que, en mi mente, podías transformarte en Superman, pero lo hacías bajo una personalidad oculta y discreta que condecía con la tuya. ¡Que vivamos muchos años más para poder seguir con nuestra amistad a distancia!

9 DE JUNIO

¡Tantos abrazos, tantos besos, tantas palabras cálidas expresando cariño a troche y moche! Me voy inundada de amor, exhausta de tanta risa, deleitada con la mejor parrillada, el corazón expandido y el alma llena. ¡Gracias chicas, amigas de la escuela secundaria!

10 DE JUNIO

La música de Caetano Veloso, cantada por un cantante brasileño en el café concert de Buenos Aires, se me mete en los huesos, me llega al alma y me sale por los ojos en lágrimas de profunda emoción. Siempre siento esta inmensa alegría cada vez que escucho esta canción. Tío Negro se hace carne, y yo me remonto instantáneamente al Café Vinicius en Río, donde la audiencia canta a toda voz sus sambas adoradas. Ahora me transporto a las callecitas de Buenos Aires, y recuerdos de amores y situaciones fluyen como si alguien hubiera abierto la canilla interna de mi corazón y se derramase todo el sentimiento.

La miro a Inés, mi querida amiga de años. Ni hacen faltas palabras. La comunión del mutuo entendimiento se trasluce en nuestros ojos mojados. ¡Qué noche de gloria! No en vano les he dicho a mis hijos que cuando esté por partir al otro lado, me pongan una samba, y "¡espero!".

11 DE JUNIO

Ultimo día en Buenos Aires, último tango en Paris... En la feria de San Telmo, la música de Piazzola, tocada en guitarra clásica por Agustín Luna y acompañada por una cantante maravillosa, me emociona profundamente. Siento el compás sobre el empedrado de las calles mientras me esfuerzo por no largar el llanto y me digo seriamente," Yo no me puedo ir de Buenos Aires". "Sur", cantado como los dioses, me lleva a este barrio de San Telmo donde tuvimos nuestro primer departamento en Belgrano y Balcarce, que Gonzalo remodeló con elegancia y fue el hogar para nuestro primer hijo, Santiago. A renglón seguido viene una pareja de bailarines que dibuja sensualmente su coreografía limitándose a unas pocas baldosas en el centro del empedrado. Me cuesta irme de la feria y volver a casa.

Hoy vuelvo a mis pagos colmada de amigos, sabores parrillescos, sonidos de tango y plenitud en mi alma. Me espera Michus y la vida linda del otro lado del lado del charco. Ya pienso en "Volver..." con los acordes del tango en mi mente.

12 DE JUNIO

Hoy viajo.

13 DE JUNIO

Ya estoy de vuelta. Qué viaje de gloria. El amor sana. Estoy plena. Recibo amor y doy amor. Es una cadena que no se rompe.

14 DE JUNIO

Gracias a la vida. Gracias por la gracia, la gracia de saber que Dios esta en mí, que todo lo que pido con fe ya ha sido concedido.

¡Por una vida con salud para servir al otro y ser feliz en abundancia hasta la hora en que vaya a la otra, en paz, amor y unión con Dios!

15 DE JUNIO

Feliz cumple, amiga del universo. ¡Te quiero tanto! Sé que el dolor te carcome. Si me permitís decirte algo, como tantas veces lo has hecho vos conmigo, quizá puedas mirar esto de una manera un poco diferente. La muerte forma parte del ser humanos y es natural que experimentemos un gran dolor al ver partir a los que amamos. A la vez, es solo una parte tuya. Sos también la alegría loca que sentís cuando algún milagro sucede en tu vida, tu amor por tus perros, por tus gatos, por tu hermana y por tu vida. Todo cambia, y este dolor también se transformará.

Un beso, mi querida Lucy. Deja todo en manos del universo o de Dios para que todo sea resuelto a ese nivel. Es en los momentos de

Lilita Olano, Ed.D.

mayor sufrimiento que recibimos más gracias, si solo estamos con el corazón abierto y atentos. Sé que vos tenés el corazón más grande que nadie.

Te quiere,
Lilita

16 DE JUNIO

Un picaflor prueba el comedero de pájaros y se da cuenta de que no es el suyo. También toca con su pico la casita para pájaros, pero es en vano. Ahí no hay alimento. Finalmente va al suyo, pero está vacío. Vuela hacia mí, aletea desesperadamente justo enfrente de mis ojos, bastante cerquita, y luego de unos instantes vuela en otra dirección. Mi corazón se para. No puedo creer la proximidad de este pájaro ínfimo que, a pesar de su tamaño, es tan persistente. ¿Será un picaflor vasco?

17 DE JUNIO

Cuando salgo de casa veo un bulto que corre cerca de mí. ¿Será el gato? No alcanzo a ver bien. Cuando subo al auto, lo veo de atrás y me doy cuenta de que es una liebre. ¡Qué bella! Ante mi asombro hay otra más, su compañero, que salta en el parque de delante de la casa.

¿Habrá alguna otra sorpresa hoy? Gracias por este regalo inesperado.

18 DE JUNIO

Mañana tengo mis chequeos en M.D. Anderson. Mi intención es la siguiente:

El Dr. Glisson dice: "Todo está normal. Estás perfecta." En mi fuero íntimo creo paz y fe. Vivo hasta los 106, cuando me iré con Diosito sana y solo viejita, llena de amor y lista para el viaje".

19 DE JUNIO

¡Alabado sea Dios! ¡Gracias por los resultados! En realidad, escuché las textuales palabras que escribí ayer:"Todo está normal. Estás perfecta" Confirmo, una vez más, el poder de la escritura para crear nuestra realidad y, por supuesto, el de la fe.

20 DE JUNIO

Tommy querido ayer te compartí algo tan olvidado de mi vida. ¡Cómo se puede tener tanta comunicación! Gracias por escuchar, entender y amar. Todo esto te muestra una mamá de carne y hueso, real y perfectamente imperfecta. En la vida siempre hacemos lo mejor que podemos o sabemos en ese momento. Aprendemos y seguimos adelante con compasión hacia nosotros mismos. Solo así podemos sentir lo mismo por los demás y ayudarlos a transitar esta vida mientras nosotros lo intentamos también.

Te amo mi pequeño hombrecito ya hombre. Sos un alma íntegra. Siempre has tenido una sabiduría que no condecía con tu edad. Tomás, ¡adelante con tu vida, mi ángel! ¡Amá! Eso es lo único que vale la pena. Amáte a vos mismo con todas tus imperfecciones y todos tus triunfos. A los demás dales lo mejor tuyo. Amá la vida, que es un misterio fascinante, hasta el día que pases a otra realidad donde te estaré esperando. Te quiere, mamá

21 DE JUNIO

El día más largo del año en el hemisferio norte. Es día de celebración: el equinoccio de verano. Me parece que todos mis amigos del reino animal se han juntado temprano en mi jardín para tomar el desayuno. Los ciervos pastorean tranquilamente mientras las dos liebres se mezclan entre ellos y mastican el pasto sentadas sobre sus patas traseras.

Me siento Blanca Nieves rodeada por tanto amor de estas bellas especies que evidentemente se sienten en su casa aquí. Solo me falta un pozo de agua para bajar el balde mientras las palomas me rodean y escuchan mi canción. Acabo de ver esta película en el avión y todavía me fascina la dulzura y la magia que Walt Disney supo expresar. Blanca Nieves se comunica con los animalitos con tanto cariño que ellos se comunican con ella de la misma manera.

Si bien es una fantasía, lo mismo funciona con nosotros, los seres de carne y hueso, si seguimos su ejemplo y nos tratamos así los unos a los otros. Hoy celebraré a Blanca Nieves. Mañana les cuento si aparecieron los siete enanitos.

22 DE JUNIO

Intención: Les dan asilo a los que califican. Las familias permanecen unidas. Los niños se reúnen con sus padres. Hay compasión expresada.

23 DE JUNIO

Continúo con la misma intención en este clima surreal: Las familias de inmigrantes son dejadas en libertad. Hay paz.

24 DE JUNIO

En el otro extremo del mundo, las elecciones expresan la libertad de expresión de la sociedad.

25 DE JUNIO

Se deja entrar a los que requieren asilo.

26 DE JUNIO

Los niños se reúnen con sus padres.

27 DE JUNIO

Lo más importante es el Amor. No juzgues. Sé apasionada y compasiva.

28 DE JUNIO

Hay paz y libertad en el borde. Estoy abierta al milagro continuo.

29 DE JUNIO

En junio del año pasado tuve una experiencia inolvidable. Fui al seminario de estudios junguianos en Zurich, cuna de Carl Jung. El primer día puse la dirección en mis mapas Google, luego de tomar el sumamente puntual tren que me llevó a Kusnach, proseguí con las direcciones para llegar caminando. Ansiosa por llegar, y

Lilita Olano, Ed.D.

sin saber realmente adónde era, escucho a un grupo charlando animadamente en diferentes idiomas. Les pregunto si saben adónde esta el Instituto, a lo que responden cordialmente: "¡Claro, síguenos! Mientras caminamos, les pegunto, "¿Ustedes de qué parte del mundo son?", "De todas partes", contesta uno. Otro señor dice:" Bueno ,yo soy de Argentina." Yo, estupefacta ante la sorpresa de encontrarme con un compatriota al otro lado del mudo, no puedo ocultar mi euforia y le confío, "¡Yo, también!" Éste fue el primero de una serie de sincronismos que ocurrieron en este ambiente, que todavía debe tener la energía del maestro.

Al día siguiente escucho a una de las profesoras conversando con unas de las alumnas en el fabuloso jardín del instituto. Me asombra escuchar una o dos palabras que me indican que están hablando en turco. Me acerco, me presento y les explico que paso los veranos en la isla de Burgaz cerca de Estambul. La profesora me mira atentamente y exclama,"¡Yo voy a Burgaz desde que era chiquita!"¡Quién iba a decir que me iba a encontrar con una turca en Kusnach!

Estas casualidades, que Jung llama sincronismos, no terminaron acá, sino que se repitieron en mis experiencias a lo largo del año.

30 DE JUNIO

Uno de los días, durante el curso, nos llevaron a la ciudad de Basel a visitar el Museo de Alquimia. El experto que dió la presentación explicó el proceso de la alquimia: la transformación del carbón en oro al pasarlo por un proceso de intenso calor. Dicho tema fue fundamental para Jung, ya que analizaba los eventos usando la metáfora de la alquimia. Mientras nos explicaba cómo se llegaba a la producción de oro líquido, hizo una pausa para contarnos una historia personal. Cuando su madre tuvo cáncer, él consultó, además de a varios médicos, a sus colegas alquimistas para decidir el mejor tratamiento para ella. Todos se reunieron y llegaron a la conclusión de que, aparte de la quimioterapia, sería importante que su madre tomara siete gotas de extracto de oro líquido todos los días. Culminó su historia confiándonos que su madre se había curado y todavía gozaba de perfecta salud.

Yo, que también he pasado por esta enfermedad, sentí curiosidad y estaba fascinada por este descubrimiento. Me quedé hablando con él luego de la charla e indagué dónde conseguir este extracto. Me dio la dirección de la farmacia en Zurich. Logré conseguirlo y tomaré las gotas cuando vuelva a Texas. ¡Justo lo que necesitaba! ¿Sería otra casualidad? No, otro sincronismo. ¡Gracias, Jung!

Julio

"Si llega el invierno,
no debe faltar
tanto para la primavera".

~ Percy Bysshe Shelley ~
Oda al Viento del Oeste

1 DE JULIO

Sigo recordando mi estadía en Gimmelwald, en el valle del Jungfrau, luego de terminar mis estudios. Para llegar a este pueblito arriba de los Alpes, hay que tomar un funicular gigante que nos lleva de un pueblo a otro con las vistas más magníficas de montañas y valles jamás vistas. Luego de caminar todo el día por senderos mantenidos impecablemente, como solo los suizos pueden hacerlo, y de gozar de flores silvestres y vacas pastoreando en las colinas, disfruté de una cena muy especial enfrente de los tres picos más altos de la región: el Jungfrau, el Monk y el Ogre.

Una de las noches conocí a un profesor de física que pasa todos los veranos en este lugar. Sumamente inteligente y carismático, fue profesor en Harvard, y nos señaló todos los senderos mejores para recorrer durante nuestra estadía. Todos los huéspedes se conocen y yo comienzo a sentirme parte de esta gran familia. Es así como conocí a Michelle. Todos estaban mirando el final del campeonato de tenis y, como nunca sigo estos campeonatos, no me interesaba mucho y comencé a charlar con ella. Las dos encontramos tantas cosas en común que todavía hoy nos seguimos comunicando.

2 DE JULIO

Este viaje a Suiza fue uno de conexiones humanas importantes. No solo el espectáculo era una joya, las personas también. En el tren al Jungfrau, conocido como "La cúspide del mundo", adonde se filmaron algunas de las películas de James Bond, me fijo en una señora sumamente elegante y de una cierta edad. Le pregunto si va al mismo lugar que yo y asiente cordialmente. Cuando llegamos, le propongo hacer la visita juntas. Ella, encantada, me cuenta todos los secretos del lugar y me dice que viene todos los años porque está en el comité ejecutivo de la entidad.

Lilita Olano, Ed.D.

Terminamos unidas por varias experiencias comunes y me invita a su casa en Zurich. Yo le agradezco profusamente, y paso una tarde magnífica en su casa, atendida como una reina por mi nueva querida amiga Nelly. A la tarde me lleva a ver la casa de Jung en Bollingen, que resulta estar cerrada al publico, pero que puedo ver desde afuera. La delicadeza y generosidad de esta extraña convertida en amiga perdura hasta hoy.

3 DE JULIO

Primer día de vuelta al paraíso.

4 DE JULIO

Comienzo mis vacaciones abierta a la aventura de vivir, que se intensifica por el solo hecho de estar en un lugar diferente al de la rutina, con gente que hace un año que no veo y, además, rodeada del aire y la magia especial de Burgaz.

¿Será que me he convertido luego de tantos años en una burgacience donde la palabra a flor de labios es "Chock Guzel" que es la forma de decir "fantástico"? Hoy me voy a la ciudad a descubrir el centro de Estambul. Las gaviotas me llaman. Tomo el ferry.

5 DE JULIO

Gracias por la paz de la isla esta mañana. Sentada mirando el mar, una calma chicha me relaja el alma. Escucho el sonido sordo de un ferry que se va, los pasos en la calle de abajo, una voz apenas percibida, una gaviota que pasa al ras del balcón. ¡Qué bendición de comienzo de día! Me voy al club al encuentro de amigas que no veo desde el verano pasado. ¡Por un día de amor, encuentros y risas! Hoy hay brisa en la isla. El agua se mueve con un cierto diseño; se renueva ella misma. Así me renuevo cada mañana. Me levanto, tomo mi té y medito. Así despejo mi mente de las telarañas acumuladas. La escritura de mis páginas matutinas completa el proceso de limpieza interior.

Si solo aprendiéramos de la naturaleza y siguiéramos su ejemplo, quizás estaríamos más equilibrados. El agua fluye hacia la izquierda hoy, dirección que, de acuerdo a algunas teorías, simboliza el aspecto femenino. Seguiré su consejo y disfrutaré de lo que realmente soy. Me voy al mercado, donde hay una variedad de frutas, verduras, ropa y mil cosas más. Quizá me compre algo que realce mi femineidad. Mañana les cuento.

7 DE JULIO

El viaje a Capadocia se aproxima. La expectativa es grande, ya que escuchado tantas loas acerca de este lugar. La compañía será maravillosa porque Santi y Sarah vienen conmigo.

8 DE JULIO

Creo un día de paz interior y exterior.

9 DE JULIO

La llegada a Capadocia se anuncia de una manera especial. Me dan la llave de mi cuarto; es el número 106. Me deja con la boca abierta, ya que ésta es la edad a la que visualizo llegar en mi vida. ¿Tendrá algún significado? ¿Una premonición, una confirmación?

Las formaciones volcánicas de las Chimeneas de las Hadas son impactantes. Me parece estar adentro de un libro de cuentos rodeada de un escenario de fantasía que solo un niño podría creerse. Se debe interrumpir la caminata al mediodía, ya que el sol es fuerte como nunca lo he experimentado. Es un clima desértico. Por lo tanto, hay que encontrar algo más para hacer adentro lejos del calor. Un baño turco acompañado de un masaje es lo que recomiendan. ¿por qué no? Donde fueres haz como vieres.

Antes del baño, una ducha y una zambullida en una pileta oval ubicada en una plataforma alta a la que se accede por una escalera. Me meto con cautela y observo a tres señoras con dos hijas adolescentes y un niño de aproximadamente un año. Apenas entro, noto sus ojos fijos en mí cuando me ven nadar. Se acercan todas formado un círculo apretado y yo no entiendo porqué. Una de ellas, la más joven, me pregunta en un inglés precario, ¿swimming? con asombro evidente. Yo asiento con un Evet y me doy cuenta de que no saben cómo lo hago.

A renglón seguido les muestro cómo muevo los brazos para nadar pecho y me imitan con la dificultad propia de alguien que nunca lo ha intentado. Tratan torpemente de juntar los brazos haciendo brazadas tipo pingüino y un ruido infernal. La más joven me mira intensamente, con intriga, mientras nado crawl. Le muestro cómo subir un brazo, torcer la cabeza hacia un lado, respirar y ponerla en el agua mientras hago burbujas. Lo intenta con cierta facilidad y le muestro cómo flotar sobre la espalda. Escucho un "¡Ah!" de total estupor y se me acercan las tres y me preguntan en turco cómo me llamo, mientras ellas me dicen sus nombres.

Me tratan como si fuera una diosa bajada del Olimpo, aquella que se mueve en el agua como un pez. Mientras continúo nadando de un lado para el otro, todas tratan de flotar en vano. El único que lo logra es el niño pequeño. Soy la diferente. Y logro enseñarles algo que nunca han visto antes. Me fascina, ya que, después de todo, soy una maestra de alma. Me espera un baño con espuma sobre una superficie de mármol, me frota con un ímpetu total una joven que no para de hacerme cumplidos con respecto a mi edad. Yo, agradecida, salgo con mi ego satisfecho. Luego, el masaje con aceites deja mi cuerpo en un estado indescriptible de relajación.

Acabo de entrar en otra dimensión. Mi piel está lisa como la de un bebé y la mente despejada como si acabara de nacer. ¡Teşekkürler! Estar abiertos a experiencias nuevas nos hace sentir como niños. Al no saber bien qué hacer, nos exige ser creativos y reinventarnos.

10 DE JULIO

La camioneta nos viene a buscar a las 4:00 de la mañana. Llegamos al lugar de los globos, donde empiezan a inflarse uno por uno como enormes globos de Navidad. Uno de los grupos despega primero y veo que el cielo se comienza a llenar de estos bellos hongos flotantes de colores y diseños soñados, los verde manzana con franjas rojas, los violeta con líneas verdes, los cuadriculados en tonos de verde seco, los rayados azules, rojos y verdes.

Ahora es nuestro turno. Subimos al canasto, donde un simpático piloto nos da la bienvenida. Iniciamos nuestro viaje. El globo se eleva suavemente y poco a poco nos sentimos como pájaros a 700 metros de altura divisando la Tierra desde una óptica diferente. Los otros globos se acercan y aparecen como gotas gordas flotando sutilmente en este mar atmosférico. Lentamente bajamos a un valle y casi tocamos la copa de los árboles, lo que nos permite ver de cerca las Chimeneas de las Hadas y observar la superficie pulida prolijamente en formas cónicas gigantescas con hendiduras a título de ventanas y puertas. Nuestro piloto asciende nuevamente. Los

Lilita Olano, Ed.D.

otros ciento cincuenta globos nos rodean. Sólo somos uno más en este cosmos de esferas infladas, un grupo de extraterrestres descendiendo sobre la Tierra y yo soy uno de ellos. ¡Surreal! Lo único que decimos es: "¡Qué maravilla! ¡Gracias a Dios!"

11 DE JULIO

Sentada en mi balcón en Capadocia, contemplo mi estadía en este lugar mágico. Algo se abrió en mi mente y en mi corazón. Las vistas vastas desde el punto más alto de la ciudad muestran un terreno lleno de ondulaciones de formas diversas. Las Chimeneas de las Hadas parecen castillos cilíndricos encantados, con un sombrerito al tope cubriendo la chimenea. Este valle es el Love Valley. A la derecha está el Rose Valley con formaciones volcánicas que parecen pétalos de rosas, y me hacen acordar de las montañas esculpidas por el viento en Kauai. Mis ojos se deben acostumbrar a ver las caras que se perciben en estas formaciones rocosas.

Todo es curioso, fascinante y distinto. En medio del misterioso escenario, ocurren cosas que parecen suceder al azar, pero que denotan un sincronismo evidente. Cuando íbamos cuesta abajo intentando llegar al valle de las Rosas, el camino se volvió difícil y resbaladizo. Nos preguntábamos cómo lograríamos llegar abajo. De repente aparece una moto como surgida de la nada. Pedimos ayuda para llegar al valle, nos indica un camino más fácil y desaparece ipso facto. Ayer, mientras intentábamos llegar al Love Valley luego de haber tomado dos caminos equivocados, nos frustramos un poco. Ya no sabíamos qué hacer. Yo rezo íntimamente para que aparezca alguna solución, ya que nos sentimos un poco perdidos. A renglón seguido sube un auto por el camino. Lo paramos y le pedimos direcciones para salir del lugar. Le pedimos que nos lleve hasta la ruta principal y se ofrece a llevarnos hasta Goreme, el pueblo donde estamos viviendo. El conductor, un hombre con habla dulce y calma, nos deja plenos y nos salva de una ruta larga e incierta. Lo hace con una generosidad obvia, ya que abandona su proyecto de sacar fotos al Castillo de Usuch en la mejor hora para hacerlo: cuando se pone el sol.

A veces son ángeles los que aparecen cuando los necesitamos. Mi corazón y mi alma llenos de gratitud confirman la existencia de un universo que nos indica y facilita nuestro camino. ¡Teşekkürler!

12 DE JULIO

De vuelta en Burgaz descanso de un viaje que nunca olvidaré.

13 DE JULIO

¡Qué placer! Meterme en el mar fue una experiencia maravillosa. Superado el shock inicial del congelamiento, me deslicé en el agua casi con placer. La consistencia del agua salada se siente mejor en mi piel que el cloro de la pileta. Salgo del agua con la auténtica necesidad de decir çok güzel, expresión que los habitantes de la isla usan para enfatizar cuán maravilloso está el mar. Yo, por lo general, siento que me convierto en un cubito de hielo. Sin embargo, hoy lo disfruto.

Bajo la sombrilla hay brisa fresca, casi fría por momentos. ¡Qué buena ocasión para pedir un cafecito, cosa que nunca hago, pero que acá se acostumbra! ¿Me estaré convirtiendo en una burgazience? Me tomó varios años, pero, como decía mi querida abuela, "Todo llega."

14 DE JULIO

¡Feliz Cumple, mami querida! Tu dulzura, tu femineidad y tu magia permanecen conmigo. Gracias por darme las alas para volar

Lilita Olano, Ed.D.

con mi imaginación y soñar; por crear momentos preciosos en el alma de una niña que adoraba tus ángeles pintados en los libritos de la primera comunión, tus juegos contando árboles y autos en los viajes interminables por toda la Argentina y tu manera de relatar cuentos llenos de gracia y expresividad. Gracias por nadar con una delicadeza que ahora me veo emulando, por tu amor por la música que se hace carne en mí. Me tomó mucho tiempo descubrir toda esta riqueza que me diste tan genuinamente y sin hacer alarde alguno. Hoy te regalo todo lo que he recibido. ¡Por un cumpleaños lleno de amor dondequiera que estés!

15 DE JULIO

Caminar nuevamente en Burgaz es conocerla por primera vez. Sin embargo, la siento ya tan familiar que es "mi isla". Las flores, los árboles copiosos rosas y blancos son un sueño. Me paro a oler los de color rosa profundo y se me para el corazón. Ahora entiendo porqué Cavit amaba este perfume. Es mágico. Una gaviota planea por encima de mí al ras de mi cabeza, los gatitos al costado del camino, las casas familiares y el lustrabotas en su caminata matutina, todo me es familiar. Merhaba, Günaydın, ¡Buenos Días!

¡Qué dicha estar en este paraíso de nuevo!

16 DE JULIO

A la mañana me preparo para ir al club y nadar temprano. Tuba, mi vecina, me llama para invitarme al Café Burgaz a tomar el café de la mañana, como es la costumbre de los burgacienses. Me he prometido no vivir apurada y tomarme el tiempo para escuchar al otro. Por lo tanto, llego al café, acepto la oferta y disfruto de la compañía, mientras me deleito con café turco dulce, como a mí me gusta.

En la orilla del mar, a pocos pasos de donde estamos sentadas, hay un reportero con cámaras de televisión entrevistando a una persona en silla de ruedas. Se lo comento a Tuba que, sentada en su silla de ruedas, está mirando hacia el otro lado. Me explica que a veces los reporteros de la isla entrevistan a las personas discapacitadas. Yo le digo, "¡Vamos a verlo!". Nos acercamos y averiguamos el motivo de esta charla. Esta persona, un escritor muy conocido, se quejaba de un incidente ocurrido la noche anterior cuando quería transitar al lado de los restaurantes, y la multitud, que caminaba en sentido contrario, casi lo había hecho caer al mar. Tuba se acerca al reportero. Yo me presento y le presento a Tuba, mientras le aclaro que es una traductora y profesora maravillosa, esperando despertar su interés en ella. Tuba entabla conversación y, en menos de lo que canta un gallo, veo que la está filmando.

Astuta y rápida, les ha dicho que ella tiene otra historia al respecto, ya que ha visto cómo dos sillas cayeron al mar a causa de la muchedumbre descuidada.

De vuelta en el café, Tuba se convierte en la estrella de la isla. No todos saldrán en televisión mientras toman su desayuno. ¡Qué suerte que tuve tiempo de quedarme! En realidad, fue una suerte para ella y para mí también. Darnos plenamente puede dar buenos resultados.

17 DE JULIO

Hoy es un día de transición. No hay sol, sólo nubes. Es un respiro para el cuerpo y el alma, un día de spa mental. La isla es sabia. Me provee con espacios en blanco, necesarios para el descanso de la rutina diaria. Es en estos momentos cuando surgen nuevas posibilidades, se establecen otras conexiones entre nuestras neuronas y creamos de cero en un lienzo limpio que nos inspira a diseñar algo fresco, tan fresco como la sutil brisa con que el día me recibe. Me voy a caminar a la cima de la isla. No es una caminata usual, hoy es diferente. Estoy abierta a vistas, sensaciones y quizás ideas imprevistas.

18 DE JULIO

Gracias por la gracia de haber hablado con tantas personas ayer. Hubo comunicación tras comunicación, conexiones individuales nuevas, inesperadas, sorpresivas, ni siquiera buscadas. Así es la vida de generosa. Nos da lo que necesitamos, no necesariamente lo que queremos, pero absolutamente lo que nos hace falta. ¡Gracias por esta fe y por la conexión humana que me enriquece a diario!

19 DE JULIO

La veo a Stela esta mañana y tenemos una charla magnífica entre amigas, profunda como sólo dos mujeres la pueden tener. Compartimos temas importantes como el casamiento, las enseñanzas de la vida y las situaciones con los hijos. Las dos convenimos en que cuando los hijos pasan por un momento difícil, sólo podemos darles apoyo y amor. El resto es parte de su vida, de su camino, de su propio proceso de individuación, que los lleva a convertirse en seres humanos integrales y cada vez más completos.

Gracias por encontrar esta comprensión total en esta amiga. Cuando nos sentimos escuchados, sentimos que estamos vivos. ¡Gracias por esta conexión!

20 DE JULIO

Camino a Kalpazan como todos los días. Cuando vuelvo, decido tomar este camino nuevo y conscientemente opto por tomarme mi tiempo y explorar. Es así que llego al primer café y encuentro a unos amigos que conocí la primera vez que vine a Burgaz. Nos ponemos a hablar acerca de sus viajes a España y su deseo de quedarse ahí para aprender castellano. Resulta que han comprado un departamento en Madrid y están encantados. La señora de la mesa de al lado se acerca a nosotros y me pregunta acerca del cajero automático en la isla. Cuando le pregunto de dónde era, me contesta, "De acá" "¿De verdad?" le digo," ¿No conocías a Cavit Alev por casualidad?". "Por supuesto", me dice encantada, "y a su hermano Vedat que vive en Israel ya que nosotros vivimos ahí". Me presenta a su marido que habla español y me dice que es de Uruguay. "¡No lo puedo creer!", digo yo totalmente asombrada. "Yo soy de Argentina". Los dos nos miramos y exclamamos al unísono, "¡Somos vecinos!". A partir de acá, la conversación sigue en castellano para el contento de todos. ¡Qué mundo más chico! Así decía mi abuela, Bueli Loli:" Siempre hacé el bien ya que nunca sabés con quién te vas a encontrar y todos nos conocemos de alguna manera u otra". "Tenés razón Bueli", una vez más.

21 DE JULIO

"¡Hola!" Una joven muy bonita se me acerca. "¿Podría preguntarte algo?" Miro su elegante rostro y me pregunto quién será. "¿Dónde conseguiste ese sombrero? ¡Es tan maravilloso con un borde tan ancho! " "¡Ay, querida! Lo compré en una tienda de reventa. Me costó 2 dólares " le confieso. Cuando se va, una de mis amigas me dice que es psicóloga. Después de un rato, la veo hablando con uno de los amigos de Cavit y se me ocurre decirle que había estado en el Instituto Jung en Zürich, porque ella podría apreciarlo. Me uno a ellos y me explican que eran amigos de la infancia y que se estaban quedando en la isla al mismo tiempo por casualidad. Yo digo: "¡Bueno, me suena a sincronismo!" Así es como empezamos a hablar de Jung. Luego menciona que hace analisis de sueños y

Lilita Olano, Ed.D.

me siento como en casa contándole sobre el mío. Acordamos tener nuestro grupo isleño de sueños.

Al día siguiente viene a visitarme a mi sombrilla frente al mar y comparte el sueño que había tenido la noche anterior. Era el mismo tema con el que estaba lidiando yo misma: cómo mantener tu propio sentido de identidad cuando te relacionás con los demás sin perderlo en un esfuerzo por acomodarse a ellos. ¿Coincidencia? ¡De ningún modo! Solo otro sincronismo A la mañana siguiente me da una interpretación de lo más adecuada de mi propio sueño. Me dice con mucha confianza: "Estás lista para despegar en un avión y eso significa simbólicamente que estás comenzando una nueva forma de ser en este mundo". Según ella he dejado atrás las viejas costumbres y esto me deja mucho espacio en el presente. Esto está representado por un vasto mar que parece indicar muchas posibilidades nuevas en el mundo físico, pero principalmente en mi mundo psicológico y espiritual. En el sueño he logrado una perspectiva diferente, ya que estoy observando esto desde un lugar alto, mi Yo Superior. Fue un valioso encuentro, muy especial para ambas.

22 DE JULIO

Tengo ganas de bailar tango, pero es un poco tirado de los pelos, ya que no tengo zapatos ni ropa adecuada. Es más, ni siquiera sé adónde se baila tango en Turquía. Me encuentro con una amiga italiana que me había comentado el año anterior que bailaba tango. Me ayuda inmediatamente a buscar un lugar. Justo hay una práctica en Tango Garage, en el lado asiático de Estambul. En realidad, me resulta muy fácil tomar el ferry pequeño hasta ahí. Es mucho más conveniente que el ferry grande repleto de gente que va a la ciudad.

Los llamo. El horario es mejor imposible, a las 4:00 los domingos. Cuando hablo con la profesora, le confieso que no tengo zapatos y no sé adónde comprarlos. Me contesta con suma tranquilidad: "Los vendemos acá." Al día siguiente encuentro otra zapatería que parece aún más conveniente que se llama "Tanguera'. Con semejante nombre no puede ser mala. Consigo encontrarla entre la multitud de negocios en pleno Estambul. La vendedora turca, que resulta ser la dueña del negocio, me anima a que me saque los zapatos, ya que quiere ver mis pies. Me acuerdo de mi visita al Boot Whisperer, la susurradora de las botas en Wimberley, cuando este personaje misterioso me dijo lo mismo y apareció al instante con un par de botas que uso todo el tiempo y no me puedo sacar de encima. Ante su pedido me pruebo un zapato que no me convence. A renglón seguido, me muestra unos que me quedan muy bien, aunque el del pie derecho me ajusta demasiado. "No se preocupe", me dice, "se lo agrando en media hora." Dicho y hecho. Mientras tomo un cafecito turco y charlamos acerca de su zapatería, me explica que solamente hacen zapatos a medida por encargo y que cada par es único. Mi zapato está listo; me lo pruebo y ¡me queda perfecto! Me siento como Cenicienta cuando el emisario del rey le pone delicadamente el zapatito de cristal y exclama, "¡Sí, es de ella!" El domingo bailaré como ella. ¿Estará el príncipe?

23 DE JULIO

Estoy muy agradecida por haber tenido tantos encuentros significativos y por la apertura y el cariño que todos me han expresado. Mi gurú precioso me hizo una lectura hace ya bastante tiempo y me dijo: "Las personas vendrán a vos. Querrán estar cerca de vos, especialmente las mujeres. Escribirás un libro. Con respecto a tu salud, no veo nada mal. Lo que vendrá será mejor que nada de lo que hayas vivido hasta ahora." Quizá sea esto lo que estoy viviendo ahora.

Lilita Olano, Ed.D.

24 DE JULIO

Tesoro de mi vida,

Un 24 de julio viniste al mundo. Recuerdo cómo estabas listo para nacer, pero tu cabecita miraba hacia arriba y no se daba vuelta hacia abajo para poder hacerlo. Luego de varios intentos, decidieron hacer una cesárea y saliste impecable, precioso y sin sufrir para nada. Es hoy, después de treinta y siete años, que valoro el hecho de que hayas nacido así, ya que si hay algo que tenés, es un cerebro inteligente que tuvo el suficiente oxigeno para desarrollarse ¡tan bien!

Papá y yo te buscamos y esperamos por un año y, al fin, llegó el pequeño Dieguito, tan añorado por nosotros. Llegaste a este mundo rodeado de amor y expectativa luego de tanta espera. Es por eso que esta nota no es solo un deseo de feliz cumpleaños, sino también un recordatorio de que valores la vida preciosa que tenés y que siempre la uses para el bien tuyo y de los que te rodean.

Te quiere desde tu principio y aun antes,
Mamá

25 DE JULIO

Sentada frente al mar, hay una paz total, sin gente, sin voces, casi sin pensamientos. La ausencia de estímulo favorece el silencio interior. A veces pienso mientras camino al club y hasta comienzo a escribir algo mentalmente, pero hoy, sin embargo, me asombra la falta total de ideas en mi mente. Sólo miro el mar y la gaviota vecina. Esto es realmente estar en el mundo sin agregarle o quitarle nada, sin corregirlo o mejorarlo. Las gaviotas gritan el "Aquí y ahora" de los pájaros en La Isla, de Huxley.

Comienzo a recordar mi caminata matutina. Hoy he decidido cambiar mi camino habitual y bajo por la costa. Al pasar por la entrada a la playa de Marta prefiero bajar, ya que hace mucho que no vengo a verla. Luego de un camino arduo y rocoso llego a la playa. Para mi sorpresa, han construido un laberinto nuevo usando piedras de colores diversos para marcar el espiral prolijamente. Han usado dos colores de gris para delinearlo y unas piedras más claritas de color beige para rodear el camino. Hasta le han puesto plantas para marcar el borde y rocas de color ladrillo a la entrada, una verdadera obra de arte. A un costado hay una especie de pared hecha con roca y una ventana rudimentaria adornada con plantas con un cartel ridículo que anuncia "Oficina de Burgaz". Es absurdo, ya que esta precaria construcción dista mucho de ser una oficina. Al otro lado hay una construcción cilíndrica hecha con piedra que termina en un techo conífero al que le han agregado las aspas de un molino. En esta playa hay muchos turistas extranjeros. Seguramente habrá sido un holandés quien lo construyó.

La bahía es soñada y con sombra abundante. Es el lugar ideal para sentarme un rato y descansar. Me preguntó adónde, ya que las reposeras son bastante viejas, cuando diviso a la distancia unos bultos amarillos que resultan ser silloncitos. ¡Qué lujo, justo lo que necesito! Me siento cómodamente y admiro el mar que baja con un suave murmullo de olas que llegan a la orilla. Es un instante perfecto. ¡Qué sorpresa encontrar esta belleza artística en un lugar donde no lo esperaba! Así es el día de hoy, con la enseñanza de apreciar el instante y cambiar la rutina.

26 DE JULIO

Me decido a ir a yoga a la tarde. Bajo los escalones de Paradiso. No veo a nadie. Continúo un poco más y percibo a dos personas en el fondo, ya listas en sus alfombritas de yoga. Me hacen señas. Me

Lilita Olano, Ed.D.

alegro de haber encontrado el lugar. Esta clase parece estar en un verdadero spa…Vista al mar, música esotérica, relajación y paz. Me presento a una de las señoras cuando termina la clase y le menciono que habrá una clase de Pilates a las 12:30 en el club de la isla.

Al día siguiente voy a la clase y la encuentro. Charlamos un rato y me dice: "Yo te conozco. Soy la amiga de Dalia, la persona que analizaba los sueños con vos. ¡Vos sos la experta, ¿no es cierto?". "Bueno, no sé si la experta", le aclaro, "pero lo he estado haciendo por años." Esta conversación nos lleva al tema de meditar y de escribir paginas matutinas. Expresa un interés genuino y agrega,"¡tengamos un grupo de sueños en el club!".

¡Qué felicidad, poder compartir lo que más me gusta con ellas! Además, es un proceso que favorece la transformación y la sanación personal.

27 DE JULIO

Feliz cumple, Sarah. Gracias por hacerlo feliz a Santi. Una persona que hace algo bueno por nuestros hijos es bendecida para siempre.

28 DE JULIO

Busco la brisa y la encuentro luego de abrir las ventanas y poner la mesa en una posición diferente para poder sentirla. Me acomodo. ¡Ahora sí! Con la vista de un mar abierto y de un barquito cercano me dispongo a mi escritura matutina. Con pausa y sin prisa es como me gusta. Los últimos días las he acortado por tratar de llegar al club temprano o a veces las he postergado para escribirlas ahí, tarea que resulta difícil, ya que el viento vuela las hojas o también el lógico murmullo de la gente charlando me distrae. Añoro el silencio donde la pluma fluye mientras descansan los sentidos.

Reflexiones Matutinas: Creando Mi Vida Página a Página

Hoy decido tomarme mi tiempo. El agua se mueve en dirección a mí, gracias a un ferry que acaba de anclar en el desembarcadero. Recupero el aspecto de quietud total, ya que la brisa es muy leve. Es esto lo que ansía mi alma hoy: paz y quietud. Acá y ahora existen. Acá y ahora estoy presente en este momento. No importa el próximo. Ahora está todo bien. Si solo pudiéramos vivir momento a momento con esta conciencia, estaríamos contentos y plenos.

29 DE JULIO

Sentada frente al mar, percibo los primeros truenos de este verano. Se escuchan cada vez más seguido. Las gaviotas se ajetrean, sus bebés gimen sin parar. De acuerdo a Shelley, mi amiga que ha venido a Burgaz desde que nació y la conoce como la palma de su mano, no va a llover. Sin embargo, mi presentimiento es diferente. Me alisto a partir de vuelta a casa y cuando llego, se larga la lluvia. A veces es bueno seguir nuestro timón. Esta claridad no se evidencia a la noche. No estoy segura de si la película que pasan en el cine al aire libre será en ingles o en turco. Me dejo llevar por el título en inglés, Women on the balcony, Las mujeres en el balcón, y voy con mis amigas. Lista para ver la proyección, me espanto cuando escucho francés y los subtítulos aparecen en turco.

A veces la brújula interna no marca el norte y nos confunde. Otras, ni le prestamos atención. Es un recordatorio de agudizar el instinto y la intuición.

31 DE JULIO

Escribo frente al mar. Se oye un viento importante y una sirena a lo lejos. Hay barcos anclados cerca y acá nomás, frente a mí, hay dos chicos hablando alegremente en el agua. Ella se muere de risa; le

Lilita Olano, Ed.D.

celebra todos sus comentarios. Me veo totalmente reflejada en ella, ya que yo en mi juventud siempre estaba con la carcajada a flor de labios. ¿Por qué digo en mi juventud, si ahora también tengo la misma actitud? Solo añoro tener más oportunidades para hacerlo. Tiene razón la canción que dice: ".Es preferible reír que llorar. Así la vida se debe tomar; las cosas buenas hay que aprovechar; las cosas malas mejor olvidar..." ¡Cómo me encantaba esta canción!

En realidad he celebrado mucho en mi vida, pero siempre se puede más. Hoy lo hago. Celebro el hecho de estar viva, de estar sana, en compañía, contenida y feliz.

Agosto

"Instrucciones para vivir una vida bien vivida.
Presta atención.
Asómbrate.
Compártelo".

~ Mary Oliver ~

Reflexiones Matutinas: Creando Mi Vida Página a Página

1 DE AGOSTO

La magia de Burgaz se hizo carne en esta reunión de amigos en la colonia. La camaradería, la autentica expresión de reconocimiento y cariño, hizo de esta noche un evento especial. Sentados a la mesa, con la vista del Mármara y las islas, la luz del atardecer sobre las personas y los vestidos blancos de muchas de las señoras, todo esto le da un aspecto casi irreal a la escena. Parece algo situado en el límite entre el acá y el más allá, entre el día y la noche que se aproxima. El cariño profundo de familia y amigos me plenificó como solo Burgaz sabe hacerlo. Teşekkürler!

2 DE AGOSTO

Hoy hace calor, más calor aún que en Texas. Me protejo del sol. Con calma creo internamente un día con brisa y fresquito. Visualizo con intencionalidad e imagino las mejores circunstancia: agua fría, nubes oportunas, descanso a la sombra.

3 DE AGOSTO

En realidad, el agua fría del mar me salvó ayer, y el descanso a la sombra fue restaurador.

Mis deseos se convirtieron en realidad. Es la magia de la escritura.

4 DE AGOSTO

Día fresco en Burgaz. Disfruto de esta brisa. Dentro de poco tiempo no la tendré. Amigas queridas, las aprecio. Dentro de poco tiempo no las veré. Cuando esté de vuelta en Wimberely, el clima será diferente y caluroso. Volveré a ver a mis amigas de ahí, pero no a las de Burgaz. Hoy gozo lo que tengo; mañana también.

Si pudiera vivir todo considerando que no será para siempre, apreciaría cada evento y cada persona como un momento único y una ocasión del hoy que no estará necesariamente mañana. Amo cada instante como es, ya que no volverá uno exactamente igual. Amo a cada ser humano tal como es en este momento. La vida así vivida será un collar hecho cuenta a cuenta, cuidadosamente y sin prisa, para que de esta manera, al final de este camino, me lo pueda colgar al cuello y recordar las cosas preciosas que atesoré en este pasaje por el mundo.

5 DE AGOSTO

Bailo, bailo, bailo. Me dejo llevar por el ritmo de un tango argentino. Cuando no lo pienso fluyo y es un placer; cuando mi mente se enfoca en hacerlo de la manera correcta es más un trabajo que un placer. Me pregunto: "¿Qué quiero?", simplemente bailar, gozar y hacerlo como yo sé. La última pieza fue de los dioses. Me entrego, bailo con confianza, me deslizo sutilmente. Termino la noche en total contento. Quizás ésta sea la fórmula para vivir mi vida.

6 DE AGOSTO

La caminata a Kalpazan fue diferente. Como el día estaba nublado y lloviznaba, me fui con paraguas y sin apuro. Llego al restaurante que ya está abierto, ya que es más tarde de lo usual. Entro con la intención de tomar un cafecito y disfrutar de la vista magnífica desde este lugar bellísimo, pero hoy no tienen nada hasta la noche. Por lo tanto, me quedo un ratito y luego decido bajar las escaleras que llevan a la playa. El viento se agudiza y dejo de descender mientras contemplo el mar agitado por la tormenta. Frente a mí, un barco de madera viejo lleva a dos pescadores que están recogiendo sus redes. Seguramente habrán sacado las delicias que hoy comerán los comensales. A pesar del viento y de la lluvia, ellos persisten en su tarea.

De vuelta al restaurante se ve movimiento en la cocina. Estarán preparando la comida para más tarde. Regreso a la casa y veo a uno de los chicos barriendo con esmero el camino lleno de ramitas y hojas, asegurándose de que esté impecable para hoy a la noche.

Si nos diéramos cuenta de cuántas personas intervienen en el simple hecho de llevarnos un bocado a la boca, estaríamos más agradecidos. Lo miro al barrendero y le digo: "¡Qué lindo que te está quedando!" El sonríe sin darse crédito alguno. Sabe que eso es lo que hace, y lo hace bien. Eso es todo. Si todos hiciéramos lo que hacemos lo mejor posible y con sumo cuidado, todo estaría de maravillas.

Continúo la caminata y escucho una voz como de alguien cantando. No se ve quién es. Un poco más adelante, la voz se torna más clara y fuerte. Miro hacia la derecha y percibo a la distancia a una mujer que canta su oración mirando al cielo con una queja de dolor. Otras dos mujeres le toman los brazos, mientras ella se inclina hacia adelante y hacia atrás. Las caras de todas muestran el profundo sufrimiento que las embarga. Lo comparten y rezan en voz alta al unísono. Esto es compasión real, el vivir este instante de compasión. El sentimiento de ellas me invade el alma. Pienso en la práctica budista en el libro que estoy leyendo. Respiro el sufrimiento del mundo dejándolo entrar en mi ser y respiro compasión hacia él. Otra enseñanza más de mi caminata matutina. "¡Gracias, merci!" Cuando agradezco, recibo gracias y misericordia.

7 DE AGOSTO

En el camino hacia Kapazan hay un gato como tantos otros que me mira. Me paro, le acaricio la cabeza y cada vez quiere más. Frota su cuerpo contra mis piernas. Sigo caminando y me sigue. Le hablo, ya que aquí no hay nadie más a mi alrededor. "Iremos juntos por un rato; luego nos separaremos y cada uno seguirá su camino." Me escucho articular estas palabras y me doy cuenta de que así es la vida; así son las relaciones humanas. Pensamos que estaremos siempre junto a nuestros amigos, nuestra pareja; pero, en realidad, pasamos un trecho del camino juntos y la vida muchas veces nos separa y cada uno sigue por el propio.

Paso ahora por la casa donde la señora rezaba y lloraba. Me entero de que es la madre de un joven de cuarenta y un años que ha fallecido. Rezo por ella. Me detengo y observo con cierta aprehensión, temiendo escucharla de nuevo en el mismo estado. Sin embargo, hoy hay un hombre y se escucha una televisión. Seguramente tendrá compañía y estará más tranquila.

Todo cambia. La pena de hoy se transforma en una cierta calma y aceptación.

Lo que nunca cambia en la isla, sin embargo, es la visita de las gaviotas. En este momento hay una paradita mirando en una dirección. Quizá se pregunte adónde estás u amiga. Hoy no la ve. Habrá seguido su camino. Todo cambia para ellas también.

8 DE AGOSTO

Gracias por poder absorber esta vista con mis ojos, mi corazón y mi tinta. Gracias por poder poner esta imagen en el papel, mi fotografía escrita. La capto en mi mente y la imprimo con la palabra dibujada en la hoja.

Un grupo de barcos pequeños de diferentes colores están mirando hacia la izquierda con sus banderas turcas ondulando hacia la derecha. Esto quiere decir, según los isleños, que sopla el viento norte. Unas nubes oscuras acaban de bajar y el calor agobiante anuncia la lluvia deseada. La señora que nada estilo espalda, con un compás marcado porque un solo brazo que pega en el agua, pasa frente a mí. Las otras tres hacen sus ejercicios acuáticos formando un círculo de amigas que charlan tranquilamente. Esto es típico en Burgaz. Amo este escenario. Es de película. Me pregunto porqué no se habrá filmado ninguna todavía. Esta isla lo merece, pero creo que sus habitantes quieren que se mantenga el secreto, para que, de esta manera, permanezca intacta esta vista única que me deleita cada mañana.

9 DE AGOSTO

Escribo con una mano sosteniendo la lapicera, mientras con la otra sostengo la sombrilla que amenaza con volarse en cualquier momento. Por un lado, la temperatura es perfecta, por otro, el viento es tan fuerte que resulta difícil mantener abierta la sombrilla para protegerme del sol. Sin embargo, ante mi insistencia en la imperiosa necesidad de estar a la sombra, encuentro un lugar donde aparentemente no se volará. "¡Persevera y triunfarás!". Luego de media hora el sentido común pudo con la vascada y me fui del club rumbo al mercado. "No hay que ser mas papista que el Papa" En este momento pienso en lo que Don Quijote le dijo a Sancho: " Hablar con dichos es señal de vejez". No me doy por aludida.

Lilita Olano, Ed.D.

10 DE AGOSTO

Día de viento...le vent fous de Toulousse en Burgaz. Ese verano en que fui a visitar a Diego a Francia, el viento era tan fuerte que me costaba caminar sin sentirme empujada por las ráfagas más fuertes que jamás hubiera sentido. Mis amigas de la Patagonia me estarán comprendiendo.

¿Qué ocasiona este vendaval aparte de despeinarme totalmente? Por un lado, una paz total y, por otro, las emociones salen a flor de piel, los recuerdos de la isla, mis nostalgias surgen como un remolino que viene desde muy adentro. Ayer, mientras trataba de borrar algunos videos de mi computadora para tener más espacio, abrí uno donde aparece la imagen de Cavit sentado frente a mí diciéndome unas pocas palabras. Estábamos esperando el ferry que nos llevaría a la isla en mi primer viaje a Turquía. Se escucha mi voz, "Cavit, ¿qué querés decirle a la cámara? Te estoy filmando". Con una gran ternura, una cierta seriedad y sintiéndose un poco intimidado al verse expuesto así, me mira y me dice:Welcome to Turkey. I'm happy you are here. I hope you like it, "Bienvenida a Turquí. Me alegro de que hayas venido. Espero que te guste."

En ese momento yo no tenía idea de la relación que estaba por empezar con este ser humano parco, profundo e inteligente que me había traído hasta estos lugares para mostrarme su parte del mundo y luego darme su corazón. Una emoción profunda me invade. Trato de contener mis lágrimas en vano. En este preciso instante suena el teléfono. Es un mensaje de mi amiga de Israel. ¿Qué me estará diciendo en el medio de este sentimiento casi incontrolable? Como no puedo abrir estos mensajes en mi teléfono, entro a Facebook en la compu. Aparece ante mis ojos un mensaje del Daily Om: "Contáctate con tus Ángeles y seres queridos que ya están del otro lado"- Impactada por el sincronismo, comienzo a leer el anuncio y escucho el audio que dice entre otras cosas, "No estás sola". Todavía en un trance me acuerdo de que mi propósito era ver el mensaje que mi amiga me había enviado. Oprimo el audio. Comienzo a escucharlo, pero se corta mucho y lo único que se escucha claramente al final es: "No estás sola". Mi corazón late fuertemente. ¿Es todo casualidad? No lo creo.

El viento sigue soplando a lo largo de la noche y hasta esta mañana mientras estoy escribiendo mis paginas matutinas. ¿Qué me traerá el Vent fous hoy? Éste es el viento que vuelve loca a la gente. Sin embargo, bien sabemos que los locos y los niños tienen la razón, ¿no es cierto?

11 DE AGOSTO

Mi querida abuela, Bueli Loli, solía decir "Dios en la casa de todos y cada uno en su casa", con una mirada entre sabia y resignada, cuando algo en la conducta de alguien la perturbaba. Hoy en mi caminata me acordé de esa cara que solía poner cuando sacaba su pañuelo imbuido de perfume y se lo acercaba discretamente a la nariz cuando había algún aroma no del todo agradable. Cuando pasó el camión de la basura, sentí lo mismo que sentía mi abuela y sé que todos los que habitan en Burgaz me entenderán y estarán de acuerdo con la descripción de este olor como "un perfume no del todo agradable". En realidad me vi forzada a taparme la nariz y fue entonces cuando tuve este recuerdo.

Seguí caminando y mientras encontraba a una persona y a otra con los consabidos "Gunaiden, Buenos días, good morning!" me acordé de mi abuelo Bueli Luis cuando me llevaba a la feria de chica. Saludaba al verdulero, al carnicero y al panadero con su amable "Buen día" retribuido con un "Buen día, Don Luis!" donde lo trataban como si fuera el conde Bragadini y era sumamente respetado y querido por todos.

Lilita Olano, Ed.D.

Claro, unos años más tarde, mi Tío Negro saludaba por su parte a cuanto amigo se encontraba por las calles de Buenos Aires, en el club o en cualquier parte que frecuentara. Mi madre era la reina en su club, saludando a todos y parándose a presentar a cada uno, asegurándose de que yo también los saludara. Yo me encuentro ahora con la misma actitud mientras hago la caminata en la isla o encuentro a amigas en el club o en el supermercado de Wimberley.

Siguiendo con la generación de mis hijos, si hay algo que me encanta en Tomás, el menor, es que saluda a todo el mundo con la misma apertura y es recibido de la misma manera por otros en sus conciertos, donde es la estrella, pero también en el supermercado "Wheatsville" de su vecindario, que se ha convertido en su segundo hogar, ya que satisface sus necesidades alimenticias desde el desayuno hasta la cena.

Diego, mi hijo del medio, también encuentra amigos por doquier en cualquier parte del mundo, ya que es un viajante eterno; y Santi es querido y saludado por sus alumnos, que no pueden ver, pero que reconocen su voz.

Es gracias a llegar a esta edad que puedo percibir la herencia de esta característica en nuestra personalidad, que se ha transmitido de generación en generación. Me pregunto qué mas habré heredado y dejaré en herencia a los míos....

12 DE AGOSTO

Verla a Zelda en el hospital fue un lujo. Estaba apagada y débil. Sin embargo, cuando escuchó mi voz se despertó y me miró atentamente. Charlamos un rato, lo pasamos muy bien y cuando me despedí, tuve la certeza de que no la iba a ver más, ya que su salud estaba muy frágil. Sus palabras aún resuenan en mi mente, "¡Que estés sana y recia!" exclamó mientras me bendecía. "Amén", le dije,"Igualmente!'". Falleció un día después. No sabe el regalo que me dejó con ese deseo de salud. Casi al borde de su fin, pensó en desearme algo bueno a mí. ¡Qué lección!

13 DE AGOSTO

Hoy tuve un sueño muy simple. Visto a una niña con mi misma ropa. La tomo de la mano y la llevo a la cima de la montaña. Todos se ponen contentos cuando la ven.

En realidad, todos los personajes en el sueño son una parte mía. Quizás esté integrando la niña en mí con mi parte más elevada (el ser superior), ya que voy hasta la cima de la colina-

14 DE AGOSTO

Se acaba mi estadía en la isla. Colorín Colorado...este cuento se ha acabado, frase que escuchábamos al final de todo cuento de niños. Este verano fue un cuento como tantos otros. Mi vida es, en realidad, un cuento tras otro. Cuando termina uno, comienza el otro. No hay más que disponerse a abrir un nuevo libro o crear el próximo capítulo.

Éste de Burgaz tiene personajes amables, pintorescos, expresivos y receptivos al mío que me permiten ser parte de esta historia veraniega que retomaremos el próximo año. Inshala! Esta expresión es nuestro "¡ojalá!, si Dios quiere" y se dice siempre con un tono eufórico y cariñoso. Aunque el escenario de esta historia sea igual que el del año anterior y los acontecimientos parecidos, como las caminatas matutinas, las nadadas y las charlas con amigas en el club; las relaciones con los diferentes personajes cambian sutilmente. Algunas se enriquecen, otras se profundizan y algunas nuevas se forjan, dándole un sabor especial a la trama. El cariño se

Lilita Olano, Ed.D.

comparte y expresa con efusividad, mientras mi manejo del idioma ha mejorado un poco más, hasta el punto de reconocer palabras, en las conversaciones diarias, que antes no tenían ni ton ni son.

Disfruto de esta historia hasta el viernes. Gracias a todos mis personajes, ya que sin ellos este cuento no hubiera sido posible. ¡Cok Merci! "Gracias ¡Hasta la próxima! ¡Que este año tengan salud, amor, alegría y sobre todo paz!". Éste es un deseo que extiendo a este querido país de Turquía, así como al mundo entero que tanto la necesita.

15 DE AGOSTO

¡Feliz Santa María! Fue un día de gloria en la capilla de arriba del cerro, donde se celebró la Ascensión de la Virgen María con sencillez y alegría. Luego de la misa festejamos el cumpleaños de nuestro amigo Malone con una comida hecha por las monjitas y una torta riquísima, vino y champagne que trajo él. El Padre Alejandro y el Padre Robert se unieron a esta reunión, donde nos sentimos en familia y colmados. La hermana Petra estaba fascinada con este festín que no debe ser usual en el convento.

16 DE AGOSTO

Día de gloria. Me despido de todos y hago mis valijas,

17 DE AGOSTO

¡Feliz cumple Bueli Luis! Gracias por el regalo que sé me vendrá hoy, como todos los 17 de agosto. ¡Gracias de antemano! Si todos los días diéramos gracias antes de recibir el regalo de un nuevo día, recibiríamos las gracias necesarias para vivir el milagro de las nuevas veinticuatro horas que Dios nos da, así como así, generosa e incondicionalmente. Con esta luz viva en nosotros, la irradiaríamos hacia el prójimo, a aquella persona próxima a nosotros. Ella lo haría con su prójimo y crearíamos así una cadena de luz infinita a través de todos los seres humanos.

"Ama a tu prójimo como a ti mismo", ése es el mayor precepto. No nos olvidemos de nosotros mismos. Bueli Luis sabía cómo hacerlo. Se cuidaba y se mantenía pulcro y elegante a toda hora, tanto que mi abuela le decía"Narciso el bello". ¿Será por eso que mi abuelo divino no hacía más que irradiar amor, cumplidos y risas a todos, pero en especial a sus nietas? Todavía ahora, tantos años después de haberse ido, me sigue dando cosas agradables el día de su cumple.

18 DE AGOSTO

Feliz Cumple Delia, amiga mía desde mi llegada a Houston. Sucedió en el Evergreen Park en Bellaire adonde había llevado a los chicos a jugar. Vos estabas con los tuyos, y Clayton me escuchó hablando español. Te lo dijo y fue así como te acercaste y empezamos a hablar, iniciándose una amistad verdadera por tantos años.

19 DE AGOSTO

Día en blanco para crear.

20 DE AGOSTO

¡Feliz Cumple Sally querida! Has sido mi profesora, mi mentora y mi inspiración en mi carrera. Más tarde nos convertimos en colegas,

Lilita Olano, Ed.D.

luego de lograr mi sueño de enseñar en la universidad ,y ahora, amigas. ¡Cuántas gracias! Te respeto y te admiro, no solamente en el aspecto académico, sino sobre todo por tu calidad de ser humano auténtico, íntegro y compasivo. Te quiere, Lilita

≈∞≈

21 DE AGOSTO

Hoy, como siempre, sigo la misma senda que me lleva desde la casa hasta el arroyo al pie de la colina. Si bien escucho y veo algunos pájaros, no hay mucho más del verano que quede presente. Camino despreocupadamente y veo algo que parece ser una roca en la mitad del camino. Sin anteojos no distingo bien. Ahora lo veo de cerca, es un sapo marrón con diseños blancos en su espalda que lo camuflan perfectamente en el terreno pedregoso del mismo color. Sigo internándome en el bosque. Luego de cruzar el arroyo, que ahora está seco por la falta de lluvia, diviso un brillo que podría ser una roca, pero que es un poco grande para estar en la mitad del sendero, ya que la hubiera visto antes en otra de las caminatas. Me acerco un poco y el promontorio se mueve apenas levantando su cabecita y es ahí cuando noto su cuerpo plateado y su carita de mulita de las pampas. Se da vuelta para escapar de mi presencia y veo su cola rayada marrón y blanca como un dinosaurio de juguete. Estoy boquiabierta. Si bien el armadillo es un animal oriundo de Texas, no se ve todos los días en estos pagos y menos un bebé. Todavía impactada por esta visión inesperada y mágica sigo mi camino distraídamente.

Ahora estoy en la subida que me lleva de vuelta a casa. Mis ojos se levantan del terreno y aparece, majestuoso, un poco más arriba, un ciervo de tamaño considerable, o quizás un poco aumentado por mi perspectiva desde mi lugar más bajo, que me observa fijamente. Me paro. Nos miramos. No sé si moverme o quedarme quieta para que no se asuste, pero decido seguir mi camino hacia un costado.

Inmediatamente escucho su chiflido que le indica a su familia la presencia de un posible peligro y corre en dirección opuesta. ¡Qué momento! Gracias por esos instantes donde el tiempo se para y toco la gracia con mis propias manos.

22 DE AGOSTO

Hoy necesito tiempo a solas. Lo respeto y lo acepto. Dame la gracia del discernimiento.

23 DE AGOSTO

Todavía estoy fascinada por lo que posiblemente significa mi sueño : "Estoy en el centro de mi cama con una mujer a cada lado. Estoy bastante satisfecha de tener el suficiente espacio para todas nosotras." Creo que está relacionado con la charla que tuve con Delia acerca de las paradojas de esta vida y cómo aceptarlas. Las tres mujeres son aspectos míos, probablemente mis dudas, mi ambivalencia y el amor en mi relación. El sueño parece indicarme que estoy en paz cuando acepto estas realidades que coexisten en mí y que forman parte de la paradoja que es el ser humano.

24 DE AGOSTO

Día en paz. Salud y alegría para hoy.

25 DE AGOSTO

Amanecí temprano, antes de la salida del sol. Espero al nuevo día sentada en el balcón mirando la sierra y el cielo que aclara lentamente tomándose su tiempo. Está nublado. Hay un silencio profundo y una paz total. Esto es la gloria para mí. No necesito nada más. Michus descansa cerca de mí mientras está atenta a todo. De repente, trae algo en su boca. Es una libélula; juega con este bichito como si fuera una pelota. Trato de sacarla de su alcance, la libero y la tiro hacia abajo en el pasto. Inmediatamente salta, la agarra y la sostiene abajo de sus patitas como un trofeo hasta que el pobre insecto para de aletear. Mi gata no es un Buda todavía. Un instante más tarde se olvida de ella, la deja. Una vez capturada su presa descansa en paz. Es la naturaleza del gato, supongo.

Espero que mi naturaleza no sea así. No hay nada que deba lograr o vencer o capturar y retener. Solo ser, dejar ser, ayudar, servir, amar, recibir gracia y vivir en paz.

26 DE AGOSTO

Me quito del medio. Permito que la vida se viva. ¡A gozarla en alegría! A veces nosotros mismos somos nuestro mayor obstáculo, llenos de "peros", de dudas, de faltas de fe.

27 DE AGOSTO

Gracias por poder reflexionar y discernir.

28 DE AGOSTO

Decido ser feliz incondicionalmente. Michael Singer, en su *Alma sin Ataduras*, explica qué fácil es ser feliz cuando todo funciona bien, pero cuando las cosas no funcionan tan bien, es diferente. Una vez que decidimos sentirnos felices a pesar de las circunstancias, él nos pregunta, " ¿Vas a quebrantar tu voto de ser feliz simplemente porque tengas acontecimientos adversos en tu vida?" ¡Gracias Caroline por haberme regalado esta joya de libro!

29 DE AGOSTO

Hoy escribo en un nuevo lugar en casa. Estoy sentada al borde de la ladera de la colina, donde los árboles me protegen del sol matutino, con Michus descansando a mis pies. Le encanta este nuevo claro en el bosque. Está fresco y la vista de las colinas más abajo y el verde de los árboles que las cubren hacen de este peñasco un refugio soñado. ¿Se habrá sentido así Frances Burnett, la autora de El jardín secreto, o Emily Bronte mirando la rama pegando contra la ventana en el medio de la tormenta en Cumbres Borrascosas mientras ella escribía protegida adentro de su casa?

No solo hay luz como para sacar una excelente foto, sino que hay una brisa fresca que mece levemente las matas a mi alrededor. No solo hay silencio, sino que un concierto de cigarras se mezcla con el claro canto de unos pájaros cerca de mí. El gallo de la granja más abajo emite un solo de vez en cuando, y yo juego con un papel y mi lapicera mientras Michus se divierte tratando de atrapar las hierbas que cuelgan sobre la roca donde descansa. Hay varias piedras que le llaman la atención y las mueve con sus patitas gordas blancas y peludas.

Todo está en paz en medio del activo concierto y el ondular de las hojas. ¿Será así la vida bien vivida? Cantamos nuestra canción, aquella que nos fue dada en el momento de la concepción, de acuerdo a la creencia de los indígenas, y fluimos con gracia y en paz para el gozo del mundo que nos rodea. Quizá de esta manera podamos crear las circunstancias necesarias para que los demás creadores y artífices de sus vidas estén inspirados a hacerlo para el gozo y bienestar de los que los rodean. Originaríamos así una

Lilita Olano, Ed.D.

ola de paz, inspiración y creatividad que se replicaría en el mundo entero. ¿Por qué no?

30 DE AGOSTO

Hoy estoy cansada. No me siento muy bien. Me permito sanar.

31 DE AGOSTO

Gracias por este encuentro mágico con Rebecca y Michael Angelo. El es un ángel y ella se dedica a terapias alternativas. Son personajes tan interesantes que parecen salir de un libro de cuentos de hadas. Son sencillos, bondadosos y etéreos.

Septiembre

"No busques santuario
en nadie más
que en ti mismo".

~ Buddah ~

1 DE SEPTIEMBRE

Gracias de antemano por este nuevo día. Salgo a caminar hacia abajo de la colina y descubro un nuevo sendero en mi casa. Mientras voy por el sendero ya conocido, encuentro uno muy angosto, casi imperceptible, que sube por la ladera. Lo sigo por una considerable distancia y siento la expectativa y la excitación de una exploradora que no sabe adónde la llevará este nuevo camino no explorado todavía. Me siento con el poder de la mujer amazona caminando en su montaña. Con cautela y un poco de temor, sigo hacia abajo y me doy cuenta de que termina en una tranquera. Decido volver a casa. En el último tramo de esta aventura veo el techo metálico de una casa blanca con ventanas grandes y una especial en lo que parece ser un ático. La miro con atención y un poco incrédula, me doy cuenta de que es mi casa con el balcón con barandas marrón oscuro y llena de ventanas. ¡Qué preciosa casa! Claro, es casi irreconocible ya que nunca la he visto desde esta perspectiva.

De la misma manera, cuando exploro nuevas posibilidades en mí, descubro que mi psiquis, mi espíritu y mi alma vistos desde otra perspectiva son preciosos y con muchas ventanas abiertas al mundo. Encuentro este solaz en mi interior.

2 DE SEPTIEMBRE

¡Está lloviendo por fin! Gracias a Dios que estamos recibiendo este alivio tan necesario con una abundancia de agua que cae torrencialmente. Las nubes están vertiendo generosamente oro líquido. Todo se ve más verde, aunque los parches de hierba seca se vuelven más evidentes cuando están mojados. Tal vez los humanos brillemos cuando nuestra copa se desborde y nos demos cuenta de dónde necesitamos gracia para sanar las viejas cosas secas que ya no nos sirven. Sabemos que con el tiempo llegará una nueva hierba

Lilita Olano, Ed.D.

verde. Asimismo brotarán nuevos sentimientos, pensamientos e ideas para nuestra renovación interior.

3 DE SEPTIEMBRE

Querida Jill,

Gracias por traernos tu sabiduría, tu alegría y, sobre todo, tu amor por la comunidad de Unity de Wimberley. Gracias por traer a Dios más cerca de nosotros.

4 DE SEPTIEMBRE

Día de descubrimiento y libertad. Hoy creo un espacio para jugar y disfrutar. El proceso creativo requiere simplemente esto a veces.

5 DE SEPTIEMBRE

Nado y me concentro en mi ritmo. Cuando termino, observo a dos señoras que hablan cerca de mí. Se escuchan mutuamente y gozan de una amistad profunda. Escucho a unadecir algo de un Sweat Lodge, la ceremonia nativo americana, y entablo una conversación. "Disculpáme", le digo a una, "escuché que mencionabas un Sweat Lodge y yo voy a uno que queda cerca de aquí". Como está muy interesada, le explico adonde es. Un tema nos lleva a otro y compartimos nuestras creencias que incluyen el sentirnos guiadas y usar nuestro poder de intención. Su amiga se une a la charla y confirma que, en realidad, la intención es lo que vale y me confía que como homeópata, cuando no tiene un remedio, usa el "remedio del papel". Escribe el nombre en un papelito y lo coloca bajo un vaso de agua. Me explica que una vez cuando tenía una tos muy fuerte, hizo esto y la tos paró ipso facto.

Intercambiamos teléfonos y se inicia una amistad, mientras reconocemos que nos hemos atraído por sincronismo. ¡Qué vida intensa, profunda y fascinante!

6 DE SEPTIEMBRE

Bailo country. Me encanta, pero hoy hay muchas mujeres y pocos hombres, lo que nos obliga a sacarlos a bailar, si queremos disfrutar de la noche. A mi lado, una señora que nunca habia visto está en la misma tesitura. Nos ponemos a charlar y me cuenta la historia de su vida, como a veces suele suceder cuando hablamos con un extraño. Me explica, "Manejo un ómnibus escolar para tener seguro. En realidad me encanta la historia del arte, pero nunca pude estudiar. Me casé y tuve hijos y nunca llegó el momento propicio." Le pregunto si le sigue interesando y me contesta que sí. Le digo,"¡Entonces, no importa cómo, pero lo harás! Confío en que cada uno debe seguir su pasión." ¿Por qué no lo haces?", la animo. Se le ilumina la cara. Le comento acerca del poder de la escritura y le sugiero que haga sus páginas matutinas. Está dispuesta a hacerlas y se despide con una sonrisa diciendo, "¡Gracias por esta charla!"

No hay casualidades. Otra oportunidad para darle esperanza a alguien. Si hace sus páginas, habrá otra persona con el poder de crear su vida.

7 DE SEPTIEMBRE

¡Feliz Cumple, Ana Mari! Gracias por ser mi mejor amiga desde los cuatro años. Siempre me recordás que yo tenía cuatro, pero vos solo tres. O sea, ¡serás siempre un año mas joven que yo! Las mejores amigas se recuerdan las verdades en esta vida.

8 DE SEPTIEMBRE

Fui al John Knox Ranch con una de las alumnas del programa de la Maestría de la Naturaleza y me sorprendió con sus historias. La conversación comenzó con los viajes que habíamos hecho en el verano y siguió por nuestro amor por la naturaleza para luego terminar hablando de algo profundo e íntimo. Yo me sentí con un nivel de confianza tan grande que le conté sobre la muerte de Cavit y ella me contó sobre la reciente muerte de su abuela. A renglón seguido, me relató la historia más dulce que jamás haya escuchado. Le escribía cartas semanales a su abuela, que ella leía varias veces durante la semana. En realidad, le había alegrado el último año de vida a su abuela. Adoraba a esta persona que le había dado un sentido de pertenencia desde que era niña. Todos los domingos la recibía en su casa con una deliciosa torta lista para ella apenas entraba a la cocina. Lo primero que hacía era entrar y cortar un trozo de torta. Solo después de eso, oía "¡Hola, Deborah, entrá!" Ahora estaba triste porque se habia acostumbrado a este ritual de escribirle todos los lunes. ¿Qué iba a hacer este año? Fue así como decidió escribirle a su tía en lugar de a su abuela y ponerla sumamente contenta a ella.

La magia de la escritura ha hecho posible una tierna historia de alguien cuyo propósito en la vida es iluminar la vida de los demás. ¡Qué lección! ¿Habrá sido una charla al azar sobre la muerte, la esperanza y la bondad? No, las casualidades no existen. Fue otro sincronismo. ¡Gracias, Cavit!

9 DE SEPTIEMBRE

¡Feliz cumple, querido mío! Gracias por haber estado en mi vida. En cierto sentido, todavía estás presente. Cada día te valoro más. Cuando no estoy segura de qué es lo que tengo que hacer, Cavit parece susurrarme al oído: "Escuchá mis palabras y escribí. No tenés que hacer nada que no quieras realmente. Relajate y disfrutá. Dame tu temor, mi amor. Dejálo ir y viví en el presente."

10 DE SEPTIEMBRE

Me levanto con dolorcitos en el cuello, la mano izquierda- que todavía no ha recobrado la sensación- y el cuerpo entumecido. Por lo tanto, decido hacerme un masaje con Rick. Cuando llego, me acuesto en la camilla y comienza a hacer su sabia presión sobre los puntos doloridos y sus pases de energía con una intención sagrada que es perceptible. Cuando termina, le confío: "me emocioné cuando pusiste tus manos sobre mi cabeza. No sé qué es lo que hacés exactamente, pero es más que un masaje, es una sanación."

Me cuenta que cuando era joven había trabajado y estudiado con los Rosacruces, aprendiendo sus tácticas para curar. Yo, cada vez más intrigada, escucho absorta; y me trae el libro original de los Rosacruces publicado en 1920, antiquísimo, semi destrozado y exquisito. Me acerco a su biblioteca y veo un libro atrás de otro que me llama la atención. "Si te gusta, te lo puedo prestar", afirma. "¡Gracias!", salto de júbilo, "Me interesa mucho!" Es La Biblia de la paz de los esenos. Hace mucho que quería preguntarle más acerca de su sabiduría. "¡Ahora, sos mi maestro!", exclamo. Le sonrío y me voy plena. Sabía que hoy necesitaba un masaje, pero esta comunicación profunda es lo que en realidad estaba buscando. Cuando estamos abiertos, lo que necesitamos está muy cerca de nosotros.

Lilita Olano, Ed.D.

11 DE SEPTIEMBRE

Somos una tierra de inmigrantes. Yo soy una de ellos, ¿y vos? Algunas partes de Texas, California y Arizona eran parte de México antes de la guerra mejicana. Cuando los Estados Unidos ganó la guerra, les prometió a los habitantes que se quedarían con su tierra para persuadirlos de que se quedaran, promesa que no se cumplió. Los mexicanos se convirtieron de un día para el otro en habitantes de los Estados Unidos y, por lo tanto, en extranjeros en su propia tierra.

Otra ola más tardía de inmigrantes vino acá escapando de las guerras y la pobreza. Muchos eran de América Central y querían huir de la violencia que nosotros ayudamos a generar al apoyar años de dictaduras militares en la zona.

Los inmigrantes son personas trabajadoras, que aman a su familia y, además, quieren vivir en paz. Estamos todos conectados. Debemos ayudar a los que lo necesitan, no solo en lugares remotos, sino a nuestros vecinos tan cerca de nosotros. Cuando excluimos a otros, nos perjudicamos. Cuando los incluimos, encontramos soluciones. Seamos buenos seres humanos. Amémonos los unos a los otros y ayudemos a los desprotegidos.

12 DE SEPTIEMBRE

Cuando tenemos algún síntoma de una enfermedad, como hinchazón o dolor, podemos tratarlo eliminándolo o podemos ver qué es lo que lo está causando. Esto último asegurará la curación. De manera similar, con el tema de los inmigrantes que huyen de sus países podemos detener el síntoma construyendo un muro o podemos investigar qué causa este fenómeno. Esto probablemente será una solución mejor. Si las causas son la pobreza extrema y las guerras o guerrillas, podemos examinar qué podría ayudar a mejorar el síntoma y eventualmente a curarla situación. Todos somos uno. Lo que hagamos para detener un virus, como el Ébola (hoy Corona), que viene del exterior contribuirá a que éste no se propague finalmente en los EE. UU. Vivimos en una sociedad global interdependiente. El aire que respiramos no está cercado por fronteras o muros.

13 DE SEPTIEMBRE

Querido Jerry,

Gracias por tu continua presencia en mi vida. Me ayudaste a transitar el camino difícil de enfrentar la vida y la muerte durante mi enfermedad. Luego, poco a poco, me guiaste a pasar por la transformación del sufrimiento y la incertidumbre hasta la eventual trascendencia de esta etapa, y llego a mi realidad de hoy: un ser sano y lleno de alegría.

Con todo mi amor y gratitud,
Lilita

14 DE SEPTIEMBRE

Cuando debo decidir entre dos alternativas diametralmente opuestas, trato de escoger una lo mas rápido posible para no sufrir el caos que produce la incertidumbre. Lo que argumenta Jung es que, si logramos estar presentes en esta incertidumbre y aguantamos esta tensión sin tomar una decisión apresurada, por lo general, surge espontáneamente una alternativa diferente y creativa.

Lilita Olano, Ed.D.

Haré eso. Acepto la paradoja de la situación que presenta un par de posibilidades opuestas y luego puedo seguir adelante sabiendo que aparecerá lo que Jung llama la "tercera función".

15 DE SEPTIEMBRE

Me doy cuenta de que tengo todo lo que necesito y aún más. Todo está como tiene que estar.

16 DE SEPTIEMBRE

Estoy en el tango y escucho, "Hola, ¿cómo estás?" Me intriga saber quién está hablando en castellano. Decido ir a sentarme junto a la señora que pienso ha dicho la frase, pero en ese mismo instante se levanta para hablar con alguien. Un poco desencantada por haber perdido la oportunidad de conocer a un hispanohablante, le pregunto a la única que está presente, "La señora que se acaba de ir, ¿habla español?" 'No', me responde, "Pero yo, sí". No me interesaba un americano que hablara español, sino alguien que fuera hispano. Le pregunto sin gran interés, "¡Ah, qué bien! ¿Dónde lo has aprendido?" Me contesta, "Yo soy argentina", en obvio perfecto castellano. Sorprendida y feliz, a partir de ahí, me cuenta la historia de cómo habia venido a los diez años con sus padres y habia terminado estudiando ruso en la UT.

A veces perseguimos algo sin saber que lo tenemos enfrente de nuestras narices.

17 DE SEPTIEMBRE

Hoy fui al oculista por tercera vez en este mes. Estos anteojos no me quedan bien. Estoy decidida a que me hagan un nuevo examen y

que me den una receta diferente. Si esto no es posible, me quedaré con los que tenía antes, con los que, por lo menos, veía bien. Hay algo que está fuera de eje. A la mañana escribo en mi diario para crear el tipo de experiencia que quiero tener con este problema. "Me hacen anteojos nuevos y me quedan bien. La enfermera me ofrece una alternativa nueva y me asegura que ahora están bien."
En el consultorio, la enfermera comienza un nuevo examen tomando todas las medidas nuevamente. Luego de terminar mi examen, que me pareció el más largo del mundo, le pregunto, " ¿Encontraste algo? ¿Cuál es el veredicto?" Me mira seriamente y me responde: "Hay una gran diferencia entre las medidas para ver de cerca y de lejos en tu ojo derecho. Yo creo que necesitas menos aumento. Por eso es que no ves bien con estos anteojos".

Doy un suspiro profundo y le digo, "No puedo creerlo. ¡Por fin encontraste el problema! Ahora entiendo. Estoy muy agradecida". Ella me mira con una mirada sumamente bondadosa y me confía: "No vas a poder creerlo. Esta mañana leí en mis lecturas de la mañana que cuando estás haciendo tu trabajo bien, Dios está respondiendo a las plegarias de alguien a través de ti". Yo le cuento mi experiencia en el instituto de Jung este verano y le comento todos los encuentros sincronísticos. Me mira con mucha calma y me responde: "Te creo. Yo también escribo y creo que las dos escribiremos acerca de este encuentro en nuestros libros respectivos. El mío es acerca de encuentros divinos, o sea orquestados por Dios ¡Mantengámonos en contacto! "

☙

18 DE SEPTIEMBRE

Perdono. Valoro y no juzgo. Siempre tengo la opción de valorar en lugar de juzgar y criticar.

19 de septiembre

En mi sueño veo un violín refulgente de color madera rojiza con flores saliendo de las cuerdas y una base de torta con relleno de chocolate.

¡Qué imagen bella! Es como un regalo. Quizás el mensaje sea que la música es para mi un manjar que hace brotar mi alegría y creatividad.

20 de septiembre

Entro en la única zapatería que hay en Wimberley y me pongo a mirar con calma. Tengo todo el tiempo del mundo. En realidad, tengo que esperar, porque mi auto está en el mecánico muy cerca de aquí. Una señora se prueba unos zapatos y yo le digo: "Me encantan". Se sonríe. Ella también está contenta con su elección. Me cuenta que se irá a España con su nieta y que necesita zapatos muy cómodos para poder caminar. Yo estoy encantada cuando escucho adonde viajará y le comento que mi bisabuela era de Sevilla. Ella me confía que es ahí adonde irán. Esta súper entusiasmada. Yo le digo que adoro Sevilla y le recomiendo que vaya a ver algún espectáculo de flamenco bailado en los tablados. A ella le encanta esa música también y, sobre todo, está fascinada por ir con su nieta. Me muestra una foto de ella que tiene en su billetera y me cuenta cuán exitosa es. Le digo que yo tenía una relación sumamente especial con mi abuela y que me doy cuenta de que ella la tiene también con su nieta.

Mientras reflexiono acerca de la conexión que existe entre mis páginas matutinas y la realidad que vivo todos los días, me doy cuenta de que cuanto más me miro a mi misma y encuentro mi oro interior, más puedo ver la esencia de las personas con las que me relaciono. ¡Qué preciosa relación la de esta señora con su nieta! Espero poder tener una experiencia similar en el futuro con la mía.

21 DE SEPTIEMBRE

¡Feliz día del otoño aquí en el hemisferio norte! Para mí todavía se siente como el día de la primavera en Buenos Aires en el hemisferio sur.

22 DE SEPTIEMBRE

Ayer no podía tragar. Estaba tensa y muy incómoda. Decido entender qué me está pasando psicológicamente. Creo que ahora sé porqué no podía tragar. Esta situación se me había atragantado. Ahora lo veo claro. Ahora me siento yo misma nuevamente.

23 DE SEPTIEMBRE

Mi sueño de hoy: Estoy rezando un rosario que está hecho de cuentas grandes como uvas. Cuando pienso en el significado, me doy cuenta de que mis rezos han dado su fruto. Muchas veces le pido a Dios y a mi abuela que me ayuden. Todavía tengo su rosario de cuentas doradas de cristal. El último día del año, cuando era el aniversario de casados de mis abuelos, Bueli Loli se subía a una silla justo a las doce de la noche y comía 12 uvas para tener un año con buena fortuna.

24 DE SEPTIEMBRE

En mi sueño estoy volando sobre un terreno vasto asegurándome de que todos están bien, dando consejo y cuidando a todos. De repente, mi avión roza la ladera de la montaña y exclamo; "¡Ay Dios, no puedo creer esto!" No puedo aterrizar en ningún lado. Hay un mar inmenso abajo. Logro aterrizar sobre el agua sin ningún problema. Me acuerdo de que he hecho esto antes.

Reflexionando sobre el sueño, creo que se refiere a que he estado cuidando diferentes aspectos de mí misma. Sin embargo, a veces siento que tengo temor de perder el control. Me doy cuenta de que siempre hay un aspecto mío que encuentra refugio en el espíritu y que ésta no es la primera vez que paso por esta dicotomía.

25 DE SEPTIEMBRE

Tuve una experiencia trascendente en la conferencia ecológica organizada por el grupo espiritual nativo americano. Millie, una sabia mujer proveniente de los aborígenes de Australia, me ofrece una sesión de sanación. Comienza con un masaje en la cabeza y me dice suavemente, "Quédate con las palabras y los pensamientos positivos. No escuches nada negativo de nadie, así sean médicos u otros. Tu mente está limpia ahora. ¡Quédate como estás para siempre! "¿Estoy sana?", le pregunto tímidamente. "Definitivamente", asiente con una certeza que deja mi alma en paz.

Me anoto para tener una sesión con Rod, un afro-americano que tiene ciertos poderes especiales. pone sus manos sobre mi cabeza y reza en lenguas. "Veo un libro , veo escritura." Pasa su energía hasta los tobillos. "Estás libre de todo temor, del temor a la enfermedad o de temores relacionados con la familia. Corto los lazos con tus antepasados. Sos libre. Remuevo los temores de tus generaciones pasadas y de las generaciones venideras. Sos una madre y tenés muchas cosas por hacer. Lo mejor está por venir. Todavía no has visto ni la mitad. Atraés a la gente. Dejá que vengan a vos. Quieren lo que vos irradiás. Serás una lider para las mujeres. Luego recibirás inspiración de tu espíritu para hacer lo que debas hacer."

26 DE SEPTIEMBRE

Gracias por las palabras de ayer. Me han dejado con la tranquilidad de estar curada y con la intriga de lo que vendrá en mi futuro.

27 DE SEPTIEMBRE

Gracias por la gracia de dejar ir esto que me molestaba. No lo justifico. Aun así, siento compasión por el que me ofendió. Lo suelto. Sigo mi camino con liviandad.

28 DE SEPTIEMBRE

Gracias por la amistad especial con Angélica y con Susan. Valoro infinitamente la amistad real e íntima.

29 DE SEPTIEMBRE

Ayer pensé, "¡Cómo extraño mi lapicera especial que escribe tan bien!". No la puedo encontrar. Voy al baño y, como por arte de magia, aparece la lapicera negra adorada que se desliza fácilmente en el papel, ahí frente a mí. Ayer no estaba. ¿Milagro? ¿Intención? ¿Cavit? ¿Bueli? La vida es un misterio.

30 DE SEPTIEMBRE

Escribí mi carta. Sentía que debía decir mi verdad. No podía decir simplemente: "Lo dejo ir y todo está bien". Me expresé con delicadeza y cariño, pero diciendo lo que necesitaba decir. Solo

Lilita Olano, Ed.D.

después pude ver el cuadro completo. Lo que me había molestado fueron la agresión y el egocentrismo."¿Por qué me había herido tan profundamente? Quizás haya un aspecto mío... que tiene estas características también. Sé que cuando hay algo que no soporto en el otro, muchas veces es algo que no puedo ver en mí misma. Ahora sí puedo largar esto y dejarlo en las manos de Dios. ¡Que suceda lo que sea mejor para el bienestar de todos!

Octubre

"Con gentileza,
puedes
sacudir el mundo".

~ Ghandi ~

1 DE OCTUBRE

Hoy continúo con mis proyectos. Ésta es mi intención clara. Recuerdo el poder de la escritura para crear mi día.

2 DE OCTUBRE

Recupero mi ritmo, libre de preocupaciones.

3 DE OCTUBRE

Hoy quiero tener un día con espacios en blanco para crear. Pongo en práctica el Ho'oponopono, técnica de los nativos de Hawai que consiste en decir la frase "Te amo; lo siento; perdóname; ¡gracias!". Por medio de este mantra puedo sanar la situación que me preocupa liberando la mente y dejándola limpia para vivir sin limitaciones.

4 DE OCTUBRE

No vemos la realidad tal como es. Vemos la realidad como somos nosotros. La vemos como una imagen de nuestro interior.

5 DE OCTUBRE

¡Feliz día del camino! Esta fecha quedó grabada en mi memoria desde que era chica, en la escuela primaria. Me parece ver el cuaderno con esta oración copiada del pizarrón. ¡Guíame para recorrer el mío en servicio al otro!

Lilita Olano, Ed.D.

6 DE OCTUBRE

Tantas gracias por tener a los chicos hoy. Cada uno encuentra lo que desea. Les muestro el camino nuevo que lleva hasta el arroyo de abajo.

7 DE OCTUBRE

Gracias por la sanación de ayer. Mi cuerpo se llenó de calor que pasó por los pulmones, el estómago y los ovarios. Tuve la profunda sensación a nivel celular de estar sanada. Escucho, "Estabas tan abierta a recibir esto. Sos tan amada…"

Gracias a la vida que me da tanto amor…amor de mis amigas, amor de mis hijos, amor de Dios y amor de mis ángeles, Bueli y Cavit.

8 DE OCTUBRE

¡Feliz Cumple, Lilita! Luego del ensayo del coro, Vicky me cuenta una breve historia de su vida mientras vamos cada una a nuestro auto en el estacionamiento. "Me jubilé de profesora. He trabajado enseñando el "Collage del Alma" en el Centro de Jung por unos cuantos años, y mi padre escribió un libro acerca del Arte y Jung. He hecho meditación tibetana y he estado siguiendo a un monje que es muy especial." Cuando terminé de escuchar su relato, no podía creer que habia mencionado todas las actividades que yo amaba. Evidentemente teníamos que conocernos. Seguimos la conversación y nos dimos cuenta de que todos se habían ido y nosotras éramos las últimas. Otro sincronismo. ¡Qué regalo de cumpleaños!

9 DE OCTUBRE

¡Qué regalo recibí! Mis tres hijos en su mejor conducta tratando de hacer todo lo que pensaban que me haría feliz. Mis tres hijos, ya hombres... ¡Cómo los quiero!

10 DE OCTUBRE

El sueño me hizo acordar de los tiempos idílicos cuando íbamos a la playa con Cavit. Los caracoles en Galveston aparecían todos los días como por arte de magia. Cada mañana salía a caminar esperando descubrir novedades. Miraba con cuidado la arena cerca del mar refulgente bajo el sol mientras se me iban los ojos mirando las olas, en lugar de mantenerlos clavados en mi tesoro aún no descubierto.

De repente se asoma un caracol que parece un abanico. Estoy absorta. Es oscuro por fuera con un interior de nácar. El color cambia con la reflección del sol. Recojo mi primer trofeo. Sigo caminando mientras entro en un sopor con mi atención totalmente enfocada en el próximo paso. Veo algas, pequeñas piedritas, caracolitos, en fin, nada muy interesante. Me retiro al mundo de los sueños nuevamente saboreando esta aventura matutina. Un caracol se asoma a la derecha en el agua baja. Me acerco, lo desentierro y "¡voila!"es el mismo tipo de caracol que recogí hace dos minutos. Continúo la caminata y mi suspenso sigue vivo. Miro hacia la derecha y cuando la ola se va, se asoma tímidamente la punta de un erizo de mar. Con resquemor lo levanto cuidadosamente. Ahora se lo ve completamente y me doy cuenta de que está intacto. Según las creencias populares, esto significa buena suerte. Instantáneamente me vuelvo una niña de cinco años totalmente inmersa en esta posibilidad.

Lilita Olano, Ed.D.

Es hora de volver a casa. Fue una caminata como Dios manda. Vuelvo con mi botín; lavo mis caracoles y los dejo secar al sol. Ya estoy lista para la caminata de mañana. Me pregunto qué tipo de caracol encontraré. Me encanta vivir con este espíritu aventurero. Lo mantengo vivo para esos momentos en que la vida pueda parecer monótona y predecible. Ahora conozco el secreto. Simplemente tengo que encontrar el próximo patrón en la naturaleza y esa hilacha dorada en mi interior.

11 DE OCTUBRE

El pajarito entra a la casa luego de golpearse contra la ventana y cae al piso inerte. ¿Estará muerto? Rezo con todo mi corazón, "te suplico que esté bien!"Acerco la pala para recogerlo, abre un ojito y se mueve tenuemente. Lo levanto y me doy cuenta de que no puede volar. Se aferra con sus patitas al borde de la pala. Le susurro, "¡Por favor, no te mueras!" Lo deposito en el piso de la galería, justo abajo del nido que estaba haciendo para sus hijitos, para que recuerde que tiene que vivir por ellos. Abre sus ojos, me mira, pero no hace nada. De repente, da un breve saltito y se pone sobre la baranda más baja. Se queda inmóvil. Espero…No sé si podrá volar con su cuerpo machucado por el golpe.

Rezo con todas mis fuerzas. "Vamos, volá, tenés que alimentar a tus pichones." Mi corazón estalla al verlo volar. Me quedo esperando y en unos instantes vuelve con un bichito en su pico que deposita en la boca de sus bebés que pían ahora con más ímpetu para asegurarse de que serán alimentados. ¡Qué sabia la naturaleza! Te cura así como así cuando tenés un propósito firme de seguir adelante porque hay mucho que hacer todavía.

12 DE OCTUBRE

Hoy me acuerdo de mi visita a Frances tan llena de sincronismos. Toco a su puerta llena de expectativas, ya que es una analista jungiana y tiene un grupo de sueños al que me gustaría pertenecer. Se abre la puerta y aparece una señora elegante, con un peinado perfecto y un collar que hace juego con su vestido; no parece tener noventa y tres años para nada.

Me siento frente a ella en un sillón muy cómodo y comienza a contarme su vida. Luego de las primeras palabras, me doy cuenta de que las dos tenemos rutinas similares. Comenzamos el día con meditación y páginas matutinas. Luego menciona que ha analizado sueños prácticamente toda su vida y que ha escrito algunos libros. ¡Me parecía estar viéndome a mí a los noventa y tres! Le pregunté si estaba casada y me contestó inmediatamente que en este momento no lo estaba. Continuó explicándome: "He estado casada algunas veces…dejáme ver, tres, cuatro, cinco." La mire incrédula y no pude evitar un, "Frances, ¿de verdad?" "Bueno", me dice, "¡Estaba tratando de que me saliera bien!" En ese momento me enamoré de esta persona que en un instante me dió una nueva perspectiva de mi divorcio e hizo que dejara todas mis consideraciones atrás.

Frances se murió el año siguiente. Nunca pude ser parte de su grupo. En su entierro, todas las personas que hablaron acerca de su vida resaltaron entre otras buenas cualidades una en particular. En cada charla, Frances siempre decía algo que las hacía sentir mejor acerca de sí mismas. "¡Eso es exactamente lo que hizo conmigo!"

13 DE OCTUBRE

Mi sueño de hoy: decido salir y estar libre. Veo un pico nevado majestuoso frente a mí. Estoy escalando a la vez que volando

Lilita Olano, Ed.D.

mientras reboto en la ladera. Cuando llego a la cima, la toco con las manos y lo hago con valentía, pensando: "Elijo ser libre" La nieve tiene un esplendor magnífico acá en la cúspide.

Es hora de descender. Toco el costado de la montaña y bajo con facilidad, como si estuviera sentada en una silla de esquí invisible. Me sorprendo de lo gradual y placentero que es el descenso. A la izquierda está el precipicio y frente a mí, a la distancia, el próximo pico nevado iluminado por el sol. Sé que no puedo ir en esa dirección. Me mantengo serena en mi lugar.

Reflexionando sobre el sueño, la imagen que más me llama la atención es el momento cuando toco la cumbre en un acto de valentía que me hace sentir totalmente libre. La cima tiene forma de triángulo y me hace pensar en Dios y en mi Ser Superior de acuerdo a Jung. Una parte mía está unida a Dios y a mi parte más elevada, y, a la vez, sé como estar conectada con la realidad diaria de lo mundano. La imagen de la montaña es un símbolo adecuado, ya que está arraigada en la tierra a la vez que llega hasta el cielo en la cúspide.

14 DE OCTUBRE

Gracias por los 68 años de gloria con mis hijos. Gracias por la gracia de estar viva para verlos en paz, divirtiéndose, cantando y en total expresión de cariño. ¡Cantaron lo que querían cantar... Santi con su voz clara y poderosa, Diego con su guitarra del cielo y Tomás tocando un simulacro de batería con sus llaves! Bendiciones a los tres y a las tres. ¡Cómo los amo!

15 DE OCTUBRE

¡Gracias a la vida! Otra visita con resultados buenos. Estoy completamente sana.

16 DE OCTUBRE

El viento sopla. Mi molino gira vertiginosamente. Los pájaros, casi ausentes, están seguramente resguardándose del primer día frío en Texas luego de cinco meses de verano. Las espigas que están creciendo se mecen al unísono. Sale humo de una chimenea distante. Las colinas al fondo y los cedros orlando el parque son el marco perfecto para Muñeco, que se ha quedado dormido en el sillón cercano. Abunda la paz en Wimberley.

17 DE OCTUBRE

Hoy es el aniversario de la muerte de mi madre. La siento cerca de mí, como en un ensueño. Gracias, mami, tu ternura está presente. "¿Sabés?, me gustaría amar de nuevo, pero estoy tan tranquila que no sé si valga la pena". "Lo sabrás cuando llegue", me dice. "Será una dulce compañía. ¡Brillá, sé mágica, volá!

18 DE OCTUBRE

Pasa un ciervo majestuoso y atraviesa el prado con cautela. El próximo se para justo enfrente de la puerta de vidrio desde donde lo miro mientras escribo. Ésta es mi vida salvaje en Wimberley. Vuela un águila y planea casi sobre el borde de mi techo. Mi corazón se para. Es, en realidad, la libertad expresada. La familia de ciervos continúa cruzando. Son tres, cuatro, cinco, seis, siete y ocho. ¡Gracias por este desfile matutino! El último dirige su mirada hacia mí y sus orejitas se mueven hacia atrás y hacia delante como antenas. Está intentando sintonizar mi frecuencia. Come algo que parece que le gustó. Espero que no sean las semillas de flores silvestres que acabo de esparcir. El más chiquito se entretiene, chupa el agua de la planta en flor. Ahora me levanto y le voy a dar su comida.

19 DE OCTUBRE

Pienso nuevamente en mi madre que se ha ido hace tantos años. Aun así, hoy siento su amor profundo casi expresado en un dulce abrazo interior. La escucho… "¿Quién pensás que te dio la magia, la sensualidad, la dulzura y el éxtasis?", me insinúa. "Fui yo. Te amé dentro de mí,, te soñé, te cuidé".¡Gracias, mami! Perdón por no haberte dejado entrar antes. ¡Gracias por esta efusión de amor!

20 DE OCTUBRE

Gracias por el grupo de intenciones. La energía que se siente es diferente a todo. La sensación de visualizar la sanación de una persona con un grupo es poderosa. Acostumbrada a rezar en silencio y en unión personal con Dios, esta oración adquiere otra dimensión, y en cierta forma multiplica la energía de cada miembro del grupo. Es un privilegio poder hacerlo.

21 DE OCTUBRE

Hoy me duele el cuello. Está tenso. Me siento, medito, rezo y me relajo. Así comienza otro día en este bello lugar y tiempo que me toca vivir. Gracias por la habilidad de entrar en mí misma y encontrar un refugio sagrado. Me enfoco en la quietud de mi cuerpo, en el silencio de mi habla y en la apertura de mi corazón. Así encuentro paz y sosiego. Es lo que me hace estar en equilibrio con este ambiente bucólico que me rodea.

Acaba de llegar mi ciervo amigo. Me mira directa e intensamente. "Acá estoy", parece decirme con una intencionalidad incomparable. "Aquí estoy", le respondo yo. Nos conectamos.

22 DE OCTUBRE

Gracias por este amanecer azul y rosado. No llueve por primera vez en tantos días. Medito y escribo. Levanto mis ojos y aparece sorpresivamente un venado con su gran osamenta que me mira fijo y luego desaparece. Luego les pongo comida en su comedero y aparece el primer ciervito que se anima a venir más cerca a tomar su desayuno. Poco a poco vienen otros. El primero ni se inmuta, no les teme a los más grandes. Sigue comiendo tranquilamente. ¡Qué maravilla su actitud imperturbable! Cumple su cometido, disfruta de su alimento y vive el momento. Este es mi ciervo Buda.

Mi lección para hoy es disfrutar de las cosas que la vida ofrece, de la gracia que está disponible generosa y abundantemente. Permanezco en paz ante las circunstancias externas que puedan causarme turbación. Sigo mi camino con un propósito alumbrado por mi brújula interior.

23 DE OCTUBRE

El retiro en Serenity Ridge en Charlotte fue sublime. El Rimpoche Tenzin Wyngdal, el monje tibetano que conocí en el Centro Jung hace muchos años, siempre encuentra la manera de decir las cosas con sencillez en el marco sagrado. Durante el almuerzo conocí a Price, y tuvimos una conversación especial entre dos personas que, a pesar de vivir a tantas millas uno del otro, han vivido vidas paralelas en varios aspectos. "Los dos somos sobrevivientes de cáncer" me dice y agrega que ha escrito un libro acerca de su

Lilita Olano, Ed.D.

proceso con la enfermedad. "Yo también", le confío asombrada por la coincidencia. Me ofrece su tarjeta que dice: "Doctor en Educación y Biología". Yo le digo que yo también soy Profesora en Educación y he enseñado en la universidad. Me mira con su pañuelo atado alrededor de su cabeza en un estilo entre budista y hippie y susurra con respeto y humildad: "Estoy maravillado ante tantas similitudes". "Yo también" le respondo todavía impactada por tanto sincronismo.

24 DE OCTUBRE

Las enseñanzas en el retiro espiritual con Rimpoche fueron simples y profundas:

"En lugar de enfocarse en lo que han hecho en el pasado, enfóquense en lo que pueden hacer ahora. Hagan las cosas que les gusten para ustedes e incluyan acciones de ayuda y servicio al prójimo. Estén abiertos; estén en paz; acepten la vida y no gasten su tiempo en expectativas. Continúen su camino sin estancarse en el pasado, porque, de todas maneras, la vida continúa siempre hacia delante."

25 DE OCTUBRE

Otro tema importante fue el siguiente: "Lo que nos causa sufrimiento es el apego a la identificación con nuestro dolor. Pensamos, analizamos y tratamos de arreglar todo, en lugar de simplemente vivirlo." Su visualización durante la meditación fue enfocarse en un espacio vasto interior y traer nuestro problema aquí. Manteniendo esta imagen, nuestro tema tiende a disolverse.

26 DE OCTUBRE

Lo puse en práctica. En lugar de pensar acerca de lo que me preocupa, analizarlo y tratar de entenderlo una y otra vez, reconozco que éste es un viejo habito mío y decido cortar este ciclo que me ocasiona más sufrimiento. Comienzo a meditar creando un espacio inmenso dentro de mí y todo se disipa naturalmente.

27 DE OCTUBRE

Liberada por la práctica de este proceso espiritual y ya terminado el retiro, nos vamos a caminar por el enigmático bosque del Serenity Ridge. Historia tras historia, Tim, psicólogo jungiano, arquitecto y budista, ha viajado a lugares exóticos. Me cuenta acerca de los jardines de roca en Japón y Tacoma y de su vida en un monasterio del área. Se para, saca fotos, mira todas las rocas y la reflexión de la luz en el agua. Yo le cuento acerca de mis viajes a Exhalar y a Burgaz. Le interesa y dice, "Tenemos que mantenernos en contacto". Su padre se ha analizado con Jung y él, con Robert Johnson.

Seguimos caminando por la orilla del río, pero Pablo opina que será más corto si subimos por la colina. Apenas empieza el ascenso, me doy cuenta de que cada vez es más difícil. Me da su mano para ayudarme. Tim ofrece bajar de nuevo a nuestro camino original al lado del río. Yo no quiero volver, porque debo llegar a tiempo al aeropuerto para tomar mi vuelo de vuelta a Texas. Además, no quiero que cambien el recorrido solo por mí. El próximo trecho es muy empinado. Pablo me ayuda y me agarra la mano derecha. Me tira un poco demasiado. Siento mi brazo estirarse con un casi imperceptible "crack". Paro. Me duele. Sigo a duras penas. Tim trata de tocar unos puntos para calmar el dolor, pero no logra hacerlo. Pablo le aconseja que no me haga nada y que es mejor dejarlo tranquilo. Ahora es Tim el que me ofrece su mano en esta caminata fascinante con mi caballero andante.

Lilita Olano, Ed.D.

Ahora estoy en el aeropuerto con abundante hielo y el corazón lleno de encanto, a pesar del dolor.

28 DE OCTUBRE

Gracias por la meditación hoy. Me concentro en un espacio abierto e infinito. Desde acá logro mi paz y el dolor se amengua.

29 DE OCTUBRE

Me hice acupuntura para ayudar con el dolor. De acuerdo al médico no tengo nada roto, gracias a Dios.

30 DE OCTUBRE

Acepto lo que tengo; no deseo lo que no tengo. Parece un buen principio para disfrutar del momento en lugar de estar en el pasado pensando en lo que pudo haber sido, pero no es o en el futuro, con la ilusión de algo que puede ser, pero no es ahora. El pasado y el futuro son, en realidad, distracciones que me ayudan a no estar en el presente. Este momento, el que tengo frente a mis narices aquí y ahora, está bien. Eso es lo que cuenta.

31 DE OCTUBRE

Gracias por este estado de esperanza y apertura. Hay una especie de expectativa en el aire. Algo especial está por pasar. No sé exactamente qué es. Acepto lo que se me presenta. No deseo aquello que no tengo.

Noviembre

"Deja que la vida te pase.
Créeme
La vida tiene razón
siempre".

~ Rainer Maria Rilke ~

1 DE NOVIEMBRE

Mi plegaria de hoy es la oración budista de bondad compasiva.

Que me llene de bondad viviente,
Que esté libre de peligros internos y externos.

2 DE NOVIEMBRE

Mi plegaria de hoy es la continuación de la de ayer.

Que esté bien de cuerpo y mente.
Que pueda estar tranquilo y feliz.

3 DE NOVIEMBRE

¡Feliz cumple querido Santi! ¡Que seas feliz para toda tu vida! Te quiero tanto. Gracias por haberme hecho mamá por primera vez. La alegría que trajiste a mi vida es la que trato de darte a vos a diario.

4 DE NOVIEMBRE

Señor, dame tu guía y tu sabiduría. Llenáme de amor. Dejo mi ego a un lado y me entrego a Vos. Que suceda lo mejor para el bien de todos.

5 DE NOVIEMBRE

Camino mi propio camino. Soy responsable de mis pensamientos y de mi conducta. No soy responsable de los pensamientos o de la conducta del otro.

6 DE NOVIEMBRE

Oración budista para todos los seres vivientes:
> Que todos los seres tengan la felicidad y la causa de la felicidad;
>
> Que todos los seres estén libres del sufrimiento y la causa del sufrimiento.

7 DE NOVIEMBRE

Continúo con la oración budista para todos los seres vivientes:
> Que todos los seres nunca estén separados del gozo que no conoce el dolor;
>
> Que todos los seres vivan en ecuanimidad, libres de apegos y odios.

8 DE NOVIEMBRE

Llueve detrás de los cristales. "Las olas y el viento", cantaba Donald, "y el frío del mar". La música inunda mi alma. ¡Cómo me gustaba escucharlo en mi juventud! Hay algo en las tormentas que me atrae, me calma y me hace darme cuenta de la seguridad y la calidez que siento adentro de la casa mientras afuera todo tiembla. Así es fácil. Veo el vendaval, pero no estoy inmersa en su amenaza. Gozo del espectáculo de la lluvia, pero no siento el agua calarme los huesos. Escucho los truenos, pero no estoy expuesta a ellos. El refugio de la casa me lo permite.

Cuando tengo terremotos internos, me recuerdo que puedo ir a mi refugio interior. Descanso en la quietud, en el silencio y en la apertura de mi corazón. Así puedo observar mi turbulencia sin perderme en ella.

9 DE NOVIEMBRE

Gracias por la gracia. Hoy me entrego y estoy abierta a recibirla.

10 DE NOVIEMBRE

Cuando dudo, me vienen a la mente las palabras de Jesús a los apóstoles: "¿Por qué tienen miedo? ¡Hombres de poca fe!"

11 DE NOVIEMBRE

Abro un libro de pensamientos de Mary Drowley que me enternece:

"Cada mañana, reclínate sobre el alféizar de la ventana, mira al cielo y dirige tus ojos a Dios.

Luego, con esta perspectiva en tu corazón, enfrenta el día con fortaleza".

"Cada noche, entrégale tus preocupaciones a Dios. De todas maneras, Él estará despierto toda la noche.'

Lilita Olano, Ed.D.

12 DE NOVIEMBRE

Gracias por estar calentita acá adentro, mientras los árboles se mecen con cierta intensidad y la temperatura ha bajado considerablemente hasta el punto de congelación. Gracias por tener paz interior cuando el mundo está convulsionado. Gracias por poder compartir este calor y esta paz con los demás y lograr que se transmita eventualmente a todo el mundo. ¿Por qué no? Todo empieza por cada uno de nosotros.

Hoy me acuerdo de parar lo que esté haciendo a las 11:11 AM y rezar por el mundo entero, como lo convinimos con la comunidad de la iglesia. ¡Únanse conmigo!

13 DE NOVIEMBRE

¡Qué magnifica lección aprendí de mi amiga Diane ayer!Le pregunté si sentía algún temor cuando iba a hacerse sus exámenes de seguimiento y me contestó muy claramente: "No tengo energía para sentir miedo. No me voy a morir por esto o por lo otro. Sucederá cuando sea la hora". ¡Qué alivio dejar todo en las manos de Dios y estar libre de preocupaciones para vivir en este preciso momento!

En otra ocasión, nos miró a todas y declaró: "Hoy me voy a amar a mí misma

y voy a hacer lo que realmente quiero hacer". Yo me pregunto qué haría yo. Seguramente, me levantaría y tomaría mi taza de té, la llevaría a mi sillón favorito mientras miro mis pájaros. Luego meditaría y enviaría intenciones de sanación para otros y para mí misma. Escribiría mi sueño y luego las páginas matutinas. A renglón seguido me iría a caminar hasta el arroyo, maravillándome con el cielo, las nubes, los árboles y la belleza del entorno. Más tarde iría a mi clase de Tai Chi. Después iría a hacer mis mandados y, ya de vuelta en casa, me comería un rico almuerzo. A la tardecita tendría alguno de mis grupos, ya sea de escritura, de sueños, el de intenciones o el de meditación. También trabajaría en mi nuevo libro. Completaría mi día con baile y música. ¡Qué día maravilloso tendría! Ahora que lo pienso, eso es exactamente lo que hago en mi vida diaria. ¡Cuántas gracias por poder hacerlo!

14 DE NOVIEMBRE

Elevo mi alma y mi energía para percibir todo desde un punto de vista diferente que me permite tener paz interna y así, traer esta energía a los demás. Si cada uno de nosotros asume la responsabilidad de su propia paz, el mundo entero estará en paz.

15 DE NOVIEMBRE

Hoy me desperté fresca como nunca. Dormí súper bien y el amanecer llegó con claridad y un tinte rosa que anuncia un día con sol. Luego de tantos días nublados y con lluvia, esto es un soplo de vida.

Te pongo a Susan, mi querida amiga, en tus manos. Llénala de amor y sanación. Mi intención y mi oración por ella es la siguiente: Tiene deseos de vivir, come y está tranquila. Tu voluntad se hace presente de acuerdo a tus planes.

16 DE NOVIEMBRE

Gracias por el grupo de intención de gloria. Estas seis mujeres, unidas con una intención de sanación, envían amor y visualización de curación efectiva al que lo necesita. No solo ayuda a los destinatarios de la energía, sino también a los que la envían.

17 DE NOVIEMBRE

Abro mi diario nuevo que tiene la palabra «Liberty» en la tapa. Me impacta su significado profundo, aunque sé que se refiere al diseño floral inglés. Comienzo mis páginas matutinas...Reflexiono sobre la libertad. Me tomo la libertad de decir lo que hay que decir. Me tomo la libertad de vivir como quiero vivir, la libertad de amar, de expresar mi verdad de la mejor manera posible con claridad y compasión, la libertad de hacer de cada momento uno especial, de disfrutar hoy de lo precioso en mi vida, de la belleza, de la delicadeza, de las flores, los colores, los sincronismos, las palabras sutiles que dan paz y alegría.

Hoy me doy el lujo de escribir en el diario más bello que he tenido. «¡Alegría, Alegría!», como decía mi abuela. No solo el geranio ha florecido, sino una multitud de flores celestes y rosas en la cubierta de este nuevo escrito albergado en estas hojas. ¡Gracias a la vida!, y a mi abuela que aún me mira con gozo desde allá arriba.

18 DE NOVIEMBRE

¡Feliz Cumpleaños, Bueli de mi vida! ¿Cómo estás? ¡Contáme! Me parece escuchar su voz en mi interior, "Nada te tocará; estás protegida" Mi abuela abre los brazos y me rodea en un círculo de amor sellado, que me protegerá siempre hasta el día en que, ya viejita, decida irme de este mundo y volver a estar junto a ella. Una sensación de paz y seguridad me invaden. "¡Sos tan amada! Te adoré de chiquita, te adoré de más grande, te adoro de madre y adulta con hijos del cielo. Te hablé durante tus problemas y enfermedades y te salvé con amor. No estás sola. Acordáte de estas palabras. Estamos todos acá cuidándote y salvaguardando esa alegría, ese impulso de vivir, esa inocencia, esa pasión por la vida y por los demás. Preciosa, ¿Cómo no me escuchaste antes? Si sólo te lo hubiera podido decir mucho antes. Ahora te beso.Te adoro. ¡A celebrar mi cumple! Acá lo estamos haciendo con una sevillana. Tu tío, loco como siempre, me está haciendo muecas. Estáte lista para las sorpresas que te trae la vida. ¿Te acordás cómo te decía cuando eras chiquita y estabas enfrente del plato que tenía la servilleta encima? ¡Levantá la servilleta y ahí encontrarás tu sorpresa! Te adora, Bueli."

19 DE NOVIEMBRE

Mi sueño de hoy: Estoy con dos amigas. Les digo: "Miren, nos pusimos el mismo vestido rojo. ¡Qué casualidad! No puedo creerlo." Estamos paradas formando un triángulo.

En la próxima parte del sueño, veo tres grupos con tres figuras ataditas juntas en cada uno. La figura del medio es alta y las dos de los costados son más bajitas. Parecen niños indígenas con su mamá. En lugar de elegir uno de los grupos, yo decido relajarme y tomarme un tiempo con cada uno.

Reflexionando, pienso que la primera parte se refiere a tres aspectos míos que están en una armoniosa relación vital simbolizada por el color rojo. Además, el número tres es un número mágico en la Cábala. También podría haber una referencia a los tres arquetipos: de joven, de madre y de mujer madura aludiendo a las diferentes etapas de la vida.

La imagen de los tres grupos se refiere a la maternidad. El número nueve es muypoderoso y puede haber una conexión con las nueve sacerdotisas de la mitología, con poderes sanadores de enfermedades

Lilita Olano, Ed.D.

que se consideraban incurables. Hay también un simbolismo de nacimiento. Quizás, a esta altura de mi vida, a nivel físico siento que he renacido luego de mi enfermedad y a nivel espiritual, siento un amor y compasión profundos por los demás.

20 DE NOVIEMBRE

Gracias a la vida. La llamada de Erwin me devolvió la alegría. ¿Cómo sabía que estaba triste?¿Cómo saben los ángeles cuándo protegerte? El es uno. Una paz reconfortante invade mi ser. Eso es lo que se siente cuando se acaba una relación conflictiva. Libertad, libertad de ser y de hacer, de no perder la paz interior por el bagaje emocional.

El primer día del año, como es la tradición en Unity, escogí una palabra para escribir en mi piedra blanca: Libertad. Es, en realidad, lo que más valoro. Relacionarme con el otro con amor es un regalo, y la libertad es otro.

21 DE NOVIEMBRE

En las palabras de San Agustín: que tengamos el valor de cambiar lo que podamos cambiar, aceptar aquello que no podamos y tener la sabiduría de saber la diferencia.

22 DE NOVIEMBRE

¡Feliz día de Acción de Gracias! Tomémonos un minuto para reflexionar acerca de qué estamos agradecidos. Estoy agradecida por cada uno de ustedes, Santi, Diego y Tomás. Los momentos más felices de mi vida fueron cuando los tuve a cada uno de ustedes. Ahora este sentimiento se ha multiplicado ya que contamos con sus esposas y novias y, por lo tanto, se han convertido en seis fuentes de dicha.

Cada acto creativo, cuando se hace con pasión y amor, tiene la lógica consecuencia de crear más amor, más pasión y más alegría.

¡Gracias por estar en mi vida!

23 DE NOVIEMBRE

Pasamos un día en paz y hermandad. Hubo música abundante. ¡Cómo cantamos! Expresamos nuestros sentimientos y estuvimos tranquilos. La noche no se terminó aquí, ya que fuimos a bailar con Caroline y Diego. Me parece escuchar a mi abuela, cuando me dijo: "¿No era eso lo que querías, preciosa? Yo, de 8 años, levanté la servilleta y descubrí mi manjar favorito en el plato." "¡Sí, absolutamente, Bueli!"

24 DE NOVIEMBRE

Gracias por este día frío de sol. No es mi clima preferido, ya que me gusta un poco más cálido, sin embargo, está precioso. Y, sobre todo, estoy viva en este nuevo día. "Todo lo que pasa es lo mejor, aunque en ese momento no lo veamos así" digo yo. Evidentemente, esta nueva etapa en total libertad podrá ser un poco solitaria, un poco triste. Aun así, me doy cuenta de que para mí fue lo mejor. Ahora tengo la paz para iniciar un nuevo capítulo. Así es la vida. Todo cambia y debemos aceptarlo sin aferrarnos a algo con todas nuestras fuerzas, ya que el apego es el que causa sufrimiento. El estar abiertos y dejar ir aquello que ya se fue nos produce no sólo relajación y bienestar, sino que nos pone en una actitud receptiva para el próximo milagro.

25 DE NOVIEMBRE

Gracias por esta mañana más cálida en medio del invierno. Siempre hay algo bueno que aparece inesperadamente en la mitad de nuestra tristeza, desilusión o cualquier momento de dilema. Estoy abierta a este toque de gracia que me permite recibir deleites espirituales que se manifiestan físicamente. Nuestra mente es poderosa. Si nos abrimos al misterio y al milagro diarios, los presenciaremos.

26 DE NOVIEMBRE

Gracias por esta paz matutina luego de la meditación. Con mi mente y mi corazón abiertos, me enfoco en la quietud y el silencio interior. Acepto lo que venga a mi plato; sigo el fluir de la vida.

Ahora tengo el lienzo listo para pintar; la hoja me espera para verterme en ella.

27 DE NOVIEMBRE

En mi sueño escucho las palabras: "El alma sin techo". No creo que deba ignorarlas. Ahora lo entiendo. Dejo ir esta situación que no alimenta a mi espíritu. Así tendré energía para comenzar un proyecto nuevo. Ahora tengo la libertad para pintar mi vida y escribir mi guión propio.

28 DE NOVIEMBRE

Gracias por otro día en este mundo. Hoy estoy presente; no trato de solucionar el pasado ni tampoco de vislumbrar el futuro.

29 DE NOVIEMBRE

Ayer recibí el consejo que necesitaba de una amiga y la afirmación sabia de otra con esa paz otorgada generosamente entre personas que se quieren y respetan.

30 DE NOVIEMBRE

A veces necesitamos cambiar la manera en que interpretamos una situación o vemos a una persona para poder aceptarlas. El Curso de Milagros define un milagro como un cambio de perspectiva. Esto es muy simple, aunque no necesariamente fácil.

Diciembre

"El privilegio de toda una vida
es llegar a ser
quien realmente eres".

~ Carl Jung ~

1 DE DICIEMBRE

En mi sueño tengo un bebé envuelto en una mantita y se lo traigo a su mamá. Ella abre la puerta y se sorprende. Hay un círculo de mujeres que le están ayudando a tener en brazos a muchos bebés. Es un círculo de luz. Están todas juntas sosteniendo a cinco bebés. Ella me mira horrorizada cuando me ve venir con otro más. Cuando se acerca a mí, me doy cuenta de que es una mujer hindú. El bebé que yo le traigo es un bebé hindú también.

Reflexionando sobre el sueño, me doy cuenta de que tengo tantas cosas que debo hacer y que están "bajo mi cuidado", en el sentido de que soy la única responsable de hacerlas. En este momento es este libro que estoy escribiendo. ¿Seré capaz de nutrirlo y cuidarlo? Creo que, con la ayuda de todas las demás madres que simbolizan el "inconsciente colectivo", podré hacerlo. Muchos escritores lo han hecho. Continúo en mi camino. Agradezco el apoyo que me ha dado el sueño.

2 DE DICIEMBRE

Tengo otro sueño que me hace pensar. Estoy parada en una colina cuando veo una especie de hada pequeña que desciende a mi izquierda. Parece una de las figuritas de flores que coleccionábamos adentro de un libro cuando éramos chicas. Tiene un sombrerito rojo y un vestido con forma de pétalos de flores. Gira sobre sí misma y yo me quedo hipnotizada por su belleza. De repente se eleva y se transforma en una mujer joven muy atractiva. Yo le pregunto: "¿Quién sos?" Me sonríe dulcemente y me susurra: "Disfrútalo, eso es todo." Se acerca más; le tomo sus manos y me pregunto quién será. La miro a los ojos. Se ha transformado en una persona un poco mayor, etérea, con ojos blancos vacíos.

Lilita Olano, Ed.D.

Continúo tomándole las manos y me dice: "Esto lo ven aquellas personas buenas que están conectadas con Dios. Lo importante es la conexión."

Reflexionando sobre el sueño, puede referirse a las diferentes etapas de mi vida. Me doy cuenta de que esta última en la que me hallo es más espiritual y de mayor unión con Dios. Me recuerda que la bondad y la compasión son necesarias para relacionarme con otros y conmigo misma.

3 DE DICIEMBRE

Mi amiga Alicia me pidió que le escribiera un comentario para su libro. Esto es lo que le escribí:

En su libro, El Poder de la Mujer, Alicia West explica que las mujeres que son valientes y creativas desafían la presión de ser "perfectas y dependientes" impuesta por la sociedad. Su consejo es "Sé la reina de tu propio destino. Tienes solo una vida y tienes el derecho de elegir tu destino." Es un libro de interés para las mujeres de todas las edades.

Ojalá hubiera sabido esto desde joven. En mi generación fuimos criadas para ser perfectas. ¡Qué perdida de energía física y psíquica! Ahora me acepto como "¡perfectamente imperfecta!"

4 DE DICIEMBRE

El poder de escoger ser creativas y libres es nuestro. ¡Gracias por este recordatorio!

5 DE DICIEMBRE

Hoy tuve una imagen sumamente intrigante en mi sueño. Estoy al lado de una figura de mujer vestida de negro y bailo con ella como si bailara con mi imagen en un espejo.

Reflexionando, parece aludir a un estado de equilibrio psicológico.

6 DE DICIEMBRE

En el sueño aparece el tigre más bello y bueno, lleno de energía y creatividad, fuerte y gentil. Así es el hombre que quiero en mi vida. Tiene fortaleza interior y es gentil por eso mismo. Comparte mi creatividad, mi optimismo y mi energía positiva que apunta al futuro.

7 DE DICIEMBRE

En mi sueño estoy por tener un bebé. Hay dos hombres negros hindúes. "¡Que se vayan!", grito desesperadamente. "No puedo tener mi bebé si están acá durante mi parto". Trato de calmarme y espero que alguien me toque el corazón y ponga sus manos sobre mi pecho para facilitar el proceso. Ahora es el día siguiente y todavía no he dado a luz.

Reflexionando, hay una parte de mí que está por gestar algo nuevo. Hay un elemento de mi "sombra" que estoy tratando de omitir. Sé que el amor y la sabiduría me ayudarán en este proceso. Puede estar refiriéndose a este libro que estoy casi por terminar. También, se acerca el cumpleaños de Tommy.

Lilita Olano, Ed.D.

8 DE DICIEMBRE

¡Feliz día, Virgen María! ! Me acuerdo de lo sucedido en Buenos Aires en uno de mis viajes. En la cama recostada, mientras Lucía me hace Reiki, una paz profunda inunda mi ser. Mi cuerpo está relajado y mi espíritu volando. Es tanto el contraste con el estrés que estaba sintiendo en estos días durante mi estadía en Buenos Aires. Con los ojos cerrados y la respiración calma la veo aparecer. Es una imagen de la Virgen con su cabeza rodeada de puntos diminutos y estrellitas blancas con un fondo azul oscuro. "¡Lucía, la Virgen! exclamo. "Sí, claro." responde tranquilamente. Lloro de emoción y en un instante desaparece la imagen. Trato de contener las lágrimas para poder mantener la visión interior, pero ya no está.

Termina la sesión y Lucía me explica que siempre le reza a María, a nuestro Señor y a todos los ángeles antes de comenzar con su Reiki y sabe que están ahí, pero nunca ha tenido la experiencia de semejante visión. Yo aún impactada le digo, "No sé si me lo imaginé, pero no estaba tratando de ver a la Virgen conscientemente". "¡Sos una privilegiada!", me responde. "Te ama". Esta experiencia se ha quedado conmigo para siempre.

Unos años más tarde fui a Efeso a ver la casa de María donde se dice que ella vivió sus últimos años. Hice este viaje ya que por segunda vez alguien me había dicho que debía ir. Recuerdo que Ana Mari me había dicho dos años antes que fuera a Efeso y yo no fui, porque teníamos planeado un viaje a Tierra Santa. Sólo después de mi visita, me contó el resto de la historia. Resulta que alguien que hacía trabajo energético ,y además, era clariaudiente, le había recomendado "Dígale a su amiga que vaya a verla a María para pedirle sanación. Esto ya ha sucedido con una señora de Turquía que ha ido a verla. Nuestro Señor nunca le niega nada a María ya que la ama profundamente". Así lo hice y hoy estoy sana. ¡Alabados sean Dios y María!

9 DE DICIEMBRE

Querido Tomás,

Hace treinta y dos años que llegaste a nuestras vidas. En realidad, hace treinta y dos años y nueve meses que fuiste concebido y que me enteré de que estaba esperándote. Todavía me veo saltando de alegría con gran euforia al saber que mis deseos se habían cumplido.

Con esta alegría interior, habitaste dentro de mí... lleno de cuidados, ilusión y rezos a Diosito para que fueras un bebé sano. Durante esos nueve meses seguí haciendo todo lo que me gustaba y me traía gozo. Seguí trabajando en el St. Thomas More y estudiando en HBU con una energía y una pasión que me hicieron llegar al día de tu nacimiento casi sin darme cuenta de que estaba teniendo contracciones y ya estabas listo para nacer.

Durante tu vida de bebé seguí feliz con mi vida, y vos simplemente me acompañabas. Tenía que estudiar Lingüística para terminar mi clase para terminar el Master y lo hacía mientras te daba de comer. Quería ir a nadar y venías conmigo. Me esperabas en tu asientito y levantabas tu manita cada vez que terminaba una pileta. Trabajaba en el Mark Twain y vos venías a mi clase donde todos mis alumnos te adoraban. Ya de más grande me venía a Wimberley a ver los lugares de collarcitos y antigüedades y vos venías contentísimo conmigo. Iba a misa y estabas ahí, rezando no solo la parte nuestra, sino también la del sacerdote.

Querido mío, ¡Cómo no amar a alguien que estaba a mi lado todo el tiempo compartiendo mis alegrías! Esta alegría te la pasé y es tu regalo de ahora y para siempre, no solo en los momentos donde hay motivos para estar feliz, sino aun y, sobre todo, en aquellos momentos difíciles y tristes. Acordáte, Tomás, que la tenés dentro

411

tuyo. Solo tenés que cerrar los ojos, mirar hacia adentro, pensar en Dios, dejar todo en sus manos y sonreír.

Te adora,
Mamá

10 de diciembre

"El que vive en soledad, con una dieta parca, restaurado en su cuerpo, habla y mente, anclado en la calma, habiendo abandonado la noción de lo "mío" y en paz consigo mismo, está listo para unirse con Dios". El Bhagavad Gita

Al perder esta dualidad de lo mío separado de lo divino, se está en paz.

11 de diciembre

"No debemos abandonar la tarea que se nos presenta sin haberla buscado." El Bhagavad Gita

Es otro recordatorio de aceptar y decir que sí a lo que la vida nos presenta.

12 de diciembre

En mi sueño veo esta figura femenina y delicada parecida a Wendy, el hada voladora de Peter Pan. La veo volando libre y muy inspirada.

Reflexionando, siento que mi musa creadora está expresándose libremente.

13 DE DICIEMBRE

Los dos pichones comen copiosamente sus semillas de girasol, su desayuno favorito. Son tan pequeños y delicados: uno, en tonos rojizos; el otro, un pichón común con plumaje beige y blanco. La dignidad del pájaro es admirable; son dos pequeños príncipes que admiran el paisaje cuando paran de comer momentáneamente mientras mastican cuidadosamente la semilla.

Ahora mismo, como si hubieran escuchado una señal que yo no percibo, vuelan al árbol de atrás en busca de refugio. La lección matutina: comer con intencionalidad, masticar bien el alimento y, luego de estar satisfechos, seguir con nuestra actividad. Sobre todo, hacerlo con calma y dignidad mientas admiramos nuestro entorno. Dos simples pajaritos siendo ejemplo de disfrute, calma y dignidad. Claro que ahora que miro el piso, ¡lo han dejado cubierto de cascaritas de semillas que han escupido no tan elegantemente! Nadie es perfecto.

14 DE DICIEMBRE

¡Cuántas gracias por la gente que me rodea! Hoy amanecí con dolor de garganta. Le mandé un mensaje a Paula, a último momento, diciéndole que necesitaba limones y ajo, para hacer una mezcla que me curara. Como no respondió, pensé que ya estaría trabajando y no habría podido ver el texto. De repente, justo cuando estoy terminando de meditar, alguien llama a la puerta. Es ella con mis dos limones y el ajo en una bolsita en medio del tiempo helado de hoy. ¡Que ángel!

Ayer en el grupo de intenciones, siete mujeres nos aunamos en el intenso deseo de mandar paz al mundo, seguridad y abundancia para los que lo necesitan y, en especial, a aquellos que no lo necesitan

Lilita Olano, Ed.D.

para que tengan compasión por los otros y actúen acorde a esto. Estar rodeada de buena energía y de gente de inigualable calidad humana es una bendición. Sin embargo, la vida nos presenta lo bueno, lo malo y lo feo. Sin ir más lejos, el otro día alguien se enojó mucho y tuvo un desplante conmigo. Me pregunto cómo reaccionar. Encuentro la respuesta interior que me dice bajito al oído: "Dejálo pasar, no te enfoqués en esta energía, sino dejála fluir, ya que no te pertenece". Decido, entonces, mandar compasión a esta persona, para que, sintiéndose rodeada de buenas ondas, actúe con benevolencia conmigo y con los otros.

En un ratito me voy al médico, ya que no me siento bien. Me envío curación a misma y me veo sana. Por ahora, la fe no me da como para hacerlo a solas. Una opinión experta ayuda, pero sí es verdad que somos nosotros los que nos curamos tanto física como espiritualmente. Pero, como dicen los sabios Beatles: "Y por qué no pedir una pequeña ayuda a mis amigos"

Acabo de venir del médico, me dijo que era un virus y que debía dejar que siguiera su proceso…¡Genial! ¡Me sano solita!

15 DE DICIEMBRE

Permito que la vida siga su propio camino y tener fe en este proceso.

16 DE DICIEMBRE

Necesito tener paciencia (paz-ciencia), la ciencia de la paz. Se necesita sabiduría para tener paciencia en tiempos turbulentos.

17 DE DICIEMBRE

¡Gracias por otro día! Hoy me siento un poco mejor. Parece mentira cómo un simple virus en la garganta me puede dejar tan cansada. Por un lado, extraño mis días ocupados con actividades y amigos; por otro, es la perfecta ocasión para mirar hacia dentro, para tener tiempo para ser en lugar de hacer. Me doy cuenta de que amo mi vida así como es, con momentos de paz, escritura, meditación y reflexión. La otra parte es tan importante como ésta. La conexión humana me gratifica, me permite expresar mi ser y recibir a otros seres que enriquecen mi vida.

Acaba de llegar el camión de Fedex. Llega la civilización una vez más a mi vida. Casi estoy lista para unirme al mundo. "Sana, sana, colita de rana. Si no sana hoy, sanará mañana". ¡Gracias, Bueli, por el mensaje que me solías dar cuando era chiquita y no me sentía bien!Me dabas un masaje suave en la parte afectada mientras recitabas esta cancioncita. Me pregunto, ¿será hoy o será mañana?

18 DE DICIEMBRE

Esta cita del Bhagavad Gita me apacigua el alma. "Mantén tus pensamientos fijos en mí y serás capaz de sobrellevar todos los obstáculos por mi gracia."

19 DE DICIEMBRE

Tuve un sueño interesante. Veo este bebé regordete sentado como un Buda en un nicho.

Lo miro y pienso:"¿Qué más se puede pedir?" Miro su cara y veo sus ojos claros. Le doy un beso.

Lilita Olano, Ed.D.

Quizás haya un aspecto sagrado en mí simbolizado por el Buda que está listo para nacer. En el sueño amo esta parte mía, que podría ser este libro que está en sus últimas etapas.

20 DE DICIEMBRE

Ayer Diego me dijo que él y Caroline querían pasar a verme justo después de su viaje a Fort Davis. A la tarde me llama para decir que llegarán un poco tarde. Yo le digo que, en realidad, yo tengo que estar en mi grupo de meditación a las 6:00 y que, si se les hace tarde, pueden venir otro día con tranquilidad. Diego insiste en venir, y yo feliz. Cuando llegan, los noto muy entusiasmados, y quieren mostrarme las fotos de este viaje que aparentemente ha sido muy especial. Yo le digo, "Mirá, dejáme que les haga una taza de té y hablemos". No me importan las fotos, porque hoy estoy un poco apurada para ir a mi grupo. Sin embargo, Diego, digno hijo de su madre vasca, insiste: "Mamá, mirá esta! Cuando Caroline y yo llegamos hasta la cima de esta montaña, había una cajita de lata que tenía un cuaderno adentro, porque todo el mundo que lograba concluir esta aventura firmaba acá." "Ah, ¡qué bien!" digo, sin prestar especial importancia a la caja mencionada. Diego agrega, "agrandá la foto para que veas nuestros nombres." Cuando lo hago, se puede ver claramente escrito: ¡Diego and Caroline got engaged today!"Diego y Caroline se han comprometido hoy". Me tomó tan por sorpresa, que lo único que atiné a hacer fue abrazarlos, y salimos al porche de atrás donde me puse a saltar de la alegría, miré hacia el cielo y ¡lloré de la emoción!

Demás esta decir que decidí no ir a la meditación, sino gozar de este momento con los dos enamorados.

21 DE DICIEMBRE

¡Feliz cumpleaños tío Negro! ¿Qué me contás? Se nos casa Diego. ¡Qué alegría! ¡Qué perfecta noticia para tu cumple! ¡Que Dios los bendiga para siempre! ¡Son tan espectaculares los dos!

22 DE DICIEMBRE

Todavía sigo emocionada y loca de alegría por el casamiento. Hablé con Santi y con Tommy, ya que todos estábamos fascinados. Tommy me dice, "Mamá, ahora estoy sintiendo la presión. ¡Soy el único que no está casado!"

23 DE DICIEMBRE

Llego a casa y hay un regalo afuera de la puerta. Pienso que será uno de los regalos de Amazon. ¿Será el regalo que Santi me compró? La caja es abultada, por eso no creo que sean las acuarelas, ya que sería chata. Decido ponerla encima de la mesa de la cocina. Dice: "Abrir pronto", pero yo no quiero hacerlo hasta Navidad. La miro con atención y descubro un mensaje escrito, con el nombre de un amigo. ¡Qué sorpresa! Nunca pensé recibir un regalo. Sigo las órdenes escritas en el paquete; lo abro, y adentro aparecen seis peras que parecen joyas. Al costado, unos chocolatitos en forma de triángulos blancos y una cajita roja llena de alfajorcitos. A su lado hay dos bombones igualitos envueltos en papel brillante verde. ¡Qué alegría! ¡Cuánto hace que no recibo un regalo!

Lilita Olano, Ed.D.

24 DE DICIEMBRE

Esta noche es Nochebuena y mañana es Navidad. Hoy nos preparamos para recibir un milagro de vida que nace en un pesebre con suma humildad, rodeado de la sencillez de un establo con animales, y bendecido por ángeles en un misterio sagrado. Si podemos sentirnos pequeños como un bebé y tener humildad en nuestros corazones, hoy nacerá en nosotros el misterio del amor, la alegría y la esperanza. Alberguémoslo con fe. ¡Que la luz y el amor de Dios renazca hoy en lo más profundo de nuestro ser y nos mantenga llenos de gozo y paz, aun en medio de un mundo convulsionado! Deseo paz y amor para todos como el Ángel le anuncia a María: "Les traigo noticias de alegría para sus corazones."

25 DE DICIEMBRE

¡Gracias por una Nochebuena digna de su nombre! Fue una muy buena noche. Todos sentados a la mesa, las caras sonrientes, el ánimo dispuesto para una celebración en familia, la conversación fluida con reconocimiento y aceptación mutuos. Los regalos inesperados y emotivos... Un marco pequeño de plata con la foto de Diego cuando cumplió un año; otro con diseño de flores y colores a lo Frida Kahlo con la foto de Diego y Caroline; tarjetas para todos con una foto mía de súper joven en mi luna de miel. ¡Qué delicadeza! Pinturas acrílicas para experimentar mis recientemente revividos intentos artísticos, un libro sobre el conocimiento del alma ideal para mí. Sarah recibió un juego de frasquitos para poner las especies, que le ayudarán en su arte de cocinar como los dioses; broches con la flor del cardón en alpaca, típica de Argentina, para las tres chicas; dos juegos de grupo que le fascinan a Santi; un dispositivo para masajear la cabeza que causa una sensación de gloria para Tommy, junto con un bolso para sus próximos viajes; y el libro de su autor preferido para Diego. Pequeños detalles pensados para que cada uno se sienta tenido en cuenta de una manera muy especial e íntima.

Con la música entre todos culminó una de las mejores nochebuenas de mi vida. Dos guitarras, un ukelele y bellas voces haciendo armonía. ¿Qué más se puede pedir que la unión de la familia y la presencia del amor, latente en la víspera del nacimiento del Amor? ¡Feliz Navidad y paz en el mundo para los hombres de buena voluntad!

26 DE DICIEMBRE

¡Gracias a la vida que me ha dado tanto! Gracias, Mercedes Sosa, por darme estas palabras que me permiten expresar exactamente lo que siento.

27 DE DICIEMBRE

El pasto está despeinado. La lluvia torrencial lo ha mojado, y el viento mece las plantas altas sin ningún cuidado. Todo ha crecido y está abundante y salvaje. No hay nada prolijo en mi jardín. ¿Será que mi vida se ha transformado un poco en salvaje? ¿Por qué no?

28 DE DICIEMBRE

¡Que la inocencia te valga! Así decíamos, cuando éramos chicas, el 28 de diciembre, luego de haber inventado algo totalmente fantástico, cuando nuestro interlocutor se quedaba estupefacto con la noticia insólita que acababa de recibir. A renglón seguido gritábamos: "¡Que la inocencia te valga!"

Lilita Olano, Ed.D.

Hoy es el Día de los Santos Inocentes. Dentro de mí existe este arquetipo, sin lugar a dudas. Muchas veces confío más allá de lo predecible, y a la vez dudo de lo que está claramente ante mis narices. Ésta es otra de las paradojas humanas. Nuestra fe en lo no necesariamente visible y obvio coexiste con nuestro recato y la falta de convicción ante una realidad cotidiana.

El amor de Dios es palpable y a la vez infinito. Tengo fe en que algo bueno está viniendo, un milagro de amor y de paz. ¿De qué dudo? Me pregunto si vendrá una relación que valga la pena. Es la paradoja humana. La acepto, ya que es lo que nos da sabiduría para emprender el camino adecuado y dejar aquello que no nos hace sentir completamente vivos.

29 DE DICIEMBRE

Estoy congestionada y cansada. Bueno, es un resfrío como cualquier otro. Lo dejo correr su curso, y así se pasará a su tiempo. Cuando pretendo controlarlo y no lo logro, me frustro y pienso que hay algo mal en mí. ¿Quién ha dicho que debemos tener una salud perfecta? Solamente nosotros. Hago una dieta sana con líquidos calentitos, el ultimo recomendado es una sopa de cebolla y ajo. Espero unos días más y se pasará.

Me cuesta un poco sentirme enferma. Por un lado, me encanta quedarme adentro y poder escribir y pintar; por el otro, me siento sin energía para hacerlo. Lo único que se puede hacer es aceptarlo. Observo el proceso y dejo que mi cuerpo se cure. "Sana, sana, colita de rana. Si no sana hoy, sanará mañana." Ya no hay nadie que me lo diga, ni mi abuela ni mi madre, por lo tanto, me lo digo a mí misma. Al fin y al cabo tenemos en nosotros la madre interna y la abuela sabia. ¡Qué alegría! Las invito.

30 DE DICIEMBRE

¡Qué día de gloria! El sol brilla, el cielo límpido se pinta atrás de las colinas. Todos los pájaros están comiendo desaforadamente mientras yo miro la película en technicolor de los jilgueros, los petirrojos, los pichones, un arco iris que va del blanco, pasando por el amarillo, al rojo y al negro... "Desayuno en Tiffany" en Wimberley, Texas.

Hay cuatro desayunando en el comedero principal y dos en el más pequeño con semillas especiales para jilgueros. Los ciervos aparecen uno a uno...son cinco hoy.

Otro día más en el paraíso. Estoy abierta al milagro y al misterio de hoy. Me siento muchísimo mejor de mi resfrío y ya estoy bien por anticipado. Este pequeño truco me ayuda a lograrlo: anunciar lo que quiero como si ya hubiera pasado.

31 DE DICIEMBRE

¡Feliz aniversario Bueli Luis y Bueli Loli! ¿Se acuerdan de cuando se subían a una silla y comían las doce uvas para la felicidad en el año próximo? "Uvas con queso saben a beso" solías decir, Bueli Loli.

En este último día del año, me desprendo de todo lo que pienso que "tendría" que haber sido de una manera u otra. Me doy cuenta de que hice lo mejor que pude. En las palabras de San Francisco, "Dame la sabiduría de cambiar lo que puedo cambiar, de aceptar lo que no pueda cambiar, y de entender la diferencia."